愛媛県の教員採用試験　参考書シリーズ❷

2025年度版

愛媛県の
小学校教諭

参 考 書

協同教育研究会 編

協同出版

はじめに～「参考書」シリーズ利用に際して～

　教育を取り巻く環境は変化しつつあり，日本の公教育そのものも，教員免許更新制の廃止やGIGAスクール構想の実現などの改革が進められています。また，現行の学習指導要領では「主体的・対話的で深い学び」を実現するため，指導方法や指導体制の工夫改善により，「個に応じた指導」の充実を図るとともに，コンピュータや情報通信ネットワーク等の情報手段を活用するために必要な環境を整えることが示されています。

　一方で，いじめや体罰，不登校，暴力行為など，教育現場の問題もあいかわらず取り沙汰されており，教員に求められるスキルは，今後さらに高いものになっていくことが予想されます。

　本書は，教員採用試験を受験する人が，より効率よく学習できるように構成されています。本書は，各自治体の過去問を徹底分析した上で，巻頭に，各自治体の出題傾向と学習法，出題例，類題等を掲載しております。第1章以降では，各自治体の出題傾向に基づいて，頻出の項目を精選して掲載しております。また各科目の学習指導要領及び学習指導法につきましては，各項目の末のQRコードから，学習指導要領及び学習指導要領解説（文部科学省）の原文がご覧いただけます。

　編集上の都合により，掲載しきれず，割愛している内容もありますので，あらかじめご了承ください。なお本書は，2023年度（2022年夏実施）の試験を基に編集しています。最新の情報につきましては，各自治体が公表している募集要項やWebサイト等をよくご確認ください。

　最後に，この「参考書」シリーズは，「過去問」シリーズとの併用を前提に編集されております。参考書で要点整理を行い，過去問で実力試しを行う，セットでの活用をおすすめいたします。

　みなさまが，この書籍を徹底的に活用し，難関試験である教員採用試験の合格を勝ち取って，教壇に立っていただければ，それはわたくしたちにとって最上の喜びです。

協同教育研究会

教員採用試験「参考書」シリーズ

愛媛県の小学校教諭 参考書

CONTENTS

愛媛県の
小学校教諭
出題傾向と学習法

効率よく試験対策を進めるために

1 ポイントを確実に理解して例題を解く

　教員採用試験の専門教養の筆記試験対策として最重要なのは，受験する自治体の出題形式や傾向に合った学習法を知ることである。本書は過去問を分析し頻出分野を中心に構成されている。各節の冒頭で学習のポイントを示し，例題を解きながら知識を身につけるようになっている。したがって，まず，各節のポイントを確実に理解するようにしよう。

　専門教養とはいえ，学習指導要領の内容から大きく離れた「難問」が出題されることはほとんどない。志望する学校種の問題レベルを把握し，十分に対応できるまでの知識を身につけることが求められる。試験対策としては，苦手な分野や触れたことのない内容を残さないようにすることも大切だが，まずは本書の例題や過去問などに積極的に取り組んで，頻出分野の知識を身につけてほしい。

2 出題傾向から効率よい学習法を導き出す

　過去問を見ると，頻出分野だけでなく，解答形式といった特徴がうかがえる。愛媛県では記述式と選択式で出題される。

　例えば愛媛県では，「国語　現代文読解」，「社会　日本史」，「算数　図形」，「音楽　基礎知識」，「図画工作　基礎知識」，「外国語・外国語活動　対話文」，及び全教科・領域の「学習指導要領　目標」が頻出である。いわば，これらの分野・内容が，愛媛県の特徴といえる。こうした分野については本書で学習し，過去問等から類題を解き，確実に得点できるようにしよう。ここでは，実際に出題された問題をいくつか示す(出題例参照)。

　愛媛県では，全教科(ただし特別の教科道徳は除く)から出題されている。特に，学習指導要領関連の問題が全教科で出題されているが，各教科編の解説からの出題は一部の教科を除き出題されておらず，例年「目標・内容」が中心である。目標は必ず暗記しておくこと。内容については，キーワードを中心に主語述語関係を確実に理解しておくようにした

い。試験の1〜2か月前に短期集中式で覚えるとよいだろう。国語の現代文読解は，短文と長文の2つが出題されることがあるため，ある程度の速読力が必要である。古文も出題の実績があるが平易と言えるため，中学校レベルの内容を理解しておくこと。社会の日本史に関しては，これまで宗教，外交，土地制度といった特定の事項に関する問題が出題されており，難易度は比較的高く確かな理解力が求められる。まずは基礎として，学習指導要領に載っている「指導すべき歴史上の人物」に関しての，史実・年号・功績等を理解すること。算数の図形に関しての難易度は高いといえる。面積や体積の公式を理解したうえで，計算力も求められるので，速く正しく計算する練習が必須である。また，関数や変化と関係・データの活用も頻出である。理科では，一問一答の暗記で解答できる問題だけでなく，内容の理解が求められている。資料集などを使いながら，構造や仕組みを説明できるように学習していこう。

3 過去問題集との併用等で実践力をつける

　以上のように，本書の使い方としては，効率的に試験対策を進めるために頻出分野のポイントを押さえ，例題を通して解法を理解していくことになるが，本試験でその学習成果が発揮できるかどうかは，実践的な問題をどれだけ解いているかが重要である。その対策として，一通り基礎の確認ができたら時間を計って各年度の過去問を解くこと，模試を活用するといったことが考えられる。そこで不正解だった問題については，本書の該当箇所を参照して，繰り返し学んでほしい。そうすることで，出題傾向に合わせた実践的な力が必ずつくはずである。

まずは出題例を見ていこう！

本自治体の出題例：始めにチャレンジ！① (2023年度実施問題改)

次の文章を読んで，以下の(1)，(2)の問いに答えよ。

人間は思考する。意識的な思考は言語的である。

言語の基本単位が「文」であるなら，意識的思考の基本単位も「文」だろう。言語と「文」を巡る謎は，私たちの思考を巡る謎である。

(Ⅰ)

言語と思考がつながっていることは間違いない。では，思考が言語を決定しているのだろうか？　それとも，言語が思考を決定しているのだろうか？

もし言語が思考を決めているとするなら，使用する言語によって思考が異なる可能性がある。日本語を用いて考える場合，日本語に縛られた思考になり，英語を用いて考える場合，英語に縛られた思考になるかもしれない。もしそうだとするなら，英語話者と日本語話者では，世界の見方が変わることになるのだろうか？　よく取り上げられるテーマだ。

言語と思考の関係について考えてみよう。

「言語が思考を決定している」とした有名なものに，サピア＝ウォーフの仮説がある。ウォーフは，ネイティヴアメリカンの言語では，現実の表現の仕方が英語などの言語と著しく異なることに着目した。例えば，時間である。英語には，過去形，現在形があり，また未来を表現する文法形式もある。日本語でも，過去を表す際は「た」を使用する。

だが，ネイティヴアメリカンの言語の一つであるホピ語には，「時間」や，過去，現在，未来などを直接表す文法形式および構文が存在しないと，ウォーフは言う。そこから，ウォーフは驚くべき結論に達した。ホピ語を使うネイティヴアメリカンの人たちの時間認識は，英語を使う人たちとは異なる，と考えたのである。

(Ⅱ)

そうかもしれない。英語話者と，日本語話者では，世界の見え方が少し違うような気がしないでもない。私たちは言語を用いて思考して

いる。思考が異なるとすれば，言語が異なるからではないか？　言葉が違えば考え方も変わるのではないか？

　言語の中には，「右」や「左」が存在しないものがあるという。そのような言語では，「右」や「左」といった空間の把握の仕方をしないのではないか？

　言語が思考を決定するだなんて，なんだか面白そうな仮説だ。

　だが，よく考えると，本当か？　となってくる。言語が思考を決定しているというより，むしろ思考が言語を決定しているのではないか。「右」とか「左」とかいう考え方をしないから，その言葉がないのであって，言葉がないから「右」や「左」を考えられないわけではないのではないか。

　そもそも，思考と言語が一体化しているものだとするなら，どっちがどっちを決定しているとは言えないのではないか。

　ウォーフのホピ語に関する観察は，そもそも誤っていたらしいので，そのまま信じることはできない。仮に正しかったとしても，英語に直訳できないだけではないか，という疑問も残る。時間に関する文法がないからといって，その観念がないとは限らない。中国語にも英語のような時制は存在しない。過去形も未来形もないのだ。だからといって中国語話者が過去を認識していないとは，とても思えない。

（Ⅲ）

　時間について言えば，日本語でも表現と直観が一致していないことがある。時間は過去から未来に向かって流れていると感じるだろうか，それとも，未来から過去に向かって流れていると感じるだろうか？

　私などはなんとなく，過去から未来に流れているように思うが，どうだろうか？

（Ⅳ）

　だが，日本語の表現を見てほしい。今を起点として，ちょっと時間がたったある時点（未来）を何と呼ぶのか？　「三時間あと」などというだろう。「あと」というのは，空間的には「うしろ」だ。その逆，すなわち過去は「三時間まえ」と表現する。「まえ」は空間的には目の向かう方向なので，前方である。この言語表現上は，前方は未来ではなく

11

て過去である。未来から過去に向かって時間が流れていることになる。

　しかし，私を含めて少なくない日本人は過去から未来に時間が流れているように感じるだろう。とすると，「～まえ」という言葉を使っているからといって，認識や思考もそれに縛られているとは必ずしも言えない。

(橋本陽介『「文」とは何か』より)

(1)　本文には次の一文が抜けている。これを補う箇所として最も適切なものを以下のA～Dから一つ選び，その記号を書け。

> 　言語が，それを使う人の思考を決定する。使う言語によって，世界の見方は異なる。

　A　（Ⅰ）　　B　（Ⅱ）　　C　（Ⅲ）　　D　（Ⅳ）

(2)　本文の内容に合うものとして最も適切なものを次のA～Dから一つ選び，その記号を書け。

　A　日本語と同様にホピ語には，時間に関する文法形式が存在せず，ホピ語を使うネイティヴアメリカンの人たちには，時間の観念がない。

　B　サピア＝ウォーフの「言語が思考を決定している」という仮説は，ホピ語だけに限らず，英語や日本語においても立証された。

　C　中国語には英語のような時制が一切存在しないため，時間についての表現と直観が一致しておらず，中国語話者は過去の認識が曖昧である。

　D　過去から未来に時間が経過しているように，日本人の多くが感じていることから，言葉によって認識や思考が決定しているとは言い切れない。

解答：(1)　B　　(2)　D

本自治体の出題例：始めにチャレンジ！② (2023年度実施問題)

問　次の表は，日本の4つの時代について，時代名，文化名，主な建造物をまとめたものである。ただし，一部は（　　）として言葉を抜いている。以下の(1)～(3)の問いに答えよ。

	ア	イ	ウ	エ
時代名	（　）時代	②室町時代	（　）時代	奈良時代
文化名	国風文化	（　）文化	鎌倉文化	（　）文化
主な建造物	①平等院鳳凰堂	鹿苑寺金閣	東大寺南大門	東大寺正倉院

(1)　表中の下線部①を建立した人物を次のA～Dから一つ選び，その記号を書け。

A　源義朝　　B　藤原頼通　　C　源頼朝　　D　藤原道長

(2)　表中の下線部②の時代に，明に渡って水墨画を学び，帰国後に「秋冬山水図」を描いた人物を，次のA～Dから一つ選び，その記号を書け。

A　狩野永徳　　B　雪舟　　C　如拙　　D　長谷川等伯

(3)　表中のア～エを時代の古い順に左から右へ並べ，その記号を書け。

解答：(1)　B　　(2)　B　　(3)　エ→ア→ウ→イ

本自治体の出題例：始めにチャレンジ！③ (2022年度実施問題)

問　次の図のように，長方形ABCDの内部に点Pがあり，△PAB，△PBC，△PCDの面積がそれぞれ10cm²，7cm²，15cm²のとき，△PDAの面積を求めよ。

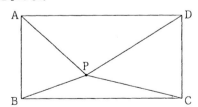

解答：18cm^2

本自治体の出題例：始めにチャレンジ！④ (2022年度実施問題改)

電流・電圧と抵抗について，以下の(1)，(2)の問いに答えよ。

図1のような回路をつくり，電熱線に加える電圧を変化させたときの電熱線を流れる電流の大きさを測定し，電圧と電流の関係を調べる実験を行った。図2は抵抗の大きさが異なる電熱線Xと電熱線Yを用いて行った実験の結果である。

(1) 電熱線Xの抵抗の大きさは何Ωか。最も適切なものを次のA～Dから一つ選び，その記号を書け。

A 10   B 20   C 40   D 100

(2) 電熱線Xと電熱線Yを使って図3と図4の回路をつくり，それぞれ30Vの大きさの電圧を加えたとき，図3の電熱線Xと図4の電熱線Yに流れる電流の大きさはそれぞれ何Aか。最も適切な組合せを以下のA～Dから一つ選び，その記号を書け。

	A	B	C	D
図3の電熱線X	0.75	1.5	1.5	0.75
図4の電熱線Y	0.1	0.1	0.5	0.5

解答：(1)　B　　(2)　C

本自治体の出題例：始めにチャレンジ！⑤ (2023年度実施問題改)

問　次の (1)，(2) の対話の (　) に当てはまる文として最も適切な
ものを以下のＡ～Ｄから一つずつ選び，その記号を書け。

(1) Ken　　　: Excuse me, sir.

Stranger : Yes, what can I do for you?

Ken　　　: I've been looking for my hotel for the last thirty minutes.

　　　　　(　) Could you help me out?

Stranger : What hotel are you staying at?

Ken　　　: I'm staying at the EL Cortez Hotel.

Stranger : I think that's on Geary, is that right?

Ken　　　: Yes, according to this leaflet, it's 550 Geary.

A　I hope to see you again.　　　B　I'm afraid I'm lost.

C　I really appreciate this.　　　D　You'll arrive at Geary.

(2)　Mr. Stevens　: Hi, Natsumi. Long time no see.

Natsumi　　 : Oh, Mr. Stevens. Hello. (　)

Mr. Stevens　: Pretty good, thanks. How many years has it been since
　　　　　　　you graduated?

Natsumi　　 : It's been four years already.

A　What happend?　　　　　　　B　What do you mean?

C　How did your presentation go?　D　How have you been?

解答：(1)　B　　(2)　D

15

過去３カ年の出題傾向分析

　ここでは，過去3カ年で出題された科目と分類を表にまとめている。学習する前に，大まかな傾向をつかんでおこう。

年度	科目	分類
2023年度	国語	ことば，文法，現代文読解
	社会	日本史：奈良時代，日本史：平安時代，日本史：鎌倉時代，日本史：室町時代，地図，日本の産業・資源：農業，環境問題，民主政治
	算数	数の計算，式の計算，方程式と不等式，関数とグラフ，図形，確率，変化と関係・データの活用
	理科	生物体のエネルギー，地層と化石，波動，物質の状態：三態
	生活	学科教養，学習指導要領
	音楽	音楽の基礎，日本音楽：明治〜，西洋音楽：19世紀，その他
	図画工作	図画工作の基礎，日本の美術・芸術，西洋の美術・芸術：20世紀
	家庭	食物，被服，その他
	体育	保健，体育
	外国語・外国語活動	英文法，対話文
2022年度	国語	ことば，文法，現代文読解
	社会	日本史：飛鳥時代，日本史：奈良時代，日本史：平安時代，日本史：安土桃山，日本史：昭和時代，気候，日本の貿易，経済の仕組み，金融
	算数	数の計算，式の計算，方程式と不等式，関数とグラフ，図形，変化と関係・データの活用
	理科	遺伝と発生，気象，電磁気，物質の変化：反応，物質の変化：酸塩基
	生活	学科教養，学習指導要領，指導法

年度	科目	分類
	音楽	音楽の基礎, 日本音楽：鎌倉～江戸時代, 日本音楽：明治～, 西洋音楽：19世紀
	図画工作	図画工作の基礎, 日本の美術・芸術, 西洋の美術・芸術：19世紀
	家庭	食物, 被服, その他
	体育	体育, 学習指導要領, 指導法
	外国語・外国語活動	対話文, 英文解釈
2021年度	国語	ことば, 文法, 現代文読解, 学習指導要領
	社会	ヨーロッパ近代史, アメリカ史～19世紀, 日本史：江戸時代, 地図, 日本の貿易, 学習指導要領
	算数	数の計算, 式の計算, 方程式と不等式, 関数とグラフ, 図形, 確率, 学習指導要領
	理科	生物体のエネルギー, 太陽系と宇宙, 力, 運動, 物質の変化：反応, 物質の変化：酸化, 学習指導要領
	生活	学習指導要領, 指導法
	音楽	音楽の基礎, 日本音楽：明治～, 西洋音楽：～18世紀, 学習指導要領
	図画工作	図画工作の基礎, 日本の美術・芸術, 西洋の美術・芸術：19世紀, 西洋の美術・芸術：20世紀, 学習指導要領
	家庭	食物, 被服, その他, 学習指導要領
	体育	保健, 体育, 学習指導要領, 指導法
	外国語・外国語活動	英文法, 英文解釈, 学習指導要領

※「科目」「分類」は, 過去問シリーズに掲載されている出題傾向分析に該当する。

　次に, ここで紹介した分類の類題を掲載しておくので, 学習の第一歩としてほしい。

類題を解いてみよう！

類題で問題演習の幅を広げよう！①

次の文章を読んで，以下の〔問1〕，〔問2〕に答えよ。

　私は，ずっと人間と関わるロボットの研究をしてきた。特にこの二〇年は，人間理解を目的に人間と関わるロボットの研究に取り組んできた。この人間と関わるロボットの研究を目的に持ったのは，人生の最初からではない。（Ⅰ）

　人生において夢や目的を持つことは大事だが，その夢や目的は，どんどん発展していく必要がある。小さいころの夢は，不十分な情報をもとに，不十分な能力を前提に創られたものがほとんどだろう。だから，当然成長して，情報が増え，能力が高まれば，持てる夢も変わってくる。

　私は研究者になった後でも，自分が未来においてやるべきことに確信を持てずにいた。（Ⅱ）未来には，ロボット社会は来るように思えるのだけれど，本当に来るのだろうかと常に思い悩んでいた。

　そうしたときに，パソコンの父と呼ばれるアラン・ケイ氏と話す機会があり，未来においてロボット社会は来ると思うかどうかを聞いた。アランは「君はクリエイティブな人間だろ。だったら未来は自分で実現するものだ。人に聞くものではない」と言った。こう言われて，それまでモヤモヤとしていた未来がはっきりと見えたような気がした。それ以来私は講演の中で，ロボットと人間が共生する「ロボット社会」を実現すると自信を持って言うようになった。

　（Ⅲ）そう考えれば，自分の人生の見通しははるかによくなる。不確かな未来のことを考えて思い悩むのではなく，自分で創りたい未来を思い描くだけでいい。

　自分が思い描いた未来である「ロボット社会」を実現して，何をしたいのか。単にロボットがたくさん活躍する社会を創りたいのか。そうではなく，私が創りたいロボット社会とは，ロボットとの関わりを通して人間について多くを学べる社会である。

　人間と関わるロボットを開発するには，人間について深い知識が必

要になる。そして開発したロボットと人間との関わりを観察すれば，そのロボットがどれほど人間に近づいたか知ることができる。

　人間は，人間と関わるための脳の機能や体を持っている。ゆえに，人間と関わるロボットを実現するというのは，人間そのものをロボットの技術で創り上げるということでもある。

　このように，私が創りたいロボット社会を実現するためには，人間について深く理解する必要があり，人間に対する深い興味がなければならない。

　思い返せば，私自身，小さいころから気にかけていたのは，自分とは何か，人間とは何かという問題である。(Ⅳ)小学五年生くらいのときに，大人に「人の気持ちを考えなさい」と言われたことがある。そう言われて，何をどうしていいか解らず，逆にその意味を知っている大人はすごく偉いと思った。

　「気持ち」とは何か，具体的にどんなものを指すのか。「考える」とは，どうすることなのか。単に記憶することでも，計算することでもないはずだ。

　むろん，この小学五年生の疑問に対する答えは今も得られていない。「気持ち」や「考える」というものは，非常に理解が難しいことである。そしてもっと難しいのが「人」の理解である。「人の気持ちを考えなさい」とは何をどうすることなのか，今でも疑問のままに残っている。

　しかし，この疑問こそが人間にとって最も重要な疑問なのだと思う。夢とは何か，生きる目的とは何か，そういったことがはっきりしないままに，目の前のことに取り組みながら生きてきた。ただ，小学五年生以来，人間や自分に関する様々な疑問が沸き起こっては，生活に紛れて消えることを繰り返していた。そして，そうした疑問が研究を続ける中で，徐々に明確になり，自分の解くべき問題，創るべき社会のイメージが明らかになってきた。

　私が創りたい社会とは，自分を映し出し，人間とは何かを考えるヒントをたくさん与えてくれるロボットが身の周りで活動する社会，ロボットを通して自分たち人間の存在について深く考えることができる社会である。

　ただ，この人間理解にはゴールがない。(Ⅴ)人間理解はほとんどの科学技術の目的であるように，最も難しく，最も重要な問題であるとともに，質(たち)が悪いのはこの問題の答えは常に変化するということである。

　人間の「定義」は科学技術の進歩とともに，少しずつ変化してきた。今後も科学技術の進歩や社会の変化に伴い，その「定義」は変わっていく。それゆえ，理解したと思っても次の瞬間変化し，また疑問が膨らむ。それでも私たち人間は，人間理解をやめないだろうと思う。

　　(石黒浩『ロボットと人間　人とは何か』から　一部省略等がある。)

〔問1〕　この文章には次の一文が入る。本文中の(Ⅰ)～(Ⅴ)のどこに入るか，最も適切なものを，以下の1～5の中から1つ選べ。

> 未来は予測するものではなく，自分で創るもの。

　1.（Ⅰ）　2.（Ⅱ）　3.（Ⅲ）　4.（Ⅳ）　5.（Ⅴ）

〔問2〕　本文の内容にあてはまらないものを，次の1～5の中から1つ選べ。

1.「気持ち」や「考える」というものは，非常に理解が難しいが，もっと難しいのが「人」の理解である。筆者が小学五年生くらいのときに，大人に「人の気持ちを考えなさい」と言われたことがあるが，何をどうすることなのか，今でも疑問のままに残っている。

2. 人間理解はほとんどの科学技術の目的であるように，最も難しく，最も重要な問題であるが，この問題の答えは常に変化する。

3. パソコンの父と呼ばれるアラン・ケイ氏と話す機会が大きなきっかけとなり，筆者は，人間理解を目的に人間と関わるロボットの研究に取り組んできた。

4. 筆者が創りたいロボット社会は，ロボットとの関わりを通して人間について多くを学べる社会であり，つまり，単にロボットがたくさん活躍する社会である。

5. 人間は，人間と関わるための脳の機能や体を持っているため，人間と関わるロボットを実現することは，人間そのものをロボットの技術で創り上げるということを意味する。

解答：問1　3　　問2　4

類題で問題演習の幅を広げよう！②

問　次のア～エは，我が国の歴史上の出来事の絵と，その出来事に関する記述をまとめたものである。ア～エに関する記述として適切なものは，以下の1～4のうちのどれか。

	歴史上の出来事の絵	出来事に関する記述
ア		この絵は、平治の乱である。保元の乱後、貴族内部の争いの中で兵を挙げた平清盛が源義朝らを滅ぼした。この乱で平清盛は、源義朝の子　A　を伊豆に流した。この乱の勝利によって、武家の棟梁としての平清盛の権力と地位は急速に高まった。
イ		この絵は、壇ノ浦の戦いである。　B　が、弟の源範頼や源義経らの軍を派遣して平氏と戦い、一の谷、屋島の合戦を経て、ついに平氏を追い詰めて滅ぼした。この戦いで敗れた平氏一門の多くは戦死又は入水し、平氏は滅亡した。
ウ		この絵は、関ヶ原の戦いである。石田三成や毛利輝元らの西軍と、　C　に従う加藤清正、黒田長政らの東軍が激突した。この天下分け目の戦いとも言われる戦いは、小早川秀秋らの寝返りで東軍の勝利となった。
エ		この絵は、長篠の戦いである。織田信長と　D　の連合軍が、武田勝頼軍を破った。武田軍の騎馬戦法に対し、連合軍は鉄砲隊で応戦して勝利した。この戦いは、大きな合戦での鉄砲使用という画期的なものであり、以後の戦いに大きな影響を与えた。

1　ア～エの出来事が起こった年は，古い順にア→イ→ウ→エである。
2　ア～エの出来事が起こった場所は，現在の都道府県単位では全て異

なっている。

3 ア～エの出来事に関する記述中の空欄 A ～ D には，全て違う人名が当てはまる。

4 ア～エの出来事について，戦いの勝者は全て後に幕府を開いている。

解答：2

類題で問題演習の幅を広げよう！③

問 図のように，DE＝3cm，EF＝4cm，FD＝5cmの直角三角形DEFがある。それぞれの角の二等分線の交点をOとしたとき，△ODEの面積を求めなさい。

解答：$\frac{3}{2}$cm²

類題で問題演習の幅を広げよう！④

　授業で，学習のめあてを「電熱線Ｐにかかる電圧と，流れる電流を調べよう」とし，次のような【実験計画】を立てて実験を行った。

【実験計画】
① 電熱線Ｐに電流を流す回路をつくる。(図１)
② 次に，電熱線Ｐにかかる電圧と，流れる電流の大きさを調べるために，電圧計と電流計を加えて回路をつくる。(図２)
③ ②でつくった回路で，電源装置の電圧をいろいろと変えて，電流計の値と電圧計の値を調べる。

図１

電熱線Ｐ

図２

電熱線Ｐ

＋端子

＋端子

電流計

電圧計

　次の(1)，(2)の各問いに答えなさい。ただし，電熱線以外の抵抗は考えないものとする。

(1) 【実験計画】②で，図２のようにして電熱線Ｐにかかる電圧と，流れる電流を調べるためにつくった回路の中に，不適切につながれている部分がある。どのようにつなぎかえるとよいか。「直列」「並列」の言葉を用いて簡潔に書け。

(2) 【実験計画】②で計画した回路を正しくつなぎ直し，③の実験結果をグラフで表したところ，図3のようになった。このとき，電熱線Pの抵抗は何Ωか，答えよ。

図3

(電流〔A〕 縦軸：0, 0.2, 0.4, 0.6, 0.8, 1.0, 1.2／電圧〔V〕 横軸：1.0 2.0 3.0 4.0 5.0 6.0)

解答：(1) 電流計を電熱線Pに直列につなぎ，電圧計を電熱線Pに並列につなぐ。 (2) 5.0Ω(5Ω)

類題で問題演習の幅を広げよう！⑤

問　次の１，２の英語の対話文を読んで，空欄（　①　），（　②　）に入る英語として最も適切なものを，以下のア～エの中からそれぞれ一つずつ選び，記号で答えなさい。

1　Mr. Smith : OK everyone, you have two glass beakers in front of you: one beaker of oil and one beaker half full of water. Now, gently pour some of the oil into the beaker of water. What happens?

　　Shelly : 　Well, I can see that the oil doesn't mix with the water.

　　Mr. Smith : Yes, that's right. (　①　)

　　ア　The water changed to oil.

　　イ　The oil has a chemical reaction with the water.

　　ウ　They stay separated.

　　エ　They are strongly attracted to each other.

2　Teacher : 　Do you have time now? I'd like to talk about our next class.

　　ALT : 　　Sure.

　　Teacher : 　(　②　)

　　ALT : 　　Oh, I have made a worksheet about that topic before. I can update it for the class.

　　Teacher : 　Really? Thank you. Let's discuss it.

　　ア　Today, we will have class in the library.

　　イ　The students are going to learn about shopping in this unit.

　　ウ　Time's up. We have to finish now.

　　エ　What did you think of today's lesson?

解答：①　ウ　　②　イ

25

第 1 章

国語科

国語科 漢字

ポイント

1 出題されやすい部首

へん(偏) ▮			つくり(旁) ▮			かまえ(構) ▯	
阝	こざとへん	隣・防	刂	りっとう	別・利	勹	つつみがまえ	包・勾
彳	ぎょうにんべん	往・役	卩	ふしづくり	即・印	匚	かくしがまえ	区・医
忄	りっしんべん	快・性	阝	おおざと	郡・都	囗	くにがまえ	国・囲
犭	けものへん	猛・犯	攵	ぼくづくり	教・改	行	ぎょうがまえ	術・街
月	にくづき	肝・脈		(のぶん)		門	もんがまえ	間・開

へん(偏)			つくり(旁)		
阝 こざとへん	隣・防		刂 りっとう	別・利	
彳 ぎょうにんべん	往・役		卩 ふしづくり	即・印	
忄 りっしんべん	快・性		阝 おおざと	郡・都	
犭 けものへん	猛・犯		攵 ぼくづくり	教・改	
月 にくづき	肝・脈		(のぶん)		
歹 かばねへん	残・死		欠 あくび	歌・欲	
礻 しめすへん	社・祈		殳 るまた	段・段	
牛 うしへん	牧・特		(ほこづくり)		
衤 ころもへん	複・補		隹 ふるとり	集・雄	
耒 すきへん	耕・耗		頁 おおがい	順・項	

かんむり(冠)
亠 なべぶた	京・亭
冖 わかんむり	冠・写
戸 とかんむり (とだれ)	戻・扉
癶 はつがしら	発・登
穴 あなかんむり	空・究
罒 あみがしら	置・羅
虍 とらがしら (とらかんむり)	虚・虐

あし(脚)
儿 にんにょう(ひとあし)	兄・元
灬 れんが(れっか)	熱・烈
皿 さら	盆・盛
小 したごころ	慕・恭

たれ(垂)
厂 がんだれ	原・厚
广 まだれ	店・庁
尸 かばね(しかばね)	尽・局
疒 やまいだれ	病・痛

2 誤りやすい筆順

左	一ナナ左左	馬	丨厂厂厂厍馬馬馬
以	丨乚以以	発	フヌヌ癶癶癶発発
必	丶ノ必必必	狂	ノ丿犭犭狂狂
成	丿厂厅成成成	飛	飞飞飞飞飞飛飛飛
何	ノイ仁仃何何何	情	丶丶忄忄忄忄情情情情
非	ノ丿ヲヲ扌非非非	衆	丶丶血血血血血血衆衆衆
書	フヨヨヨ聿書書書書	感	丿厂厂厂咸咸咸感感

3 　出題されやすい四字熟語（故事成語を含む）

暗中模索	あんちゅうもさく	何の手がかりもなく，探しまわること
異口同音	いくどうおん	多くの人がみな同じことを言うこと
以心伝心	いしんでんしん	黙っていても，相手に気持ちが通じていること
一日千秋	いちじつせんしゅう	待ち遠しいこと
一網打尽	いちもうだじん	一味の者を一度に全部捕らえること
一陽来復	いちようらいふく	悪いことが続いたあと，よい方へ向かうこと
一蓮托生	いちれんたくしょう	結果が良くても悪くても運命をともにすること
有為転変	ういてんぺん	あらゆる物が常に変化してやまないこと
栄枯盛衰	えいこせいすい	盛んになったり，衰えたりすること
温故知新	おんこちしん	古い事柄や学説などを研究して，そこから新しい知識や現代的意義を見出すこと
危機一髪	ききいっぱつ	髪の毛一本ほどの差で危険がせまっている状態
旧態依然	きゅうたいいぜん	元通りで，少しも変化・進展がない
捲土重来	けんどちょうらい	物事に一度失敗した者が，勢いを盛り返すこと
呉越同舟	ごえつどうしゅう	仲の悪い者同士が同じ場所に居合わせること
五里霧中	ごりむちゅう	物事に迷って判断や方針がつかないこと
言語道断	ごんごどうだん	言葉で言い表せないほどひどいこと
試行錯誤	しこうさくご	失敗を重ねながら解決策を見出していくこと
四面楚歌	しめんそか	敵に囲まれて孤立し，助けがないこと
首尾一貫	しゅびいっかん	最初から最後まで一つの考え方で貫き通すこと
新進気鋭	しんしんきえい	その分野に新たに登場し勢いが盛んであること
絶体絶命	ぜったいぜつめい	追いつめられ，逃れる方法がないこと
千載一遇	せんざいいちぐう	千年に一度しか会えないほどの恵まれた機会
前代未聞	ぜんだいみもん	今まで聞いたことがないような珍しいこと
大器晩成	たいきばんせい	大人物は，世に出るまで時間がかかること
大言壮語	たいげんそうご	できそうもないことや大きなことを言うこと
泰然自若	たいぜんじじゃく	落ち着いていて，少しも物事に動じないさま
朝三暮四	ちょうさんぼし	口先で人をごまかすこと
徹頭徹尾	てっとうてつび	最初から最後まで一貫するさま

天衣無縫	てんいむほう	詩歌などが自然につくられており，美しいさま
二律背反	にりつはいはん	一つの判断から互いに矛盾する二つの考えが導き出されること
付和雷同	ふわらいどう	自分に考えがなく，他人に同調すること
粉骨砕身	ふんこつさいしん	力の限り努力すること
傍若無人	ぼうじゃくぶじん	他人を無視して，自分勝手にふるまうこと
本末転倒	ほんまつてんとう	大事なこととささいなことを取り違えること
明鏡止水	めいきょうしすい	心にわだかまりがなく，落ち着いた静かな心境
無我夢中	むがむちゅう	心を奪われ，ひたすら熱中すること
無味乾燥	むみかんそう	面白みも風情もないこと
竜頭蛇尾	りゅうとうだび	最初は勢いが盛んだが，最後はふるわないこと
臨機応変	りんきおうへん	状況に応じて適した方法や手段をとること

例題 1 〈漢字〉

(1) 次の漢字はア〜カのうちどれが部首にあたるか。それぞれ選べ。
　① 衡　② 改　③ 局　④ 兄　⑤ 空
　　ア．偏（へん）　　イ．旁（つくり）　　ウ．冠（かんむり）
　　エ．脚（あし）　　オ．垂（たれ）　　カ．構（かまえ）
(2) 次の漢字の部首名をひらがなで答えよ。
　① 慕　② 匂　③ 亭　④ 肝　⑤ 羅　⑥ 歓
　⑦ 集　⑧ 礼　⑨ 別

解答 (1) ① カ　② イ　③ オ　④ エ　⑤ ウ
　　(2) ① したごころ　② つつみがまえ　③ なべぶた
　　④ にくづき　⑤ あみがしら　⑥ あくび　⑦ ふる
　　とり　⑧ しめすへん　⑨ りっとう
解説 (1) ① ぎょうがまえ　② ぼくづくり（のぶん）　③ かばね
　（しかばね）　④ にんにょう（ひとあし）　⑤ あなかんむり
　(2) ①は「くさかんむり」としないこと。　⑧は「ころもへん」

と間違えないこと。

━━━ 例題 2 〈筆順〉 ━━━

(1) 次の漢字の太く書かれた部分は，何画目に書くか答えよ。

①馬　②感　③以　④狂　⑤非

(2) 次の漢字の総画数を答えよ。

① 危　② 区　③ 延　④ 都　⑤ 巻

解答 (1) ① 3画目　② 2画目　③ 4画目　④ 3画目
⑤ 1画目　(2) ① 6画　② 4画　③ 8画　④ 11
画　⑤ 9画

解説 (2) 匚（かくしがまえ）は2画，廴（えんにょう），阝（おおざと）
は3画で書く。

━━━ 例題 3 〈四字熟語〉 ━━━

(1) 次の四字熟語の誤りを指摘せよ。

① 短刀直入　② 傍弱無人　③ 旧態已然　④ 千載一偶
⑤ 万場一致　⑥ 一綱打尽　⑦ 不和雷同　⑧ 温古知新

(2) 次の意味を表す四字熟語の□に，あてはまる漢字を答えよ。

① □日□秋…待ち望む気持ちが強いこと。
② □船□馬…あちこちと旅を続けること。
③ □器□成…真に偉大な人物は世に出るのが遅いこと。
④ 四□楚□…周囲が敵ばかりで，孤立すること。
⑤ □中模□…手がかりもなく探しまわること。

(3) 次のそれぞれの□の中に同じ漢字を入れ，四字熟語を完成させよ。

① □朝□夕　② □画□賛　③ 四□八□
④ 右□左□

31

(4) 次の故事成語の□にあてはまる漢字を答えよ。また，その意味を
ア〜キから選べ。
① 臥□嘗胆　② 玉□混淆　③ 竜頭蛇□　④ □頭狗肉
ア．書物を何度も繰り返して読むこと。
イ．見かけは立派だが，実質が伴わないこと。
ウ．初めは勢いがあるが，終わりは振るわないこと。
エ．復讐のために苦労を耐え忍ぶこと。
オ．物事を完成させるための最後の仕上げのこと。
カ．結婚の仲人のこと。
キ．良いものとつまらないものが入り混じっていること。

解答 (1) ① 短→単　② 弱→若　③ 已→依　④ 偶→遇
⑤ 万→満　⑥ 綱→網　⑦ 不→付(附)　⑧ 古→故
(2) ① 一,千　② 南,北　③ 大,晩　④ 面,歌
⑤ 暗,索　(3) ① 一　② 自　③ 苦　④ 往
(4) ① 薪・エ　② 石・キ　③ 尾・ウ　④ 羊・イ

解説 (4) ア　韋編三絶　オ　画竜点睛　カ　月下氷人

国語科 ことわざ・慣用句・文法・敬語

ポイント

1 ことわざ・慣用句

(1) 一般的なことわざ・慣用句

虻蜂取らず	二兎を追うものは一兎も得ず，同時に二つのことをしようとしても，結局どちらも成功しないということ
石橋をたたいて渡る	転ばぬ先の杖，念には念を入れよ
枯れ木も山のにぎわい	つまらないものでも，ないよりはましであること
気が置けない	相手に気を使わず，打ち解けることができること
木で鼻をくくる	相手に冷淡な態度をとること
木に竹をつぐ	物事が不調和なこと
紺屋の白袴	自分の専門でも，わが身に関してはおろそかにしがちなこと＝医者の不養生
船頭多くして船山にのぼる	指図する人が多く統一がとれず，物事がとんでもない方向に進むこと
袖振り合うも他生の縁	ちょっとした出会いも，前世の因縁によること
立て板に水	よどみなく，すらすらと話すこと
出藍の誉れ	弟子が師よりも優れているとの評判を得ること
当を得る	道理にかなっていて適切であること
流れに棹さす	時流にうまく乗り，目的に向かって順調に進む
情けは人のためならず	人に親切にしておけば，それがめぐりめぐって，必ず自分によい報いがある
待てば海路の日和あり	ゆっくり待っていれば，やがて好機がおとずれる
的を射る	うまく要点をつかむこと
役不足	力量に対して役目が軽すぎること
良薬は口に苦し	その人のためになる忠告はなかなか聞き入れにくい

(2) 体に関する慣用句

頭	頭隠して尻隠さず，頭が下がる，頭を丸める，後ろ髪を引かれる
顔	顔が利く，顔に泥をぬる，顔を立てる
目	目が利く，目が肥える，目がない，目に余る，目を疑う，目を掛ける
鼻	鼻が高い，鼻であしらう，鼻にかける，鼻につく，鼻を明かす，鼻を折る
耳	耳が痛い，耳が早い，耳にはさむ，耳を貸す，耳を澄ます，耳をそろえる
口	口が堅い，口がすべる，口を切る，口をぬぐう，口を割る，口八丁手八丁
歯	歯が浮く，歯が立たない，歯に衣着せぬ
手	手に余る，手に乗る，手を切る，手を焼く，濡れ手で粟
足	足がつく，足が出る，足を洗う，足をのばす，足を引っ張る，二の足を踏む
腹	腹が黒い，腹をくくる，腹をさぐる，腹を割る，背に腹は替えられぬ

② 文法

(1) 品詞の種類

(2) 動詞の活用

種類	語例	語幹	未然形	連用形	終止形	連体形	仮定形	命令形
五段活用	書く	か	か・こ	き・い	く	く	け	け
上一段活用	起きる	お	き	き	きる	きる	きれ	きろ・きよ
下一段活用	受ける	う	け	け	ける	ける	けれ	けろ・けよ
カ行変格活用	来る		こ	き	くる	くる	くれ	こい
サ行変格活用	する		し・さ・せ	し	する	する	すれ	しろ・せよ
あとに続く主な言葉			ナイ・ヨウ・ウ	マス・タ・テ	言い切る	トキ・ノデ	バ	命令する

(3) 誤りやすい品詞

語	意味・用法		用例	見分け方
な い	助動詞〈打消〉		僕は読ま<u>ない</u>	「ぬ」に置き換えられる
	形容詞		あまりうまく<u>ない</u>	「は・も」を補える
	形容詞の一部		宿題が少<u>ない</u>	「ぬ」に置き換えられない
だ	助動詞	完了	最後まで読ん<u>だ</u>	連用形に接続
		断定	今日はいい天気<u>だ</u>	「〜な」にして体言に続かない
	形容動詞の語尾		彼はとても正直<u>だ</u>	「〜な」にして体言に続く
で	格助詞	場所	校庭<u>で</u>遊ぶ	場所を示す体言に接続
		原因・理由	病気<u>で</u>学校を休む	「のために」に置き換え可能
		手段・方法	自転車<u>で</u>旅をする	「を使って」に置き換え可能
	接続助詞		すぐに読ん<u>で</u>ほしい	連用形に接続
	形容動詞の語尾		この話は退屈<u>で</u>ある	「〜な」にして体言に続く
	助動詞〈断定〉		彼は教師<u>で</u>ある	「だ」に置き換え，文が切れる

③ 敬語

(1) **丁寧語・美化語**…相手に対して丁寧に述べる言葉。

表現の型	用例	
〜ます・〜です	学校へ行く	→学校へ行き<u>ます</u>
お〜・ご〜	皆様への報告	→皆様への<u>ご</u>報告

(2) **尊敬語**…話の相手や話題にしている人を立てて述べる言葉。

表現の型	用例	
お(ご)〜になる （なさる）	帰る	→先生が<u>お</u>帰り<u>になる</u>
	出発する	→皆様が<u>ご</u>出発<u>なさる</u>そうです
〜れる・〜られる	言う	→社長が言わ<u>れる</u>通りです
	来る	→市長が学校に来<u>られる</u>
敬語動詞	食べる	→お客様が食事を<u>召し上がる</u>
	言う	→先生がそう<u>おっしゃる</u>

(3) **謙譲語**…自分（話し手）が，相手や話題にしている人を高めるために　へりくだって言う言葉。

表現の型	用例
お(ご)～する（いたす）	会う　→校長先生と<u>お会いする</u> 説明する　→私が<u>ご説明いたします</u>
敬語動詞	<u>行く</u>　→私がそちらへ<u>参ります</u> <u>もらう</u>　→お菓子を<u>いただく</u>

(4) 敬語動詞（謙譲語Ⅰ・Ⅱ）一覧表

尊敬語	普通の表現	謙譲語
なさる	する	いたすⅡ
いらっしゃる・おいでになる	行く	うかがうⅠ・参るⅡ
いらっしゃる・おいでになる	来る	参るⅡ
いらっしゃる	いる	おるⅡ
おっしゃる	言う・話す	申すⅡ・申し上げるⅠ
召し上がる	食べる	いただくⅠ
お会いになる	会う	お目にかかるⅠ
お聞きになる	聞く	うかがうⅠ・承るⅠ

例題 1 〈ことわざ・慣用句〉

(1) 次の文のうち，下線部が正しく使われているものを選べ。
　ア．そんな<u>木で鼻をくくる</u>ようなこと実現できるわけがない。
　イ．<u>枯れ木も山のにぎわい</u>ですので，ぜひともおいでください。
　ウ．彼女の<u>的を得た</u>指摘に反論の余地もなかった。
　エ．彼の話しぶりはまさに<u>立て板に水</u>で，聞いていてすがすがしい。
　オ．<u>肝胆相照らす</u>というように，悪事は必ず露見する。
(2) 次のことわざと同じ意味をもつものを，ア〜エからそれぞれ選べ。
　① 石橋をたたいて渡る　② 舟に刻みて剣を求む
　　ア．流れに棹さす　イ．株を守る　ウ．転ばぬ先の杖
　　エ．勝って兜の緒を締めよ

(3) 次のそれぞれの□に同じ漢字一字を入れ，ことわざを完成させよ。

① いわしの□も信心から　　船□多くして船山にのぼる

② □に竹をつぐ　　　　　　□を見て森を見ず

③ □藍の誉れ　　　　　　　□る杭は打たれる

④ □の日はつるべ落とし　　一日千□の思い

(4) 次に示す一字から始まる慣用句を答えよ。

① 鼻（　　　）…冷淡に扱う

② 歯（　　　）…遠慮せず，ありのままにものを言う

③ 眉（　　　）…他人の行動を不快に思い，顔をしかめる

④ 舌（　　　）…非常に感心したり驚いたりする

解答 (1) エ　　(2) ① ウ　　② イ　　(3) ① 頭　　② 木
③ 出　　④ 秋　　(4) ① （鼻）であしらう　　② （歯）に衣
着せぬ　　③ （眉）をひそめる　　④ （舌）を巻く

解説 (1) ウ．「的を射た」が正しい。　オ．「互いに打ち解けて親しく
交わる」という意味。　　(2) ② 「舟に刻みて剣を求む」「株を
守る」は，「古い習慣ややり方にこだわって進歩がない」という
意味。

例題 2 〈文法〉

(1) 下線部の語句のうち，品詞が異なるものを選べ。

ア．ひとえに努力のたまものだ。　　イ．むげに断れない。

ウ．あからさまに顔に出す。　　エ．とうに終わっている。

(2) 次の下線部の動詞の活用の種類と活用形をそれぞれ1つずつ選べ。

① 筆記用具を持っていく。　　② この器は重ねられる。

〈活用の種類〉

ア．五段活用　　　　イ．上一段活用　　　ウ．下一段活用

エ．カ行変格活用　　オ．サ行変格活用

〈活用形〉

カ．未然形　　キ．連用形　　ク．終止形　　ケ．連体形

コ．仮定形　　サ．命令形

(3) 次の下線部の「た」と同じ意味・用法のものを選べ。

会議が終わった<u>た</u>ところだ。

　　ア．壁にかかっ<u>た</u>時計。　　　　イ．これは僕が作っ<u>た</u>。

　　ウ．電車が駅に到着し<u>た</u>。　　　エ．今日は何日だっ<u>た</u>かな。

(4) 次の下線部の「で」と同じ意味・用法のものを選べ。

手紙<u>で</u>知らせる。

　　ア．バス<u>で</u>行く。

　　イ．雨<u>で</u>中止になる。

　　ウ．家<u>で</u>待つ。

　　エ．転ん<u>で</u>けがをする。

　　オ．わがまま<u>で</u>手を焼く。

解答 (1) ウ　　(2) ① ア，キ　　② ウ，カ　　(3) ウ

(4) ア

解説 (1) ウ　形容動詞　ア・イ・エ　副詞　(2) ② 可能の助動詞「られる」は上一段・下一段活用動詞の未然形に接続する。

(3) アは存続，イは過去，ウは完了，エは確認の意の助動詞「た」。　(4) アは手段，イは原因・理由，ウは場所を表す格助詞。エは接続助詞。オは形容動詞の語尾。

例題 3 〈敬語〉

(1) 敬語には尊敬語，謙譲語Ⅰ，謙譲語Ⅱ，丁寧語，美化語の五種類がある。次の文はそれぞれどの敬語に属するか。

① 明日から海外へ参ります。

② 大変おいしゅうございました。

③ お手紙を書く。

④ お元気でいらっしゃいましたか。

⑤ お目にかかれて光栄です。

(2) 次のうち，敬語が正しく使われているものを選べ。

　ア．ただいまご紹介していただきました鈴木です。

　イ．お約束のお客様が参られました。

　ウ．交換していただけませんでしょうか。

　エ．田中さんを存じ上げていらっしゃいますか。

(3) 次の下線部を正しいものに書き換えよ。

　①　〈招待した客に〉「お好きなお料理を<u>いただいて</u>ください。」

　②　〈サービスの案内をして〉「どなた様も<u>ご利用できます</u>。」

　③　〈車内アナウンスで〉「お忘れ物など<u>いたしません</u>ようにお気をつけください。」

　④　〈電話の相手に〉「お電話が遠いようで……。今何と<u>おっしゃられ</u>ましたか。」

　⑤　〈初対面の相手に〉「町田様で<u>ございます</u>でしょうか。」

| 解答 | (1) ① 謙譲語Ⅱ　② 丁寧語　③ 美化語　④ 尊敬語　⑤ 謙譲語Ⅰ　(2) ウ　(3) ① 召し上がって　② ご利用になれます　③ なさいません　④ おっしゃい　⑤ いらっしゃいます |

| 解説 | (2) ア．ご紹介していただきました→ご紹介いただきました，ご紹介にあずかりました　イ．参られました→いらっしゃいました，お見えになりました　エ．存じ上げていらっしゃいますか→ご存じでいらっしゃいますか　(3) ①〜③ 謙譲表現で誤り。④ 尊敬語の過剰表現で誤り。 |

国語科 読解

ポイント

① 修辞法

比喩	直喩法（明喩）	「たとえば」「ように」などの語を用いて，他の物事にたとえる	例	滝のように涙を流す。
	隠喩法（暗喩）	「たとえば」「ように」などの語を用いずに，たとえるものと直接に結びつける	例	人間は考える葦だ。
	擬人法	人間以外のものを，人間にたとえる	例	海が呼んでいる。
	擬態法（声喩）	擬声語（音や声を言葉に表したもの）や擬態語（状態の感じを言葉に表したもの）を用いて，物音，事物の状態などを音声的にたとえる	例	雨がざあざあと降る。
			例	子どもがすくすくと育つ。
倒置法		語順を逆にして，言いたいことを強調する	例	急ごう，始まってしまうから。
体言止め		文末を体言（名詞）で止め，強調したり，余韻を残したりする	例	今日の天気は晴れ。
対句法		一対になる語句（よく似たもの・反対のもの）を用い，対照的に表現する	例	菜の花や　月は東に　日は西に
反復法		同じ語句や似た言葉を何度も繰り返して強調する	例	かもめ　かもめ去りゆく　かもめ

② 詩の形式

(1) 文体上の分類	
文語詩	文語体で書かれた詩
口語詩	口語体（現代語）で書かれた詩
(2) 形式上の分類	
定型詩	一句が五・七（七・五）音など，音数や行数に決まりがある詩
自由詩	音数など決まりのない自由な形式の詩
散文詩	文章形式であるが，詩情をもつ詩

（3）内容上の分類	
叙情詩	作者の感情を中心にうたった詩
叙景詩	風景を写生的にうたった詩
叙事詩	事件などを，主観を交えずにうたった詩

③ 主な接続詞

順接	前後が自然な関係で連結	だから，すると	選択	前後のどちらかを選ぶ	あるいは，または
逆説	前後が逆の関係で連結	しかし，ところが	換言	前の文を言い換える	つまり，すなわち
並列	前後が対等	そして，また	説明	前の文の理由	なぜなら
添加	前につけ加える	しかも，なお	転換	話題をかえる	ところで

④ 読解の解法

（1）空欄補充問題の解き方

① 空欄の前後の文意を把握

空欄の前後の論旨や，筆者の意見をとらえる。

② 選択肢がある場合，すべての選択肢を確認

すべての選択肢を代入して，論旨や意見にあっているかを確かめ，最適なものを選ぶ。

（2）指示語の内容を問う問題の解き方

① 直前の部分に着目

指示語を含む文に目を通し，指示語よりも前の文や文節へ少しずつさかのぼって探していく。ただし，まれに指示語の後ろにある場合もあるので要注意。

② 指示語の部分に代入して確認

指示語のさす内容を見つけたら，指示語の部分にそれをあてはめて，文章が自然につながっているかを確認する。

(3) 語句を説明する問題の解き方

① 文脈をつかむ

　　指定された部分が文脈の中でどのような位置を占めているのかを考えながら読み，手がかりを見つける。

② 理由を示す接続詞や言葉に着目

　　理由を示す「〜だから，〜ので」や「というのは，なぜなら，それゆえ」などの言葉に着目して，理由や説明をつかむ。

③ 頻出する内容に注意

　　繰り返し出てくる語句や内容に注意する。論説文では，このような語句や内容は本文の主題にかかわっている場合が多い。

▰▰▰▰▰ 例題 1 〈現代文〉 ▰▰▰▰▰

次の文章を読んで，下の問いに答えよ。

　人に何かを伝えるためには，現象を数多く知っていなければならない。その現象の原因がわかっていなければならない。（　A　），どう説明すればすっとわかってもらえるかの技巧も持っていなければならない。

　まずは，そういう修行をして，曇りなくわかる文章というものを目標にすることだろうと思う。

　それが仮に自在にできるようになった時に，もうひとつの憧れの要素，利口に見えるという美点がいつの間にか発生しているのではないだろうかと思うのだ。あまりにもよくわかる文章なので，達人の技巧の冴えすら感じられてしまう，という形で。

　そのうまさは，初めから技をしかけて，ひねりにひねって書く利口ぶりとは別のものであって，よくある失敗であるところの，（　B　）のただ難解な悪文になることが少ないのではないだろうか。

　利口そうに見えるように，という願望はひとまず忘れよう，ということだ。それよりも，誰にでもちゃんとわかること，伝わることをめざして書く。そうして思い通りに文章が書けるようになったら，自然にうまさも手に入っているのでは，と思うのである。

（清水義範『大人のための文章教室』）

(1)（　A　）にあてはまる言葉を，次から選べ。
　ア．しかし　　イ．そして　　ウ．たとえば　　エ．あるいは
(2) 下線部の「それ」とは何か。文章中の語句を使って答えよ。
(3)（　B　）にあてはまる言葉を，次から選べ。
　ア．ひとりよがり　　イ．むりやり　　ウ．徹頭徹尾
　エ．おくればせ
(4) 筆者は，どうすればうまい文章が書けるとしているか。文章中から
　26字で抜き出して答えよ。

解答　(1) イ　　(2) 曇りなくわかる文章を書くこと。　　(3) ア
　　　(4) 誰にでもちゃんとわかること，伝わることをめざして書く

例題 2 〈現代文〉

次の文章を読んで，あとの (1) 〜 (4) の各問いに答えよ。
　小林秀雄は，『私の人生観』の中で次のようなことを書いている。
　「阿含経（あごん）」の中に，かういふ意味の話がある。ある人が釈迦に，この
世は無常であるか，常住であるか，有限であるか，無限であるか，生
命とは何か，肉体とは何か，さういふ形而上学的問題をいろいろ持ち
出して解答を迫つたところが，釈迦は，さういふ質問には自分は答へ
ない，お前は毒矢に当つてゐるのに，医者に毒矢の本質について解答
を求める負傷者の様なものだ，どんな解答が与へられるにせよ，それ
はお前の苦しみと死とには何の関係もない事だ，自分は①毒矢を抜く
事を教へるだけである。さう答へた。これが，所謂如来の不記であり
ます。
　生きている限り，人間は様々な毒矢を受け続ける。それは，仕方が
ないことである。人間の心は，傷つけば交換可能なプラスチックで
出来ているのではない。傷ついたなら傷ついたなりに，なんとかその
状態を引き受けて生きていくしかないのである。②毒矢を抜くことよ
りも，毒矢はどのように出来ているかの解明に専念してきたのが科学

である。科学が，魂の救済の問題に関心を持たないのは当然のことである。喜びも，悲しみも，嘆きも，怒りも，すべては科学がその方法論の適用の対象とはしない，数に置き換えることのできない主観的経験の中にあるからである。

特定の宗教を信じるかどうかは，個人の自由である。（　Ａ　），③人間が生み出す仮想の切実さを信じられない人の精神生活は，おそらく貧しいものにならざるを得ないだろう。

救済を求める心を，迷信だとして切り捨てて何になろう。世界の因果的理解がいくら進んだところで，自分がいつか死ぬということには変わりがない。

科学は，多くの人が事故や病気さえなければ老境を迎えることのできる文明という安全基地を用意してくれた。（　Ｂ　），その居心地のよいぬくもりの中で，私たちはさまざまな仮想を生み出してきた人間の生の切実さを見失ってしまったのである。生の切実さを見失ったままで，どうして，現実にきちんと向き合うことができよう。

仮想によって支えられる，魂の自由があって，はじめて私たちは過酷な現実に向かい合うことができるのである。それが，意識を持ってしまった人間の本性というものなのである。

（茂木健一郎『脳と仮想』）

(1) 下線部①と同じような意味で使われていることばを文章中から5字以内で抜き出せ。

(2) 下線部②のような「科学」が生み出したものは何か。文章中から40字以内で抜き出し，最初と最後の5文字を書け。

(3) 空欄Ａと空欄Bに共通してあてはまる最も適当な語句を次のア〜エから選び，記号を書け。

　ア．そして　　イ．つまり　　ウ．しかし　　エ．また

(4) 下線部③について，なぜそのように言えるのか。最も適当なものを次のア〜エから選び，記号を書け。

　ア．主観的経験を無視する科学の考え方では，人間の心の豊かさに触れることができないから。

　イ．宗教を信じることができない人は，心安らかに人生を送ること

は絶対にできないから。

ウ．宗教よりも科学を重視してしまう人は，偏った物の見方で何事も考えてしまいがちだから。

エ．人の心の働きを扱わない科学は，人間の切実さに正面から向き合うことになってしまうから。

| 解答 | (1) 魂の救済　　(2) 多くの人が～う安全基地　　(3) ウ
(4) ア

| 解説 | (1)「毒矢を抜く事」は3段落4文目「引き受けて生きていく」方法のことであり，それは，釈迦の対極にある「科学」が問題としない「魂の救済」である。　(2) 6段落冒頭に「科学」の成果が比喩的にまとめられている。　(3) いずれの空欄でも，後続文が直前文を否定的な観点で判断していることから，逆説の接続詞が適当である。　(4) 下線部「仮想の切実さ」は，本文中では「科学」の反意語としての役割を担っている。よって，「科学のみを価値基準とすること」が精神生活，すなわち「心」を「貧し」くする，と理解すればよい。

例題 3 〈近代詩〉

次の詩を読んで，あとの問いに答えよ。

　　　　　　冬が来た　　　　　　（　A　）
きつぱりと冬が来た
八つ手の白い花も消え
公孫樹（いてふ）の木も箒（はうき）になつた

きりきりともみ込むやうな冬が来た
人にいやがられる冬
草木に背（そむ）かれ，虫類に逃げられる冬が来た

> 冬よ
> 僕に来い，僕に来い
> 僕は冬の力，冬は僕の餌食だ
>
> しみ透れ，つきぬけ
> 火事を出せ，雪で埋めろ
> （　Ｂ　）のやうな冬が来た

(1) （　Ａ　）にあてはまるこの詩の作者名を答えよ。

(2) この詩の作者の作品を，次から選べ。

　ア．豊饒の女神　　イ．月に吠える　　ウ．邪宗門

　エ．智恵子抄

(3) この詩は，文体上・形式上の分類で，何とよばれるか。漢字5文字で答えよ。

(4) この詩は，内容上の分類で，何とよばれるか。次から選べ。

　ア．叙情詩　　イ．叙景詩　　ウ．叙事詩

(5) （　Ｂ　）にあてはまる言葉を，次から選べ。

　ア．闇夜　　イ．岩　　ウ．刃物　　エ．真綿

(6) 作者の心情が最もよく表れているのは第何連か。漢数字で答えよ。

解答 (1) 高村光太郎　　(2) エ　　(3) 口語自由詩　　(4) ア
(5) ウ　　(6) 三

解説 (2) アの『豊饒の女神』は西脇順三郎，イの『月に吠える』は萩原朔太郎，ウの『邪宗門』は北原白秋の作品。　(3) 高村光太郎は萩原朔太郎とともに，口語自由詩の確立者といわれている。

国語科 学習指導要領

ポイント

――――――――――― 平成29年改訂の要点 ―――――――――――

① 目標の改善について

(1) 教科の目標

　国語科において育成を目指す資質・能力については，中央教育審議会答申（平成28年12月21日）にて「知識・技能」，「思考力・判断力・表現力等」，「学びに向かう力・人間性等」の3つの柱に沿った整理が行われた。これを受け，教科の目標は次のように示された。

> 　言葉による見方・考え方を働かせ，言語活動を通して，国語で正確に理解し適切に表現する資質・能力を次のとおり育成することを目指す。
> (1) 日常生活に必要な国語について，その特質を理解し適切に使うことができるようにする。
> (2) 日常生活における人との関わりの中で伝え合う力を高め，思考力や想像力を養う。
> (3) 言葉がもつよさを認識するとともに，言語感覚を養い，国語の大切さを自覚し，国語を尊重してその能力の向上を図る態度を養う。

　従前より示し方が変更され，先述の3つの柱に対応して (1) ～ (3) の目標が示された。それぞれ (1) が「知識・技能」，(2) が「思考力・判断力・表現力等」，(3) が「学びに向かう力・人間性等」による。

(2) 各学年の目標

〔第1学年及び第2学年〕
(1) 日常生活に必要な国語の知識や技能を身に付けるとともに，我が国の言語文化に親しんだり理解したりすることができるようにする。

(2) 順序立てて考える力や感じたり想像したりする力を養い，日常生活における人との関わりの中で伝え合う力を高め，自分の思いや考えをもつことができるようにする。

(3) 言葉がもつよさを感じるとともに，楽しんで読書をし，国語を大切にして，思いや考えを伝え合おうとする態度を養う。

〔第3学年及び第4学年〕

(1) 日常生活に必要な国語の知識や技能を身に付けるとともに，我が国の言語文化に親しんだり理解したりすることができるようにする。

(2) 筋道立てて考える力や豊かに感じたり想像したりする力を養い，日常生活における人との関わりの中で伝え合う力を高め，自分の思いや考えをまとめることができるようにする。

(3) 言葉がもつよさに気付くとともに，幅広く読書をし，国語を大切にして，思いや考えを伝え合おうとする態度を養う。

〔第5学年及び第6学年〕

(1) 日常生活に必要な国語の知識や技能を身に付けるとともに，我が国の言語文化に親しんだり理解したりすることができるようにする。

(2) 筋道立てて考える力や豊かに感じたり想像したりする力を養い，日常生活における人との関わりの中で伝え合う力を高め，自分の思いや考えを広げることができるようにする。

(3) 言葉がもつよさを認識するとともに，進んで読書をし，国語の大切さを自覚して，思いや考えを伝え合おうとする態度を養う。

(1) は全学年共通の目標で，答申で示された「知識・技能」の内容を反映している。同様に，各学年の (2) は「思考力・判断力・表現力等」の，(3) は「学びに向かう力・人間性等」の内容を反映している。

2 **内容の改善について**

内容について，従前のものは「話すこと・聞くこと」，「書くこと」，「読むこと」の3領域及び〔伝統的な言語文化と国語の特質に関する事項〕で構成されていた。現行の学習指導要領では，〔知識及び技能〕〔思考力・判断力・表現力等〕に再編されている。

48

例題 1 〈学習指導要領〉

小学校学習指導要領（平成29年3月告示）「国語」について，次の各問いに答えよ。

(1) 次の文は，国語科の目標の一部である。〔　①　〕にあてはまる言葉を，下のア～エから1つ選び，その記号を答えよ。

　　言葉がもつよさを認識するとともに，〔　①　〕を養い，国語の大切さを自覚し，国語を尊重してその能力の向上を図る態度を養う。

　　ア．表現力　　イ．思考力　　ウ．文章力　　エ．言語感覚

(2) 次の文は，「思考力・判断力・表現力等」における「C　読むこと」の，自分の考えの形成及び交流に関する指導事項を表したものである。〔　①　〕〔　②　〕〔　③　〕にあてはまる語句を下のア～ケから1つずつ選び，記号で答えよ。

（第1学年及び第2学年）

　オ　文章の内容と自分の〔　①　〕とを結び付けて，感想をもつこと。

（第3学年及び第4学年）

　カ　文章を読んで感じたことや考えたことを共有し，一人一人の〔　②　〕などに違いがあることに気付くこと。

（第5学年及び第6学年）

　カ　文章を読んでまとめた意見や感想を共有し，自分の〔　③　〕を広げること。

　　ア．体験　　　　イ．考え　　ウ．資料　　エ．情報
　　オ．テキスト　　カ．経験　　キ．思い　　ク．感じ方
　　ケ．知識

解答　(1)　エ　　(2)　①　ア　　②　ク　　③　イ

解説　(1) 言語感覚とは，言語で理解したり表現したりする際の正誤・適否・美醜などについての感覚のことである。話したり聞いたり書いたり読んだりする具体的な言語活動の中で，相手，目的

49

や意図，場面や状況などに応じて，どのような言葉を選んで表現するのが適切であるかを直観的に判断したり，話や文章を理解する場合に，そこで使われている言葉が醸し出す味わいを感覚的にとらえたりすることができることである。　(2)　①　従前では「自分の経験」とあったが，改訂され「自分の体験」と示されるようになった。「文章の内容と自分の体験とを結び付け」るとは，本や文章の内容や構成を自分が既にもっている知識や経験，特に読書体験などと結び付けて解釈し，想像を広げたり理解を深めたりすることである。　②　同じ文章を読んでも，一人一人の感じ方などに違いがあることに気付くとともに，互いの感じたことや考えたことを理解し，他者の感じ方などのよさに気付くことが大切である。　③　読書によって多様な視点から物事を考えることができるようになることに気付くことである。

例題 2 〈学習指導要領〉

小学校学習指導要領（平成29年3月告示）「国語」の「第3　指導計画の作成と内容の取扱い」について，次の文中の各空欄に適する語句を答えよ。

　低学年においては，（中略）他教科等との関連を積極的に図り，指導の効果を高めるようにするとともに，幼稚園教育要領等に示す（　①　）までに育ってほしい姿との関連を考慮すること。特に，小学校入学当初においては，（　②　）科を中心とした合科的・関連的な指導や，弾力的な時間割の設定を行うなどの工夫をすること。

解答　①　幼児期の終わり　　②　生活

解説　①　「幼稚園教育要領」に第1章総則第2「幼稚園教育において育みたい資質・能力及び「幼児期の終わりまでに育ってほしい姿」が新たに示されている。国語科との関連が特に深いと考えられるのは，第2の3 (6) 思考力の芽生え，(8) 数量や図形，標識や文字などへの関心・感覚，(9) 言葉による伝え合い，(10) 豊か

な感性と表現についての記述である。必ず目を通しておきたい。
②　「弾力的な時間割の設定」との文言は現行の学習指導要領で
新たに示されたものである。

例題3 〈学習指導要領〉

　小学校学習指導要領（平成29年3月告示）「国語」について，次の(1)，(2)
に答えよ。
(1) 次の文は，各学年の「思考力・判断力・表現力等」における「C
　読むこと」の内容に関する記述である。文中の（　a　）〜（　d　）
　にあてはまる語句を下の〔　　〕の中から選んで答えよ。
　　（第1学年及び第2学年）
　　　場面の様子や登場人物の（　a　）など，内容の大体を捉えるこ
　　と。
　　（第3学年及び第4学年）
　　　登場人物の気持ちの変化や（　b　），（　c　）について，場面
　　の移り変わりと結び付けて具体的に想像すること。
　　（第5学年及び第6学年）
　　　登場人物の（　d　）や心情などについて，描写を基に捉えるこ
　　と。
　　〔　性格　　会話　　相互関係　　行動　　情景　〕
(2) 第3学年及び第4学年で取り扱う「B　書くこと」に関する言語活動
　の例を，次のア〜オから2つ選び，記号で答えよ。
　　　ア．行事の案内やお礼の文章を書くなど，伝えたいことを手紙に
　　　　書く活動。
　　　イ．事象を説明したり意見を述べたりするなど，考えたことや伝
　　　　えたいことを書く活動。
　　　ウ．短歌や俳句をつくるなど，感じたことや想像したことを書く
　　　　活動。
　　　エ．身近なことや経験したことを報告したり，観察したことを記
　　　　録したりするなど，見聞きしたことを書く活動。

51

オ．調べたことをまとめて報告するなど，事実やそれを基に考え
たことを書く活動。

解答 (1) a 行動　　b 性格　　c 情景　　d 相互関係
(2) ア，オ

解説 (1) 学年ごとの文言の違いについての知識を問う問題は頻出であ
る。文脈のみでは適切な単語を判断しかねる場合があるので，
熟読し違いを正確に把握しておきたい。　(2) イ・ウは第5学年
及び第6学年，エは第1学年及び第2学年で取り扱う「B　書くこ
と」に関する言語活動の例である。

●小学校学習指導要領 (平成 29 年 3 月告示)

第 2 章

社会科

社会科 地理【地図】

ポイント

1 地球と地図

(1) 地球の表面

地球の表面積…約5.1億km²　　全周（赤道の長さ）…約4万km

陸地と海洋の面積比…3：7

(2) 世界地図

種類	利用法	例
正角図法	航海図	**メルカトル図法**
方位図法	航空図	**正距方位図法**
正積図法	分布図	**グード図法**（サンソン図法とモルワイデ図法）

2 地形図

(1) 縮尺

縮尺の分母の数が小さいほど，実際の距離に近くなる。

> 実際の距離＝地図上の長さ×縮尺の分母

(2) 等高線

同じ高度の地点を結んだ線で，土地の起伏を表現する方法の1つ。等高線の間隔が**広い**ところは傾斜が**緩やか**で，**狭い**ところは傾斜が急。

等高線	線	2万5千分の1	5万分の1
計曲線	————	50mごと	100mごと
主曲線	————	10mごと	20mごと
補助曲線	- - - - - -	5mか2.5mかごと	10mごと
	・・・・・・・・・		5mごと

※2.5mの補助曲線には，等高線数値を表示する。

(3) 地図記号

土地利用		建物・施設			
‖ ‖ ‖	田（水田）	◎	市役所	🛠	風車

ᴠ ᴠ ᴠ	畑・牧草地	⊗	警察署	🏠	老人ホーム
ɔ ɔ ɔ	果樹園	Y	消防署	🀫	神社
竹 竹 竹	竹林	⊤	郵便局	卍	寺院
∵ ∵	茶畑	⌂	裁判所	⛰	電子基準点
୦ ୦ ୦	広葉樹林	◇	税務署	⬚	自然災害伝承碑
ʌ ʌ ʌ	針葉樹林	📖	図書館	▲	三角点
⼧ ⼧ ⼧	荒地	🏛	博物館	⊡	水準点

③ **経緯度**

(1) 日本と同じ経緯度の国

(2) 経度と時刻

① 標準時

時刻は**経度15度ごとに1時間ずつずれる**ので，国や地域ごとに標準時を定めている。世界の時刻の基準は，ロンドン近郊の旧グリニッジ天文台を通る経度0度（**本初子午線**）。日本は，兵庫県明石市を通る**東経135度線が標準時子午線**。

② 日付変更線

太平洋上の180度の経線に沿って引かれている線。この線を東から西に越えるときは日付を1日進め，西から東へ越えるときには日付を1日遅らせる。

③ 時差の求め方

2つの地点の経度の差を15で割って計算する。日付変更線をまたがずに位置関係をみた場合，東にある方が時間が進んでいて，西にある方が時間が遅れている。

◆日本とイギリスの時差◆

イギリス(標準時子午線0度)と日本(標準時子午線135度)とでは，経度差135度。135÷15＝9より，**9時間の時差**がある。イギリスは日本より西にあるので，日本の時刻から9時間遅らせればよい。

例題 1 〈世界地図〉

(1) 地図Ⅰ中のA－B間の実際の直線距離を選び，記号で答えよ。

　ア．約10,000km　　イ．約15,000km
　ウ．約20,000km　　エ．約25,000km

地図Ⅰ

(2) 地図Ⅰ中のア～エの陸地のうち，実際の面積が最も小さいものを選び，記号で答えよ。

(3) 地図Ⅱ中の都市のうち，東京から見て北西約7,000kmに位置する都市名を答えよ。

地図Ⅱ

(4) 次の文が示す図法の名称を答えよ。

　　この図法は，単円錐図法を改良した正積図で，緯線はすべて等間隔の同心円として示され，経線は中央経線が直線のほかは縮尺に比例した緯線上の点を結ぶ曲線として表される。主に中緯度の地方図や大陸図などに用いられる。

解答 (1) ア　　(2) イ　　(3) モスクワ　　(4) ボンヌ図法

解説 (1) A―B間の経度差は90度。赤道の全周は約40,000kmなので，(90÷360)×40000と計算する。

例題 2 〈地形図〉

(1) 5万分の1の縮尺で表された地図上では，5cmの長さは実際の距離にすると何kmになるか。

(2) 次の文中の①・②のア・イから正しい語句を選び，記号で答えよ。
　　地形図において，標高の高いほうから見て，等高線が凸型に出っ張っているところが①〔ア．谷／イ．尾根〕，凹型に引っ込んでいるところが②〔ア．谷／イ．尾根〕である。

(3) 次の地図記号はそれぞれ何を表しているか答えよ。

①　　②　　③　　④　　⑤

解答 (1) 2.5km (2) ① イ ② ア (3) ① 果樹園
② 税務署 ③ 図書館 ④ 電子基準点 ⑤ 博物館

解説 (1) 5〔cm〕×50000＝250000〔cm〕＝2500〔m〕＝2.5〔km〕

例題 3 〈経緯度〉

(1) 地図Ⅰ中のア～エのうち，東京の
ほぼ真裏にあたる地点を選び，記号
で答えよ。

(2) 地図Ⅰ中のA～Dの都市のうち，
12月22日の昼間の時間が最も長い都
市を選び，記号で答えよ。また，そ
の都市を選んだ理由を説明せよ。

(3) 地図Ⅱ中のXを出航した船が，東
へ向かい，アフリカ大陸の南端を回っ
て，インド洋を通ってYに到着した。
この航路について誤って述べたもの
を選び，記号で答えよ。

地図Ⅰ

地図Ⅱ

地図Ⅲ

ア．この船は本初子午線を通過した。

イ．この船は赤道を通過した。

ウ．この船は日付変更線を通過した。

エ．この船は東経90度線を通過した。

(4) 南半球に全範囲が含まれる大陸は，南極大陸ともう1つはどこか。地図Ⅱ・Ⅲをもとに答えよ。

(5) 地図Ⅲ中のア〜エのうち，本初子午線を選び，記号で答えよ。

|解答| (1) エ　　(2) 都市：D　　理由：この時期，南半球は夏であり，Dは最も緯度が高い（南極に近い）から。　　(3) ウ
(4) オーストラリア大陸　　(5) ウ

|解説| (2) 12月22日ごろ，南半球では夏至，北半球では冬至を迎える。
(3) 西半球から東回りで東半球へ向かった航路である。

例題 4 〈時差〉

(1) Nさんが，仕事で知り合った南アフリカ共和国の友人に説明した次の文の空欄にあてはまる日時を選び，記号で答えよ。

　東経135度を標準時子午線とする日本は今，3月2日の正午ですが，南アフリカ共和国では東経30度を基準にした標準時を使っているので，（　　）ですね。

　　ア．3月1日の午後5時　　　イ．3月1日の午後11時
　　ウ．3月2日の午前5時　　　エ．3月2日の午後7時

(2) 次の文中の空欄にあてはまる経度を答えよ。

　サンフランシスコは，夏時間（サマータイム）を採用していない時期には，日本との時差は17時間である。日本は東経135度を標準時子午線としている。よって，サンフランシスコの標準時子午線は（　　）である。

|解答| (1) ウ　　(2) 西経120度
|解説| (1) $(135-30)÷15＝7$より，時差は7時間。南アフリカ共和国は日本より西にあるので，日本の時刻より7時間遅れている。
(2) $(17×15)-135＝120$により，西経120度とわかる。

ポイント

1 日本の貿易

(1) 貿易相手国と貿易品目

　日本の貿易は，かつてはアメリカを筆頭とした欧米諸国との貿易が盛んであったが，今では中国を筆頭にした対アジア貿易が中心となっている。2020年は新型コロナの感染症拡大によって貿易が停滞したが，引き続き世界の貿易に影響を及ぼすと見られる。

【輸出（2021年）（%）】
その他 37.4%
中国 21.6%
アメリカ合衆国 17.8%
台湾7.2%
韓国6.9%
香港 4.7%
タイ 4.4%

【輸入（2021年）（%）】
その他 33.7%
中国 24.0%
アメリカ合衆国 10.5%
オーストラリア 6.8%
台湾4.3%
韓国4.1%
サウジアラビア3.6%
アラブ首長国連邦 3.5%
タイ3.4%
ドイツ3.1%
ベトナム3.0%

（『日本国勢図会 2023/24』より作成）

(2) 日本の主要輸入品とその相手国

　資源の乏しい日本は，原油，石炭，天然ガスなどのエネルギー資源や，工業原料となる鉄鉱石，銅鉱などの鉱産資源のほとんどを輸入。近年，食料品（肉類，果実）や衣類の輸入が増加している。

（2021年）（金額による百分比%）

	品名	第1位		第2位		第3位		第4位	
原材料	原油	サウジアラビア	40.0	アラブ首長国	34.8	クウェート	8.5	カタール	7.4
	石炭	オーストラリア	67.2	インドネシア	11.3	ロシア	10.2	アメリカ合衆国	4.8
	鉄鉱石	オーストラリア	55.3	ブラジル	28.3	カナダ	7.0	南ア共和国	3.7
	銅鉱	チリ	35.0	オーストラリア	18.0	インドネシア	13.0	ペルー	9.9
	液化天然ガス	オーストラリア	36.0	マレーシア	12.5	アメリカ合衆国	11.0	カタール	11.0
	木材	カナダ	29.8	アメリカ合衆国	17.0	ロシア	13.1		
食料品	肉類	アメリカ合衆国	29.1	タイ	13.4	オーストラリア	13.1	カナダ	11.0
	魚介類	中国	18.0	チリ	9.2	ロシア	9.1	アメリカ合衆国	8.6
	小麦	アメリカ合衆国	45.1	カナダ	35.5	オーストラリア	19.2		
	野菜	中国	49.4	アメリカ合衆国	15.0	韓国	5.4	タイ	4.0
	果実	フィリピン	18.9	アメリカ合衆国	18.7	中国	14.1		
	衣類	中国	55.8	ベトナム	14.1	バングラデシュ	4.6		

（『日本国勢図会2023/24』より作成）

2 **地球環境問題**

(1) 環境問題

地球温暖化	石油・石炭などの化石燃料の大量消費により，二酸化炭素やメタンといった赤外線を吸収し再放出する気体（**温室効果ガス**）の濃度が増加し，地球の平均気温が上昇する現象。海面水位の上昇や異常気象など
オゾン層破壊	フロンによってオゾン層が破壊され，地上に到達する有害な紫外線の量が増加する現象。皮膚がん，白内障といった健康被害，農業収穫物の減少など
酸性雨	自動車の排気ガス，工場の排煙に含まれる硫黄酸化物や窒素酸化物が大気中で化学反応を起こし，酸性の雨となって降る現象。湖沼や土壌の酸性化による魚類の死滅，森林の枯れ死，歴史的建造物の腐食など

(2) 地球環境問題に関する国際会議

国連人間環境会議	1972年にスウェーデンのストックホルムで開催。「かけがえのない地球」がスローガン
地球サミット(国連環境開発会議)	1992年にブラジルのリオデジャネイロで開催。「持続可能な開発」を基本理念とし，アジェンダ21を採択
環境開発サミット	「持続可能な開発に関する世界首脳会議」のことで，2002年に南アフリカ共和国のヨハネスブルクで開催
北海道洞爺湖サミット	2008年7月に北海道の洞爺湖で開催。2050年までに世界全体の温室効果ガスを半減する長期目標に合意
国連接続可能な開発会議(リオ＋20)	2012年6月にリオデジャネイロで開催。同地で開かれた地球サミットから20年後という意味の通称
G20持続可能な成長のためのエネルギー転換と地球環境に関する関係閣僚会合	2019年6月，長野県の軽井沢町で開催。①イノベーションの加速化による環境と成長の好循環，②資源効率性・海洋プラスチックごみ，③生態系を基盤とするアプローチを含む適応と強靱なインフラについて議論を行った。

(3) 地球環境問題に関する条約

世界遺産条約	世界的に重要な遺産を保護することを目的として，1972年にユネスコ（国連教育科学文化機関）総会で採択。日本から登録されている世界遺産は25件
ラムサール条約	正式名称は「特に水鳥の生息地として国際的に重要な湿地に関する条約」。日本の登録湿地は53か所

ワシントン条約	正式名称は「絶滅のおそれのある野生動植物の種の国際取引に関する条約」
京都議定書	1997年に京都で開催された気候変動枠組条約締約国会議において採択され，2005年に発効。先進各国の温室効果ガスの排出量について数値目標を決定

例題 1 〈日本の貿易〉

(1) 次の表は，2021年の日本の主要港別の輸出品上位4品目（数値は金額（円）による百分比）を表したものである。A～Cにあてはまる港名の正しい組合せをア～エから選び，記号で答えよ。

順位	A		B		C	
1位	自動車	23.1%	半導体等製造装置	9.1%	石油製品	30.6%
2位	自動車部品	16.8%	科学光学機器	5.8%	鉄鋼	21.0%
3位	内燃機関	4.1%	金（非貨幣用）	5.6%	有機化合物	16.9%
4位	電気計測機器	3.4%	集積回路	3.9%	プラスチック	6.7%

(『日本国勢図会2023/24』より作成)

	A	B	C
ア．	成田国際空港	名古屋港	千葉港
イ．	名古屋港	成田国際空港	千葉港
ウ．	名古屋港	千葉港	成田国際空港
エ．	千葉港	成田国際空港	名古屋港

(2) 次の表は，2021年の日本の主な輸入品目別輸入相手国上位4国を表したものである。A～Eにあてはまる国名をア～カから選び，記号で答えよ。

順位	プラスチック	肉類	鉄鉱石	野菜	鉄鋼
1位	D	A	E	D	C
2位	A	B	ブラジル	A	D
3位	台湾	E	カナダ	C	台湾
4位	C	カナダ	南アフリカ共和国	B	カザフスタン

(『日本国勢図会2023/24』より作成)

ア．韓国　　　　　　イ．オーストラリア　　ウ．アルゼンチン
エ．アメリカ合衆国　　オ．中国　　　　　　　カ．タイ

(3) 資源に乏しい日本では，加工貿易が行われてきた。これはどのような貿易か。「高い技術力」という語句を用いて説明せよ。

解答　(1) イ　　(2) A．エ　　B．カ　　C．ア　　D．オ　　E．イ
(3) 原料を輸入し，高い技術力で優れた工業製品をつくり，輸出する貿易。

解説　(1) 成田国際空港は，集積回路などの付加価値の高い製品が特徴。　　(3) 近年は製品輸入が増え，加工貿易の型はくずれてきている。

例題 2 〈日本の貿易〉

2021年の日本の原油輸入相手国上位3国の組合せとして最も適当なものを，次の1～5から1つ選べ。

	1位	2位	3位
1	サウジアラビア	アラブ首長国連邦	クウェート
2	サウジアラビア	カタール	アラブ首長国連邦
3	アラブ首長国連邦	カタール	サウジアラビア
4	アラブ首長国連邦	サウジアラビア	クウェート
5	サウジアラビア	アラブ首長国連邦	カタール

解答　1

解説　日本の輸入に関する出題である。今回は原油の輸入相手国上位3国というものであった。原油は，サウジアラビアとアラブ首長で，全体の4分の3を占めている。今回の原油の他に，石炭，鉄鉱石，木材なども問われる。また，輸入ではなく，「産出量」を問うてくる場合もある。同じように確認しておくとよい。

▰▰▰▰ 例題 3 〈地球環境問題〉 ▰▰▰▰

次の文を読んで，各問いに答えよ。

> 18世紀後半に始まった産業革命により，石炭・石油などの（　①　）燃料の使用が増え，大量の_A二酸化炭素が大気中に放出された。大気中の二酸化炭素濃度が高まると，赤外線吸収作用が地表から放出される熱を逃がしにくくし，_B地球の平均気温が上昇する。このような作用をもたらす気体を総称して（　②　）という。1980年代以降，温暖化に関する研究が進み，温暖化防止のための対策が議論されてきた。近年，_C地球規模での環境対策を論ずる国際会議が開催されるようになり，その成果の1つとして_D2005年に京都議定書が発効した。

(1) 文中の（　①　）・（　②　）にあてはまる語句を答えよ。

(2) 下線部Aについて，二酸化炭素排出量が少ない発電方法としてあてはまらないものを選び，記号で答えよ。

　　ア．水力発電　　イ．火力発電　　ウ．風力発電　　エ．波力発電

(3) 下線部Bによって消滅の危機にさらされている国を選び，記号で答えよ。

　　ア．エクアドル　　イ．ガボン　　ウ．アイスランド

　　エ．ツバル

(4) 下線部Cについて，次のア～ウの会議を，開催された年代の古い順に並べ替えよ。

　　ア．環境開発サミット（ヨハネスブルク）

　　イ．地球温暖化防止京都会議（京都）

　　ウ．国連環境開発会議（リオデジャネイロ）

(5) 下線部Dについて，京都議定書は2004年にある国が批准したことにより2005年に発効することとなった。この国名を答えよ。

解答　(1) ①　化石　　②　温室効果ガス　　(2) イ　　(3) エ

　　　　(4) ウ→イ→ア　　(5) ロシア連邦

解説　(4) ア．2002年　イ．1997年　ウ．1992年

社会科 歴史【古代】

ポイント

1 古代初期

(1) 縄文時代・弥生時代

縄文時代	約1万年前〜 紀元前4世紀頃	厚手でもろい縄文土器, 磨製石器, 竪穴住居, 貝塚, 土偶	三内丸山遺跡 (青森県)
弥生時代	紀元前3世紀頃〜 紀元3世紀頃	薄手でかたい弥生土器 銅剣・銅鐸・銅矛などの青銅器や鉄器 稲作の開始, 高床倉庫	登呂遺跡 (静岡県) 吉野ヶ里遺跡 (佐賀県)

(2) 小国家の分立

　　紀元前後に100余りの小国が分立（**『漢書』地理志**）。57年, 倭の奴国王が後漢に使いを送り, 光武帝から金印を授かる（**『後漢書』東夷伝**）。

(3) 邪馬台国

　　3世紀, 女王卑弥呼は30余りの小国を従える（**『魏志』倭人伝**）。魏に使者を派遣し,「親魏倭王」の称号と金印などを授かる。

2 飛鳥時代

(1) 聖徳太子

　　推古天皇の摂政となり, 天皇中心の政治をめざす。

　・**冠位十二階**（家柄より才能のある者を採用）

　・**十七条憲法**（役人の心得を示したきまり）

　・**遣隋使**（小野妹子ら）の派遣

> 〈十七条の憲法〉
> 一に曰く, 和を以て貴しと為し, 忤ふること無きを宗と為よ。
> 二に曰く, 篤く三宝を敬へ。

(2) **大化の改新**（645年）

中大兄皇子（後の天智天皇）・中臣鎌足らが蘇我氏を倒して始めた，中央集権国家をめざす政治改革。公地公民の制。

(3) **壬申の乱**（672年）

天智天皇の死後に起こった皇位継承をめぐる争い。この戦いに勝利した大海人皇子は天武天皇になり，天皇中心の国づくりを推進。

(4) 律令政治

唐の律令にならい**大宝律令**を制定（701年）し，律令国家が完成。

・**班田収授法**…6歳以上の男女に口分田を与え，死ぬと返させる

・農民の負担・義務…**租・庸・調**の税や，雑徭，兵役（防人）

3 **奈良時代**

(1) 平城京遷都（710年）

唐の都長安にならい，碁盤目状（条坊制）の道路。和同開珎の使用。

(2) **墾田永年私財法**（743年）

口分田の荒廃や不足から，新たに開墾した土地の永久私有を認める。

⇒私有地（後の荘園）が発生し，公地公民の原則が崩れはじめた。

(3) **聖武天皇**

仏教の力で国の平安を保とうとする（鎮護国家）。国ごとに国分寺・国分尼寺，平城京に東大寺・大仏を建立。大仏造営には**行基**が協力。

4 **平安時代**

(1) 平安京遷都（794年）

仏教勢力を断ち律令政治を再建するため，桓武天皇が都を移す。坂上田村麻呂を征夷大将軍として派遣し，蝦夷を平定。

(2) 遣唐使の廃止（894年）

菅原道真の建議による。

(3) 摂関政治

藤原氏が摂政・関白となり，実権を握る。**道長・頼通**父子のとき全盛。

> 〈藤原道長が詠んだ歌〉
> この世をば　わが世とぞ思ふ
> 望月の　かけたることも
> なしと思へば

(4) 院政

天皇が位を譲ったあとも上皇として政治を行う。白河上皇が最初。

(5) 新しい仏教

最澄	天台宗	比叡山延暦寺
空海	真言宗	高野山金剛峰寺

(6) 平氏政権

保元の乱や平治の乱に勝利した**平清盛**が，武士として初めて太政大臣となり，政治の実権を握る。大輪田泊を改修し，**日宋貿易**を展開。

5　飛鳥・天平・国風文化

飛鳥文化	初の仏教文化	法隆寺，釈迦三尊像，玉虫厨子
天平文化	遣唐使の派遣により，唐の影響を受けた仏教文化	東大寺正倉院，唐招提寺（鑑真）『古事記』，『日本書紀』，『万葉集』
国風文化	遣唐使の廃止で生まれた日本独自の文化	平等院鳳凰堂，中尊寺金色堂『源氏物語』（紫式部），『枕草子』（清少納言），『土佐日記』（紀貫之）

例題 1 〈古代初期〉

(1) ～ (5) の「この地」が示す場所を，地図中のア～サからそれぞれ選び，記号で答えよ。また，空欄にあてはまる語句・人名を答えよ。

(1) 1784年にこの地で発見された金印は，後漢の光武帝が倭の（　　）に与えたものであると考えられている。

(2) 1877年，アメリカ人の動物学者（　　）はこの地で貝塚を発掘した。この調査は，日本の近代的考古学の出発点となった。

(3) 1946年，この地の火山灰でできた地層から発見された（　　）石器によって，日本に縄文文化以前の石器文化が存在したことが明らかになった。

(4) 1968年，この地の古墳群で発掘された（　　）に，当時の大王の名であるワカタケルを含む金象嵌の銘文が彫られていた。

(5) 1986年からこの地で行われた発掘調査で，見張りのための（　　）などを備えた，防御的な性格が強い大規模な環濠集落跡が発見された。

解答 (1) イ，奴国王　　(2) ク，モース　　(3) カ，打製　　(4) ケ，鉄剣　　(5) ア，（物見）やぐら

解説 (1) は志賀島，(2) は大森貝塚，(3) は岩宿遺跡，(4) は埼玉古墳群内にある稲荷山古墳，(5) は吉野ヶ里遺跡。

━━━━━━ 例題 2 〈飛鳥時代〉 ━━━━━━

(1) 次の史料の法令を定めた人物と最も関連の深い人物を選び，記号で
答えよ。

> 一に曰く，和を以て貴しと為し，忤ふること無きを宗と為よ。
> 二に曰く，篤く三宝を敬へ。三宝とは仏・法・僧なり。 ……

ア．文武天皇　　イ．阿倍仲麻呂　　ウ．蘇我馬子

エ．中臣鎌足

(2) 7世紀後半のできごととして誤っているものを選び，記号で答えよ。

ア．中大兄皇子は近江大津宮に遷都し，即位して天智天皇となり，最
初の全国的戸籍である庚午年籍を作成した。

イ．天智天皇の没後，弟の大友皇子は吉野で挙兵し，天皇の子である
大海人皇子の勢力を倒し，飛鳥浄御原宮で即位した。

ウ．天武天皇は中央集権国家の建設を推進し，豪族を新しい身分秩序
に再編成して，八色の姓を定めた。

エ．天武天皇は皇后の病気の治癒を願い，薬師寺の建立を発願した。
天皇の没後は，持統天皇がその事業を引き継いだ。

(3) 7世紀後半，日本の朝廷は百済の求めに応じて朝鮮半島に援軍を送っ
たが，唐・新羅軍に大敗した。この戦いを何というか。

|解答| (1) ウ　　(2) イ　　(3) 白村江の戦い

|解説| (1) 十七条の憲法を定めた聖徳太子は，蘇我馬子と協力して政治
を行った。　(2) イは，大友皇子と大海人皇子が逆である。

━━━━━━ 例題 3 〈奈良時代〉 ━━━━━━

(1) 次の①～④にあてはまる人物名をそれぞれ答えよ。

① 苦難の末に来日を果たした唐の僧で，東大寺に戒壇を築いた後，
私寺となる唐招提寺を開いた。

② 筑前守などの国司を歴任しながら多くの歌を詠んだ歌人で，農民

の生活を描いた「貧窮問答歌」などが『万葉集』に収められている。

③　治水や架橋などの社会事業に活躍した僧で，当初は朝廷の弾圧を受けたが，後に東大寺の大仏造立に協力し，大僧正に任じられた。

④　元正天皇より譲位されて即位した天皇で，鎮護国家という考え方によって国分寺建立の詔や大仏造立の詔を出した。

(2) 地方の国ごとに，自然，産物，伝説などを記した地誌を選び，記号で答えよ。

ア．風土記　　イ．古事記　　ウ．日本書紀　　エ．続日本紀

解 答　(1) ①　鑑真　　②　山上憶良　　③　行基　　④　聖武天皇

(2) ア

解 説　(2) イ〜エは歴史書である。

例題 4 〈平安時代〉

右の年表を見て，各問いに答えよ。

(1) 次の①〜④のできごとがあてはまる時期を，年表中のア〜オからそれぞれ選び，記号で答えよ。

① 　後三条天皇が荘園整理令を出す。

② 　遣唐使の派遣が停止される。

③ 　藤原道長が摂政となる。

④ 　保元の乱が起こる。

西暦	できごと
794	平安京に遷都される
	↓ア
866	藤原良房が摂政となる
	↓イ
935	平将門の乱が起こる…A
	↓ウ
1053	平等院鳳凰堂ができる
	↓エ
1086	白河上皇が院政を始める
	↓オ
1167	平清盛が太政大臣となる

(2) 年表中のAのころ，土佐の国からの帰京時のできごとや思いなどを日記に著した人物はだれか。

解 答　(1) ①　エ　　②　イ　　③　ウ　　④　オ　　　(2) 紀貫之

解 説　(1) ①　1069年　②　894年　③　1016年　④　1156年

社会科 歴史【中世】

ポイント

1 鎌倉時代

(1) 鎌倉幕府
- ・**壇ノ浦の戦い**で平氏一門が滅ぶ。
- ・源頼朝が国ごとに**守護**，荘園ごとに**地頭**を置く（1185年）。
- ・源頼朝が征夷大将軍に任じられ（1192年），鎌倉に幕府を開く。
- ・将軍と御家人は，土地を仲立ちにして**御恩**と**奉公**という主従関係で結ばれる（**封建制度**）。

(2) **執権政治**

　　頼朝の死後，その妻北条政子と政子の父北条時政が政治の実権を握り，北条氏が代々，執権（将軍を補佐する役）として政治を行う。

(3) **承久の乱**（1221年）

　　後鳥羽上皇が政権を朝廷に取り戻そうとして起こしたが，幕府軍に敗れる。西国の支配と朝廷の監視のため，京都に**六波羅探題**を設置。

(4) 御成敗式目（1232年）

　　北条泰時が制定。武家社会のしきたりや頼朝以来の裁判の基準など51か条からなる。その後長く武家政治の手本となった。

(5) **元寇**（**文永の役**（1274年），**弘安の役**（1281年））

　　二度にわたり元軍が襲来したが，武士の奮戦や暴風雨で元軍は退却。幕府は御家人に十分な恩賞を与えることができず，生活苦の御家人救済のため**徳政令**を出す。

▲元寇のようす「蒙古襲来絵詞」

(6) 鎌倉文化

武士の気風を反映した素朴で力強い文化。

文　学	『新古今和歌集』（藤原定家編纂），『**徒然草**』（吉田兼好），『**方丈記**』（鴨長明），『平家物語』（軍記物，琵琶法師が広める）
彫　刻	東大寺南大門の金剛力士像　（運慶・快慶）
新仏教	浄土宗（法然），浄土真宗（親鸞），時宗（一遍） 日蓮宗（日蓮），臨済宗（栄西），曹洞宗（道元）

2 室町時代

(1) 建武の新政（1334年）

後醍醐天皇が公家と武家を従えて始めるが，公家中心の政治であったことから，武士の不満が高まる。足利尊氏の挙兵により，新政は2年あまりで失敗。

(2) 南北朝時代（1336 〜 92年）

後醍醐天皇が吉野に逃れ南朝を開くと，足利尊氏は京都に別の天皇を立て北朝を開く。3代将軍足利義満のときに，南北朝が統一。

(3) 室町幕府

足利尊氏が征夷大将軍に任命され，京都に幕府を開く。3代将軍足利義満が京都の室町に「花の御所」を造営し，最盛期を迎えた。

(4) 勘合貿易（日明貿易）

足利義満が貿易の利益を目的に明との間で開始。倭寇と区別するために勘合という合い札を使用。

(5) 応仁の乱（1467 〜 77年）

将軍の後継ぎ争いに有力守護大名の勢力争いがからみ起こる。京都を中心として11年間争いが続き，その戦乱が全国に波及した。

(6) 戦国大名

下剋上（下の身分の者が実力で上の身分の者を倒す）の風潮の中で，実力で領土を支配し勢力を広げていった大名。**分国法**で領国を支配。

(7) 代表的な一揆

正長の土一揆	1428年	近江坂本の馬借に農民も加わり，借金の帳消しを求めて起こした
山城の国一揆	1485年	山城国（今の京都府）の国人と農民が守護の畠山氏を国外に追放。8年間自治を行う
加賀の一向一揆	1488年	加賀国の一向宗（浄土真宗）の信徒が守護を倒し，約100年間自治を行う

(8) 室町文化

公家文化と武家文化が融合。禅宗の影響で簡素で深みのある文化。

| 建　　築 | 鹿苑寺金閣（足利義満），慈照寺銀閣（足利義政）
東求堂同仁斎（書院造） |
| その他 | 水墨画（雪舟），能楽（観阿弥・世阿弥）
御伽草子（『一寸法師』，『浦島太郎』など） |

例題 1 〈鎌倉時代〉

史料Ⅰ～Ⅴを読んで，各問いに答えよ。

(1) 史料Ⅰは，何という戦乱に際して行われた演説か。

(2) 史料Ⅰの下線部Aに対して，御家人が将軍に忠誠を誓い，戦時の軍役などの役目を果たすことを何というか。

(3) 史料Ⅱの法令を定めた人物名を答えよ。

(4) 史料Ⅲの下線部Bについて，なぜこの時期，御家人は困窮していたのか，説明せよ。

(5) 史料Ⅳには，当時の農民が荘園領主と（　C　）の二重支配に苦し

Ⅰ　頼朝公が朝敵を征討して鎌倉幕府を開いて以来，皆が得た官位や俸禄などを考え合わせると，その_A恩は山よりも高く，海よりも深いものです。

Ⅱ　諸国の守護の職務は，頼朝公の時代に定められたように，京都の御所の警護と，謀反や殺人などの犯罪人の取り締まりに限る。

Ⅲ　質入れや売買された土地のこと。所領を質に入れ流したり，売買したりすることは，_B御家人の困窮のもとである。今後はやめるように。

73

んでいた様子が訴えられている。
（ C ）にあてはまる語句を答え
よ。

(6) 史料Vの教えを説いた僧を選び，
記号で答えよ。
ア．日蓮　　イ．法然
ウ．栄西　　エ．道元

> IV　御材木の納入が遅れている
> 件につきましては，（ C ）が
> 京へ上る，京から帰るといっ
> て，人夫としてこき使われ，全
> く暇などありません。

> V　往生極楽のためには，南無
> 阿弥陀仏と唱えれば疑いなく
> 往生できる，と思って念仏を
> 唱える。その他に別の手段は
> ないのである。

解答　(1) 承久の乱　　(2) 奉公　　(3) 北条泰時　　(4) 分割相続に
より領地が細分化したから。（元の襲来に備えるために費用がか
かったから。）　　(5) 地頭　　(6) イ

解説　史料Iは北条政子の演説。IIは御成敗式目。IIIは永仁の徳政令。

例題 2 〈室町時代〉

(1) 次の①〜③の文は，室町幕府の将軍に関するものである。空欄にあ
てはまる人名または語句を答えよ。
①　初代将軍（　　）は，夢窓疎石の勧めで天竜寺を建立しようとし，
その造営費調達のために天竜寺船を元に派遣した。
②　3代将軍義満は，倭寇を禁じるとともに，正式の貿易船に（　　）
という合い札の証明書を用いて，明との貿易を始めた。
③　8代将軍義政のとき，東山山荘の造営などにより幕府財政が悪化す
る一方，将軍家の家督継承問題をめぐって（　　）が起きた。
(2) 次の①〜③の文は，室町時代に起きた一揆に関するものである。そ
れぞれの一揆の名称を答えよ。
①　国内で戦っていた畠山政長・義就の軍を国外に退去させ，8年間に
及ぶ自治的支配を実現した。
②　近江坂本の馬借の蜂起を契機に起こり，農民も参加して畿内一帯
に波及した。
③　浄土真宗本願寺派の勢力を背景に加賀の門徒が国人と手を結び，

守護の富樫氏を倒した。

(3) 次の①〜④に関係の深い人名・語句を，下のア〜クから1つずつ選び，記号で答えよ。

① 鹿苑寺金閣　　② 慈照寺銀閣　　③ 水墨画　　④ 能楽

　ア．書院造　　イ．運慶　　ウ．風姿花伝　　エ．狩野永徳

　オ．千利休　　カ．雪舟　　キ．足利義満　　ク．足利義昭

解答　(1) ①　（足利）尊氏　　②　勘合　　③　応仁の乱
　　(2) ①　山城の国一揆　　②　正長の土（徳政）一揆
　　③　加賀の一向一揆　　(3) ①　キ　　②　ア　　③　カ
　　④　ウ

解説　(3) ウは世阿弥が著した能楽論書。なお，イは鎌倉時代。
　エ・オは安土桃山時代。クは室町幕府15代将軍。

社会科 歴史【近世】

ポイント

1 **安土桃山時代**

(1) ヨーロッパ人の来航
- 鉄砲の伝来…1543年，種子島に漂着したポルトガル人が伝える。
- キリスト教の伝来…1549年，イエズス会の宣教師**フランシスコ＝ザ ビエル**が鹿児島に来航して伝える。西日本を中心に信者を獲得。

(2) **織田信長**
- 桶狭間の戦いで今川義元を破る。
- 足利義昭を京都から追放して，室町幕府を滅ぼす。
- **長篠の戦い**で，徳川家康との連合軍が鉄砲隊を有効に使い武田勝頼 軍を破る。
- **楽市・楽座**を安土城下で実施。

▲「長篠合戦図屏風」

(3) **豊臣秀吉**
- 全国の田畑の面積やよしあしを調べ石高を検地帳に記録し年貢を徴 収する**太閤検地**を実施。
- 農民から武器を取り上げる**刀狩令**で，兵農分離を進める。
- 1590年，大坂城を拠点に全国を統一。関白・太政大臣となる。

・朝鮮侵略を企て，1592年（文禄の役）と1597年（慶長の役）の2度に
わたり出兵したが失敗。

> 〈刀狩令〉
> 一，諸国百姓，刀，脇差，弓，やり，てつはう，
> 　其外武具のたぐい所持候事，堅御停止候。

(4) 桃山文化

大名や大商人の気風を反映した，豪華・雄大で活気にあふれた文化。

建　築	天守閣を備えた豪壮な城（安土城，大坂城，姫路城）
障壁画	狩野永徳「唐獅子図屏風」
茶の湯	千利休が大成。茶器・茶室建築が発達
芸　能	出雲阿国が，かぶき踊りを始める
工　芸	朝鮮の陶工によって有田焼，萩焼，薩摩焼などが誕生

② 江戸時代

(1) 江戸幕府

・関ヶ原の戦い⇒**徳川家康**が征夷大将軍に⇒江戸幕府成立（1603年）

・**武家諸法度**により，大名を統制。

・3代将軍徳川家光のときに**参勤交代**を制度化。大名の経済的負担大。

・親藩（徳川氏の一門），譜代大名（関ヶ原の戦い以前からの家臣）と
外様大名（関ヶ原の戦い以降の家臣）に分けて配置。

・年貢の納入や犯罪の取り締まりで共同責任を負わせる**五人組**で農民
や町人を統制。

> 〈武家諸法度〉
> 一，文武弓馬の道，専ら相嗜むべき事。
> 一，諸国の居城，修補をなすと雖も，必ず言上すべし。
> 一，私に婚姻を締ぶべからざる事。

(2) **鎖国**（1639年完成）

キリスト教禁止の徹底と幕府による貿易の独占が目的。ポルトガル
船の来航が禁止され，海外との交易はオランダ，清，朝鮮に限られた。

(3) 幕府政治の改革

享保の改革	1716〜45	〔8代将軍〕徳川吉宗	目安箱の設置，公事方御定書の制定，新田開発の奨励，上げ米の制
田沼意次の政治	1767〜86	〔老中〕田沼意次	株仲間の奨励，印旛沼の干拓による新田開発，長崎貿易の奨励
寛政の改革	1787〜93	〔老中〕松平定信	囲い米，棄捐令（旗本や御家人の借金帳消し），昌平坂学問所
天保の改革	1841〜43	〔老中〕水野忠邦	株仲間の解散，人返しの法（農民の出稼ぎ禁止），上知令（天領化構想）

(4) 元禄文化と化政文化

元禄文化		化政文化
上方（京都・大坂）を中心とした，はなやかな町人文化	特色	江戸を中心とした，庶民性の強い成熟した文化
井原西鶴『日本永代蔵』（浮世草子） 松尾芭蕉『奥の細道』（俳諧） 近松門左衛門『曽根崎心中』（人形浄瑠璃）	文学	十返舎一九『東海道中膝栗毛』 滝沢馬琴『南総里見八犬伝』 与謝蕪村，小林一茶（俳諧）
俵屋宗達「風神雷神図屏風」 尾形光琳「紅白梅図屏風」 菱川師宣「見返り美人図」	絵画	喜多川歌麿「婦女人相十品」（美人画） 葛飾北斎「富嶽三十六景」 歌川(安藤)広重「東海道五十三次」

▓▓▓▓▓ 例題 1 〈安土桃山時代〉 ▓▓▓▓▓

右の年表を見て，各問い
に答えよ。

(1) 次の①～③のできご
とがあてはまる時期を，
年表中のア～オからそ
れぞれ選び，記号で答
えよ。

① 室町幕府が滅びる。

② フランシスコ＝ザ
ビエルによってキリ
スト教が伝えられる。

③ 慶長の役が起こる。

西暦	できごと
1543	ポルトガル人が漂着する…………A
	↓ア
1550	ポルトガル船が平戸に来航する
	↓イ
1563	ルイス＝フロイスが来日する ……B
	↓ウ
1582	天正遣欧使節が出発する…………C
	↓エ
1587	バテレン追放令が出される
	↓オ
1600	オランダ船リーフデ号が漂着する

(2) 年表中のAのとき，日本にもたらされたものを選び，記号で答え
よ。

　ア．活版印刷術　　イ．絹織物　　ウ．ガラス製品　　エ．鉄砲

(3) 織田信長は年表中のBのころ，各地の関所を廃止した。これと同じ
目的で信長が行った政策を選び，記号で答えよ。

　ア．指出検地　　イ．刀狩　　ウ．楽市・楽座　　エ．身分統制令

(4) 年表中のBのころ，織田信長に屈服した自治都市はどこか。

(5) 年表中のCのころ，豊臣秀吉は全国の田畑の広さや土地の良し悪し
を調べ，予想される生産量を石高で表した。この政策が行われた結
果を，「土地の権利」という語句を用いて説明せよ。

解答 (1) ① ウ　　② ア　　③ オ　　(2) エ　　(3) ウ
(4) 堺　　(5) 荘園領主などが持っていた複雑な土地の権利が否
定され，直接耕作する農民に土地の権利が認められた。

解説 (1) ①は1573年，②は1549年，③は1597年。

━━━━━━━━ 例題 2 〈江戸時代〉 ━━━━━━━━

(1) 次の文を読んで，各問いに答えよ。

　　ₐ徳川家康は，関ヶ原の戦いで（　A　）を破り，江戸幕府を開き，その孫の（　B　）の時代には，幕府の職制が整備された。政務統括の職としては（　C　）があり，それを補佐する職として若年寄が設けられた。その他，一般政務にはᵦ寺社奉行・町奉行・（　D　）奉行の三奉行があたった。ᵪ1635年には幕府の最高司法機関として評定所が定められた。地方では，京都所司代が朝廷や西国大名の監視を行った。

① 文中の空欄にあてはまる語句・人名を答えよ。

② 下線部aについて，家康はある国との国交の実務を対馬藩に担当させるとともに貿易を許した。この国はどこか。

③ 下線部bには，1万石以上の譜代大名が任命されていた。譜代大名に関する説明を選び，記号で答えよ。

　ア．徳川氏一門の大名

　イ．関ヶ原の戦い以前から徳川氏の家臣であった大名

　ウ．関ヶ原の戦い以後に徳川氏に臣従した大名

④ 下線部cの年に実施された外交政策を1つ選び，記号で答えよ。

　ア．平戸のオランダ商館を長崎の出島に移した。

　イ．ポルトガル船の来航を禁止した。

　ウ．日本人の海外渡航と海外からの帰国を全面禁止した。

　エ．スペイン船の来航を禁止した。

(2) 次の①・②の下線部ア〜ウから誤っている語句・人名をそれぞれ選び，その記号および正しい語句・人名を答えよ。

① 幕府の財政を支えたのは，ア水呑百姓とよばれる自営農民が耕作する田畑の収穫に課せられたイ年貢であったので，幕府は1643年にウ田畑永代売買の禁令を出し，自営農民の没落を防いだ。

② 幕府や藩はア新田開発を積極的に進めた。それとともに耕作具としてイ備中ぐわなどが普及し，福岡藩士ウ安藤昌益の著した『農業全書』による農業技術の普及などが農業生産の向上をもたらした。

(3) 江戸時代の文化について，次の①～④の説明にあたる人物を選び，記号で答えよ。

① 「風神雷神図屏風」などで装飾画への道を開いた。

　　ア．菱川師宣　　イ．尾形光琳　　ウ．俵屋宗達　　エ．狩野探幽

② 『猿蓑』などの句集で正風（蕉風）を打ち立てた。

　　ア．井原西鶴　　イ．与謝蕪村　　ウ．松尾芭蕉　　エ．西山宗因

③ 風景画に優れ，「富嶽三十六景」などの名作を残した。

　　ア．鈴木春信　　イ．葛飾北斎　　ウ．安藤広重

　　エ．喜多川歌麿

④ 勧善懲悪的な読本の『南総里見八犬伝』を著した。

　　ア．十返舎一九　　イ．為永春水　　ウ．式亭三馬

　　エ．滝沢馬琴

(4) 次のA～Dの史料に関連の深い人物を，下のア～クからそれぞれ選び，記号で答えよ。また，A～Dを年代の古い順に並べよ。

A.「株仲間成員証の鑑札行使はもちろん，その他総て問屋仲間や問屋組合の名称を使うことを禁止する。」

B.「日本人に対して犯罪を犯したアメリカ人は，アメリカの領事裁判所において取り調べのうえ，アメリカの法律によって罰する。」

C.「必ず門下生の異学修得を禁止し，朱子学の講義や研究をして，人材を養育するように心がけなさい。」

D.「持高1万石当たり米100石の率で提出しなさい。これにより，参勤交代の江戸在府期間を半年ずつ免除する。」

　　ア．新井白石　　イ．徳川吉宗　　ウ．徳川慶喜　　エ．松平定信
　　オ．井伊直弼　　カ．徳川綱吉　　キ．水野忠邦　　ク．田沼意次

解答 (1) ① A．石田三成　　B．（徳川）家光　　C．老中
　　D．勘定　　② 朝鮮（国）　　③ イ　　④ ウ
　　(2) ① ア，本百姓　　② ウ，宮崎安貞
　　(3) ① ウ　　② ウ　　③ イ　　④ エ　　(4) A．キ
　　B．オ　　C．エ　　D．イ　　D→C→A→B

解説 (4) Bは日米修好通商条約，Cは寛政異学の禁，Dは上げ米の制。

社会科 歴史【近代・現代】

ポイント

① **近代**

(1) 日本の開国

- アメリカ使節**ペリー**が浦賀に来航し，開国を要求（1853年）。
- **日米和親条約**（1854年）で**下田・箱館**を開港（事実上の開国）。
- **日米修好通商条約**（1858年）を大老井伊直弼と総領事ハリスが締結。**箱館・神奈川・長崎・新潟・兵庫**の5港を開き貿易を開始。アメリカの**治外法権（領事裁判権）**を認め，**関税自主権**のない不平等条約。

(2) 新政府の政策

五箇条の御誓文	1868	新政府の政治の基本方針
版籍奉還	1869	大名が所有する土地と人民を天皇に返上
廃藩置県	1871	藩を廃止して府・県をおき，中央から府知事・県令（のちの知事）を派遣
学制	1872	6歳以上の男女すべてが小学校教育を受ける
徴兵令	1873	富国強兵の考えに沿って**満20歳以上の男子**に兵役の義務
地租改正	1873	土地の所有者と地価を定め，地券を発行し，所有者に税金として**地価の3%**を現金で納めさせる

(3) **自由民権運動**

- 新政府に不満をもつ士族が西郷隆盛を中心として**西南戦争**を起こす。
- 板垣退助らが**民撰議院設立の建白書**を政府に提出。
- 自由民権派が国会開設に備えて政党を結成。

自由党	**板垣退助**	フランス流の民権思想（急進的）
立憲改進党	**大隈重信**	イギリス流の立憲思想（穏健的）

(4) 大日本帝国憲法と帝国議会

- 内閣制度を創設し，**伊藤博文**が**初代内閣総理大臣**に就任。

・君主権の強いドイツ憲法を手本に天皇主権の**大日本帝国憲法**を制定。

・第1回衆議院議員総選挙の有権者は，**直接国税15円以上を納める25歳以上の男子**に限られ，総人口の約1.1％にすぎなかった。

(5) 条約改正

・1894年，**陸奥宗光**が**治外法権（領事裁判権）**の撤廃に成功。

・1911年，**小村寿太郎**が**関税自主権の回復**に成功。

(6) 日清戦争と日露戦争

戦争	背景	講和条約	講和条約の内容
日清戦争 (1894〜95年)	**甲午農民戦争**がきっかけ	**下関条約**	・清は朝鮮の独立を認める ・清は遼東半島・台湾を日本に譲る ・清は2億両の賠償金を日本に支払う
日露戦争 (1904〜05年)	ロシアの南下に対抗し，**日英同盟**締結	**ポーツマス条約**	・樺太の南半分を日本に割譲 ・南満州鉄道の権利を日本に譲る ・朝鮮における日本の優越権を認める ・旅順・大連の租借権を日本に譲る

・**三国干渉**…**ロシア，ドイツ，フランス**が日本に遼東半島返還を要求。

(7) 第一次世界大戦と日本

三国協商（イギリス，フランス，ロシア）と三国同盟（ドイツ，オーストリア，イタリア）がバルカン半島で対立。**サラエボ事件**をきっかけに世界大戦となる。日本は日英同盟を理由に参戦し，その後中国に**二十一か条の要求**を認めさせる。ベルサイユ条約で終戦となり，**国際連盟**が成立。

(8) **大正デモクラシー**

護憲運動や**民本主義**（吉野作造）。原敬が初の本格的な**政党内閣**を組織。加藤高明内閣のとき**普通選挙法**により25歳以上のすべての男子に選挙権を付与。

(9) 日本の大陸侵略

・柳条湖事件をきっかけとする**満州事変**で国際連盟脱退。盧溝橋事件から**日中戦争**に突入し南京を占領。国家総動員法で戦時体制強化。

・政党政治が終わり，軍部が政治を支配。

| 五・一五事件 | 1932年 | 海軍将校が**犬養毅首相ら**を暗殺 |
| 二・二六事件 | 1936年 | 陸軍将校が首相官邸などを襲撃 |

② 現代

(1) 日本の民主化
- マッカーサーを最高司令官とする連合国軍最高司令官総司令部（GHQ）が，**ポツダム宣言**に基づき民主化政策を進める。
- 普通選挙法改正により**満20歳以上のすべての男女**に選挙権を付与。
- **財閥解体**（独占禁止法制定など），農地改革，日本国憲法制定。

(2) 日本の独立
- **サンフランシスコ平和条約**で独立を回復。日米安全保障条約も調印。
- **日ソ共同宣言**によりソ連と国交を回復。**国際連合**への加盟が実現。

--- 例題 1 〈明治維新〉 ---

(1) 次の史料を読んで，各問いに答えよ。

> ア ₐ広ク会議ヲ興シ，万機公論ニ決スヘシ
> イ 上下心ヲ一ニシテ盛ニ経綸ヲ行ナフヘシ
> ウ 切支丹邪宗門ハ旧ニ仍リテ之ヲ厳禁ス
> エ 旧来ノ陋習ヲ破リ，天地ノ公道ニ基クヘシ
> オ в知識ヲ世界ニ求メ，大ニ皇基ヲ振起スヘシ

① 下線部Aについて，後に国民の政治参加を求めて民撰議院設立の建白書を提出し，立志社を設立した人物名を答えよ。
② 下線部Bについて，岩倉具視を全権大使として欧米に派遣された使節団に参加しなかった人物を選び，記号で答えよ。
　ア．大久保利通　　イ．西郷隆盛　　ウ．木戸孝允
　エ．伊藤博文
③ 史料中のア～オのうち，五箇条の御誓文の内容としてあてはまらないものを選び，記号で答えよ。

(2) 中津藩（大分県）の出身で，後に慶應義塾を創設して人材の育成に
あたり，「天は人の上に人を造らず，人の下に人を造らずと云へり」の
書き出しで始まる書物を著した人物名とその書物名を答えよ。

(3) 次の文A・Bを読んで，各問いに答えよ。

> A. 日本は1875年の_ア江華島事件を契機に，_イ日朝修好条規を結
> び，朝鮮を開国させた。これにより清と日本の緊張は高まっ
> たが，朝鮮国内でも親清派と親日派の争いが生じた。日本は
> 親日派の_ウ独立党に加勢して勢力の伸長をはかった。1894年
> に_エ義和団が蜂起して甲午農民戦争が起こると，日清両国は
> 出兵し，_a日清戦争が始まった。

> B. _bポーツマス条約の結果，日本は_カ山東半島の一部の租借権
> や_キ南満州鉄道の利権を得た。韓国に対する保護権が認めら
> れた日本は，_ク統監府を置き，韓国の軍隊を解散させ，韓国
> 国内の義兵運動を弾圧した。韓国統監_ケ伊藤博文がハルビン
> で暗殺されると，それを口実に韓国併合を行い，朝鮮総督府
> を設置した。

① 文Aの下線部ア〜エ，文Bの下線部カ〜ケから，誤っている語句を
それぞれ1つずつ選び，記号で答えよ。

② 下線部aの結果，清から得た賠償金をもとに，北九州に建設された
官営工場を何というか。

③ 下線部bの条約は，何という戦争の講和条約か。

④ 文Aの時期と文Bの時期の間に起きたできごとを選び，記号で答え
よ。

    ア．日清修好条規の締結　　イ．徴兵令の布告
    ウ．関税自主権の回復　　　エ．日英同盟の締結

解答 (1) ① 板垣退助　　② イ　　③ ウ　　(2) 福沢諭吉，学問
のすゝめ　　(3) ① A．エ　　B．カ　　② 八幡製鉄所
③ 日露戦争　　④ エ

解説 (1) ③　資料中のウは五榜の掲示の第三札。　(3) ①　Aのエは東学党，Bのカは遼東半島（日本は遼東半島南部の港市，旅順と大連の租借権を得た）が正しい。　④　ア．1871年　イ．1873年　ウ．1911年　エ．1902年

■■■■ 例題2〈近現代〉 ■■■■

(1) 次の①～③の説明にあてはまる内閣総理大臣の名前を答えよ。

①　立憲政友会の創設に参加し，1918年に米騒動で寺内正毅内閣が倒れた後，内閣総理大臣に就任した。ほとんどの大臣が政党出身者で構成される，日本で初めての本格的な政党内閣を組閣した。

②　首相に就任すると，協調外交の方針を復活させ，ロンドン海軍軍縮条約の調印に踏み切り，補助艦の保有量を取り決めた。この外交が統帥権干犯だと非難され，東京駅で狙撃されて重傷を負った。

③　第三次近衛文麿内閣崩壊後，現役の陸軍大将として内閣総理大臣に就任し，太平洋戦争を開始した。国内では大政翼賛選挙を実施し，国民の思想取り締まりを強化した。

(2) 次の文章中の空欄にあてはまる語句を答えよ。

敗戦後の日本では，（　A　）最高司令官総司令部（GHQ）の指令・勧告に基づいて財閥解体，農地改革などの民主化政策が実施された。冷戦と東アジアにおける社会主義勢力の伸張により，GHQは占領政策を転換し始め，（　B　）戦争が始まると日本を早期に独立させ西側の一員としようとした。

1951年，サンフランシスコ平和条約の締結により独立を回復した日本は，同時にアメリカと（　C　）を結び，アメリカの軍の駐留を認めた。アメリカ軍がベトナム北爆を開始した1965年には，日本は（　D　）との国交を正常化し，東アジアにおける資本主義陣営の結束を強めた。その後まもなく小笠原諸島が日本に返還され，祖国復帰運動が続けられた（　E　）も1972年に復帰を果たした。

ベトナム戦争の長期化で財政的に苦しんだアメリカの経済は，1973年の（　F　）でさらに打撃を受けた。一方，アフガニスタン侵攻に失

敗したソ連は，ゴルバチョフのもとで改革を行うが混乱は収まらず，構成共和国の離脱により解体に追い込まれた。米ソ間の冷戦は1980年代に終結するが，以後，民族紛争や宗教紛争が噴出し始めた。1990年代には日本の自衛隊も国際連合の（　G　）に参加するようになり，カンボジアや東ティモールなどに派遣され，国際貢献を行ってきた。

解答 (1) ① 原敬 ② 浜口雄幸 ③ 東条英機 (2) A. 連合国軍 B. 朝鮮 C. 日米安全保障条約 D. 大韓民国(韓国) E. 沖縄 F. 石油危機（石油ショック） G. 平和維持活動（PKO）

解説 (1) ① 華族の爵位のない最初の首相で，平民宰相と呼ばれた。
② 「ライオン宰相」と呼ばれ，庶民の人気が高かった。
③ 戦後，A級戦犯として絞首刑となった。

社会科 公民【日本国憲法】

ポイント

1 日本国憲法の内容

(1) 三大原理

・**国民主権**…天皇は日本国と日本国民統合の**象徴**。内閣総理大臣の任命などの**天皇の国事行為**は，内閣の助言と承認が必要

・**基本的人権の尊重**…「侵すことのできない永久の権利」として保障

・**平和主義**…非核三原則「持たず，作らず，持ち込ませず」

(2) 国民の三大義務

子女に教育を受けさせる義務，勤労の義務，納税の義務

2 基本的人権

(1) 基本的人権の分類

自由権	**精神的自由**	思想・良心の自由，集会・結社の自由　など
	経済的自由	居住・移転・職業選択の自由，財産権の保障
	人身の自由	奴隷的拘束・苦役からの自由，住居の不可侵　など
社会権		生存権，教育を受ける権利
		勤労の権利，労働三権（団結権・団体交渉権・団体行動権）
平等権		法の下の平等，両性の本質的平等
		選挙の平等
参政権		選挙権・被選挙権，公務員の選定・罷免権
		最高裁判所裁判官国民審査，憲法改正の国民投票　など
受益権（請求権）		裁判を受ける権利，刑事補償請求権
		国家賠償請求権，請願権

(2) **新しい人権**

日本国憲法に明文規定はないが，人権に対する考え方の深まりや社会・経済の変革に伴い新たに主張されるようになった人権。

プライバシーの権利	私事・私生活をみだりに公開されず，かつ自己に関する情報を自分でコントロールする権利
環境権	健康で快適な環境の回復・保全を求める権利
知る権利	国民が国家に対し政府情報などの公開を求める権利
アクセス権	国民がマス・メディアに対し，自己の意見について発表の場を提供することを要求する権利

③ 地方自治

(1) 地方自治の構成

首長 (任期4年)	被選挙権は**知事が満30歳以上，市町村長は満25歳以上。**議会の議決に対しては拒否権，**不信任決議には議会の解散権**を有する。
地方議会議員 (任期4年)	被選挙権は**満25歳以上。条例**の制定・改廃，予算の議決，首長に対する不信任決議などを行う。

※**条例**…憲法・法律の範囲内で地方議会の議決によって制定されるきまり。その地方公共団体のみに適用される。

(2) **直接請求権**

地方自治法によって住民に認められた，地方自治に直接参加する権利。

分類	請求の種類	必要署名数	請求先	処理手続
イニシアティブ	条例の制定・改廃	有権者の50分の1以上	首長	議会の過半数で議決
	監査請求		監査委員	監査結果を公表
リコール	議会の解散	有権者の3分の1以上	選挙管理委員会	住民投票で過半数の賛成で解散（解職）
	議員・首長の解職			
	主要公務員の解職		首長	議会で総議員の3分の2以上出席，その4分の3以上の賛成で解職

(3) 地方財政

地方交付税交付金	地方公共団体間の財政格差の是正を目的として，国が交付。**使途に制限はない。**
国庫支出金	**国が使途を限定して**地方公共団体に支出。義務教育費や生活保護費の国家負担金などがある。

(4) **オンブズマン制度**

行政に対する住民の苦情を処理したり，行政が適正に行われているかどうかを監視したりする行政監察官を置く制度。

4 **憲法改正**

日本国憲法は，法律改正手続きよりも厳格な手続きが必要な**硬性憲法**。

各議院の総議員の**3分の2以上の**賛成で**国会が発議⇒国民投票で過半数の**賛成⇒天皇により国民の名で公布

例題 1 〈三大原理〉

(1) 次の①～③で示した日本国憲法の三大原理は，ア～ウのような理念で表すことができる。①～③にあてはまる理念をア～ウからそれぞれ選び，記号で答えよ。

① 国民主権　　② 基本的人権の尊重　　③ 平和主義

ア．国民のための政治　　イ．国際協調　　ウ．国民による政治

(2) 日本国憲法では，国民がなすべき義務として，子女に（　A　）を受けさせる義務，（　B　）の義務，（　C　）の義務の3つをあげている。このうち，（　A　）と（　B　）の義務は，同時に国民の権利でもある。空欄にあてはまる語句を答えよ。

解答 (1) ① ウ　② ア　③ イ　(2) A. 教育　B. 勤労　C. 納税

解説 (2) 子女に教育を受けさせる義務は第26条第2項，勤労の義務は第27条，納税の義務は第30条。

例題 2 〈基本的人権〉

(1) 次の日本国憲法条文中の空欄にあてはまる語句を答えよ。

　　第11条　国民は，すべての基本的人権の享有を妨げられない。この憲法が国民に保障する基本的人権は，侵すことのできない（　　）の権利として，現在及び将来の国民に与へられる。

(2) 次の日本国憲法条文のうち，社会権に含まれるものをすべて選び，記号で答えよ。

　ア．何人も，外国に移住し，又は国籍を離脱する自由を侵されない。

　イ．何人も，いかなる奴隷的拘束も受けない。

　ウ．すべて国民は，健康で文化的な最低限度の生活を営む権利を有する。

　エ．何人も，裁判所において裁判を受ける権利を奪はれない。

　オ．勤労者の団結する権利及び団体交渉その他の団体行動をする権利は，これを保障する。

(3) 次の事例において問題となった人権を，下のア～エから選び，記号で答えよ。

　　小説の主人公のモデルが実在の人物であることが明らかとなり，作家は損害賠償と謝罪広告を求める訴えをおこされた。

　　ア．プライバシーの権利　　イ．知る権利

　　ウ．環境権　　　　　　　　エ．アクセス権

(4) 男女差別を人権侵害として禁止し，家事や育児などへの男性の参加を促した，1999年施行の法律を何というか。

解答　(1) 永久　　(2) ウ・オ　　(3) ア　　(4) 男女共同参画社会基本法

解説　(2) ア・イ．自由権　エ．受益権（請求権）　(3) イ．国民は必要な情報を自由に知ることができるという権利。　ウ．きれいな水や空気，日照など，人間の生存にとって必要な生活環境を享受する権利。　エ．国民の言論の自由を実現するため，国民がマスメディアに参入し利用する権利。

============ 例題 3 〈地方自治〉 ============

(1) 次の文章を読んで，各問いに答えよ。

> ₐ民主政治を実現するために，地方自治は重要な役割を持っている。地方公共団体の運営について定めた地方自治法では，さまざまなᵦ直接請求権を認めている。地方自治を進めていくためには，住民が꜀自分たちの手で地域をつくり，自ら支えていくという自覚が必要である。1999年には地方自治法など数百の法律改正案からなる（　D　）一括法が成立し，ₑ中央政府と地方政府の関係は対等の関係に変わりつつある。

① 下線部Aについて，「地方自治は民主主義の（　　）」とよばれている。空欄にあてはまる語句を答えよ。

② 下線部Bについて，有権者の3分の1以上の署名を必要とし，選挙管理委員会に対して請求するものを選び，記号で答えよ。

　ア．条例の制定　　　　イ．首長や議員の解職

　ウ．条例の改正・廃止　　エ．事務の監査

③ 下線部Cについて，行政に対する住民の苦情を処理したり，行政が適正に行われているかどうかを監視する人を何というか。

④ 文中の（　D　）にあてはまる語句を答えよ。

⑤ 下線部Eについて，地方公共団体ごとの財政の不均衡を正すため国から支給されているものをア〜エから選び，記号で答えよ。

　ア．地方税　　イ．地方交付税　　ウ．地方債　　エ．国庫支出金

(2) 現在の選挙は，普通選挙，一人一票の平等選挙，議員を直接選出する直接選挙，無記名で投票を行う（　　）の4原則で行われている。空欄にあてはまる語句を答えよ。

(3) 日本の選挙制度についての記述として誤っているものを選び，記号で答えよ。

　ア．衆議院議員選挙は小選挙区比例代表並立制で行われる。

　イ．都道府県知事の選挙権は18歳以上，被選挙権は30歳以上である。

　ウ．参議院議員は都道府県を選挙区とする選挙区選出議員選挙と，全

国を11のブロックに分けた比例代表選挙で行われている。

エ．都道府県および市町村議会の議員の選挙権は18歳以上，被選挙権は25歳以上である。

解答 (1) ① 学校　② イ　③ オンブズマン（オンブズパーソン）　④ 地方分権　⑤ イ　(2) 秘密選挙　(3) ウ

解説 (1) ② ア・ウ．有権者の50分の1以上の署名により首長に請求する。　エ．有権者の50分の1以上の署名により監査委員に請求。⑤ ア．地方公共団体が徴収する租税で，地方財政の本来の財源。　ウ．地方公共団体が発行する債券。　エ．国が使途を限定して地方公共団体に支給するもの。　(3) ウ．全国を11ブロックに分けるのは衆議院議員の選挙方法。参議院議員選挙では全国を1つの選挙区として政党名か名簿に掲載されている候補者個人名のどちらかに投票する。

社会科 公民【経済】

ポイント

① 金融の役割

(1) 日本銀行の三大業務

発券銀行，銀行の銀行，政府の銀行

(2) 三大金融政策

金融政策	好況期	不況期
	過熱抑制策（金融引締め）	景気刺激策（金融緩和）
公開市場操作	売りオペレーション⇒金融市場からの資金回収	買いオペレーション⇒金融市場への資金供給
預金(支払)準備率操作	預金準備率の引上げ⇒市中銀行の貸付額を減らす	預金準備率の引下げ⇒市中銀行の貸付額を増やす
基準割引率及び基準貸付利率(かつての公定歩合)の変更	基準割引率及び基準貸付利率（公定歩合）の引上げ⇒企業への貸出金利を引上げる	基準割引率及び基準貸付利率（公定歩合）の引下げ⇒企業への貸出金利を引下げる

② 財政の役割

(1) 歳出・歳入

・歳出…社会保障関係費，国債費（国債の償還や利払いなどの費用），地方交付税交付金の順に多い。

・歳入…租税と公債金（国債発行によるもの）が中心。

(2) 租税の種類

		直接税	間接税
国 税		所得税，法人税，相続税，贈与税	消費税，酒税，関税，揮発油税，たばこ税
地方税	都道府県税	都道府県民税，事業税，自動車税	都道府県たばこ税，ゴルフ場利用税
	市(区)町村税	市(区)町村民税，固定資産税	市(区)町村たばこ税

※累進課税制度…所得が多いほど税率が高くなる制度。所得税など。

(3) 補整的財政政策（フィスカル＝ポリシー）

好況期	増税	財政支出削減（公共投資の中止）
不況期	減税	財政支出拡大

③ 社会保障

日本国憲法第25条の生存権を理念として，第二次世界大戦後，本格的に整備されるようになった。次の4つの部門がその柱となっている。

社会保険	医療保険，年金保険，介護保険，雇用保険，労働者災害補償保険　など
公的扶助	生活保護（生活・住宅・教育・医療などの扶助）
社会福祉	障害者福祉，高齢者福祉，児童福祉，母子福祉　など
公衆衛生	医療，感染症予防，精神衛生対策，環境衛生予防　など

④ 公害対策

(1) 四大公害病

高度経済成長期に発生した4つの公害。裁判ではいずれも被害住民が勝訴。

公害病	被害地域	原因物質
水俣病	熊本県水俣湾周辺	工場から排出された有機水銀
新潟水俣病	新潟県阿賀野川流域	工場から排出された有機水銀
イタイイタイ病	富山県神通川流域	鉱山から排出されたカドミウム
四日市ぜんそく	三重県四日市市	工場から排出された亜硫酸ガス

(2) 公害対策

1993年に**環境基本法**が，公害対策基本法（1967年）に代わるものとして新たに制定された。1971年には環境庁が設置され，2001年に環境省へ昇格。

(3) 主な環境保護法制

循環型社会形成推進基本法	資源を循環させて環境への負荷を減らす社会システムを構築していくことが目的。

家電リサイクル法	不要となった家電製品について，製造業者にリサイクル，小売店に引取り，消費者に費用負担を義務付ける。対象品目はエアコン，洗濯機など。
容器包装リサイクル法	容器包装廃棄物について，消費者に分別排出，自治体に分別回収，事業者にリサイクルを求める。
環境アセスメント法 (環境影響評価法)	大規模な開発を行う際，周辺の環境に及ぼす影響について事前に調査，予測，評価をする。

例題 1 〈金融の役割〉

(1) 政府や日本銀行が，日本経済全体の状況を考えて通貨の発行量を決定・管理している制度を何というか。

(2) 金融機関を仲立ちとして行われる資金の貸し借りにおいては，借り手は貸し手に対して一定期間後に借入額（元金）を返済するだけでなく，（　　）を支払わなければならない。空欄にあてはまる語句を答えよ。

(3) 景気が過熱したときに日本銀行が行う政策を選び，記号で答えよ。

　ア．国債や手形を市中銀行に売却する。

　イ．増税を行う。

　ウ．預金準備率を引き下げる。

　エ．公共事業を増やす。

解答　(1) 管理通貨制度　　(2) 利子（利息）　　(3) ア

解説　(3) イ．政府が行う政策。　ウ．景気後退時に行う政策。
　　　　エ．政府が，景気後退時に行う政策。

例題 2 〈財政の役割〉

(1) 次のグラフは，2023年度一般会計歳出（当初予算）の主要経費別割合を表したものである。A・Bにあてはまる経費を答えよ。

社会保障関係費 32.3%	(A) 22.1%	(B) 14.1%		その他 25.1%

└─公共事業関係費 5.3%

(2) 次のうち国税かつ直接税である租税をすべて選び，記号で答えよ。

　ア．法人税　　イ．消費税　　ウ．関税　　エ．所得税

　オ．相続税　　カ．事業税　　キ．酒税　　ク．固定資産税

(3) 財政法第4条で発行が認められている国債のことを何というか。

解答 (1) A．国債費　　B．地方交付税交付金　　(2) ア・エ・オ
　　　　(3) 建設国債

解説 (2) イ・ウ・キ　国税だが間接税である。　カ・ク　直接税だ
　　　　が地方税である。

例題3 〈社会保障〉

次の文章を読んで，各問いに答えよ。

> 　日本の社会保障制度は_A日本国憲法第25条の生存権の規定に
> よって確立され，_B社会保険，（ C ），社会福祉，公衆衛生・環
> 境衛生の4つの柱からなる。近年は，社会福祉の制度のもとで，
> _D高齢者や障害者が普通の市民と同じ生活ができるような環境づ
> くりが進められている。

(1) 下線部Aには，「すべて国民は，健康で文化的な（　　）の生活を営む権
　利を有する。」と規定されている。空欄にあてはまる語句を答えよ。

(2) 下線部Bについて，民間企業に勤めるサラリーマンが加入する制度の
　正しい組み合わせを選び，記号で答えよ。

　ア．健康保険，厚生年金保険　　　　イ．健康保険，国民年金

　ウ．国民健康保険，厚生年金保険　　エ．国民健康保険，国民年金

(3) 文中の（ C ）にあてはまる語句を答えよ。

(4) 下線部Dのような試みを何というか，カタカナで答えよ。

解答 (1) 最低限度　　(2) ア　　(3) 公的扶助（生活保護）
(4) ノーマライゼーション

解説 (2) 国民健康保険は，自営業者や主婦が加入する。

============ 例題4〈公害対策〉 ============

(1) 1990年代に日本政府が行った公害対策としてあてはまるものを選び，記号で答えよ。

　ア．環境基本法の制定　　　　イ．公害対策基本法の制定

　ウ．自然環境保全法の制定　　エ．環境庁の設置

(2) 地球規模での環境保全に関する記述として正しいものを選び，記号で答えよ。

　ア．有害廃棄物の越境移動およびその処分を規制するため，ワシントン条約が結ばれた。

　イ．1997年の京都議定書で，地球温暖化を防止するため二酸化炭素排出量の削減目標を定めた。

　ウ．オゾン層破壊の原因は温室効果ガスの排出が主原因であるので，各国はその排出を規制した。

　エ．アフリカなどで進行している砂漠化を防止するため，1987年にモントリオール議定書が採択された。

(3) 水鳥の生息地としての湿地の生態系を保全し，適正な利用を進めるために定められた条約を選び，記号で答えよ。

　ア．生物多様性条約　　イ．バーゼル条約　　ウ．ラムサール条約

　エ．ウィーン条約

解答 (1) ア　　(2) イ　　(3) ウ

解説 (1) ア　1993年　イ　1967年　ウ　1972年　エ　1971年

(2) ア　「ワシントン条約」ではなく，「バーゼル条約」。
ウ　「温室効果ガス」ではなく，フロンなどの「オゾン層破壊物質」。　エ　「1987年にモントリオール議定書」ではなく，「1994年に砂漠化対処条約」。

社会科 公民【国際社会】

ポイント

① 国際連合

(1) 設立

　サンフランシスコ会議で調印された**国際連合憲章**に基づき，1945年に発足。**本部はニューヨーク**。加盟は193カ国（2022年5月16日現在）。

(2) 主要機関

総会	国連の中心機関で，すべての加盟国によって構成される。議決に際しては，一国一票制の原則が採られる。
安全保障理事会	国際平和と安全の維持に関する主要な責任を負う機関。**アメリカ，ロシア，イギリス，フランス，中国の5常任理事国**と，任期2年の10非常任理事国の計15ヵ国で構成される。常任理事国には**拒否権**が与えられ，一国でも反対すると議決ができない。
経済社会理事会	経済・社会・文化・教育・保健などの分野で，研究・報告・勧告などを行う。国連専門機関や NGO（非政府組織）などと連携して広範な活動を行っている。
国際司法裁判所	加盟国間における紛争の法律的処理に当たる機関。訴えを提起できるのは国家に限られ，当事国はその判決に従う義務がある。

(3) 国連NGO

　人権問題や地球環境問題など地球規模の問題に取り組む民間の国際的な非政府組織。赤十字社，国境なき医師団，国際アムネスティなどがある。

(4) PKO（国連平和維持活動）

　加盟国から自発的に提供された要員を安全保障理事会が編成し，停戦合意後の紛争現地などに派遣して，**PKF（国連平和維持軍）**による停戦や軍の撤退の監視，選挙監視，難民帰還支援などを行う活動。

　日本は1992年に成立したPKO協力法（国際連合平和維持活動等に対

99

する協力に関する法律）により，カンボジアやイラクなどに自衛隊を
派遣。

2 **国連機関**

専門機関	国際労働機関 （ILO）	世界の労働者の労働条件や生活水準の改善を目的として，労働問題や社会保障などを取り扱う。
	国際通貨基金 （IMF）	国際通貨の安定を図ることを目的とし，国際収支赤字国に対する短期融資が主な業務。
	国際復興開発銀行 （IBRD）	発展途上国の経済構造改革を目的とし，発展途上国に対する長期融資が主な業務。
	国連教育科学文化機関 （UNESCO）	一般教育の普及，世界遺産の保存などの国際協力の促進により，世界の平和と人類の福祉に寄与。
	世界保健機関 （WHO）	諸国民の健康の保持と増進を目的とし，伝染病・風土病の撲滅や公衆衛生の向上などを図る。
計画と基金	国連児童基金 （UNICEF）	発展途上国や災害被災地の児童に対し，保健，栄養，教育などの支援事業を実施。
関連機関	世界貿易機関 （WTO）	**GATT（関税及び貿易に関する一般協定）**を発展解消し発足。国際ルールの確立により自由貿易を促進。
	国際原子力機関 （IAEA）	原子力の平和利用の促進や原子力安全の確保を目的とする。
その他の国連機関	国連難民高等弁務官事務所（UNHCR）	難民の自発的帰還や新しい国の社会への同化を促進させ，難民問題の恒久的な解決を図る。
	国連貿易開発会議 （UNCTAD）	南北問題を解決することを目的とし，発展途上国の開発と貿易の促進を図る。

③ 地域的統合

東南アジア諸国連合 (ASEAN)	東南アジア諸国における経済・社会・政治分野にわたる地域協力機構。10か国が加盟。
アジア太平洋経済協力会議 (APEC)	アジア太平洋地域における経済協力のための会議。貿易・投資の自由化，技術協力を実施。
北米自由貿易協定 (NAFTA)	アメリカ，カナダ，メキシコ間における包括的自由貿易協定。
南米南部共同市場 (MERCOSUR)	ブラジル，アルゼンチン，ウルグアイ，パラグアイ，ベネズエラ間における関税同盟。
欧州連合 (EU)	政治的・経済的統合を推進するヨーロッパの地域統合で，27カ国が加盟。2002年より単一通貨ユーロの紙幣・硬貨の市場流通開始。
環太平洋 戦略的経済連携協定 (TPP)	環太平洋地域の国々による経済の自由化を目的とした経済連携協定。2006年に4カ国で締約されたTPSEP（環太平洋戦略的経済連携協定）を拡大していく形で交渉開始。2016年に日本を含む12カ国が署名し，のちにアメリカが離脱した。2021年に入って，中国と台湾が加盟の申請をしたことで注目されている。
地域的な包括的経済連携 (RCEP) 協定	ASEAN10カ国，日本，中国，韓国，オーストラリア，ニュージーランドの15カ国が参加する協定で，2020年11月に署名された。世界のGDP，貿易総額及び人口の約3割，我が国の貿易総額のうち約5割を占める地域の経済連携協定である。

例題 1 〈国際連合〉

(1) 国際連合の中心機関である国連総会における議決方法を選び，記号で答えよ。
　ア．全加盟国が平等の投票権を持ち，全会一致制をとっている。
　イ．全加盟国が平等の投票権を持ち，多数決制をとっている。
　ウ．先進工業国が投票権を持ち，多数決制をとっている。
　エ．全加盟国が投票権を持ち，原則多数決制をとっているが，拒否権を持つ国が5カ国ある。
(2) 1960年代に多くの国々が国際連合に加盟した地域を選び，記号で答えよ。
　ア．旧ソ連　　イ．アフリカ　　ウ．南アメリカ　　エ．東南アジア

|解答| (1) イ　　(2) イ
|解説| (1) エ　拒否権の制度があるのは総会ではなく，安全保障理事会。　(2) ア　ソ連崩壊後の1990年代のこと。

例題 2 〈国際機関〉

次の表の空欄にあてはまる語句を答えよ。

正式名称	略称	内　容
国際通貨基金	IMF	国際通貨の安定を図ることを目的とし，国際収支赤字国へは（　A　）を行う。
（　B　）	FAO	食糧の増産や各国民の栄養の向上などを目的とする。
国際労働機関	（　C　）	労働条件の改善を国際的に実現することを目標とする。
（　D　）	UNEP	国連人間環境会議の決議に基づいて設立された。環境保護を目的とする。
国際原子力機関	IAEA	原子力の（　E　）に関して，促進・援助・監視活動などを行う。

解答 A 短期融資　　B 国連食糧農業機関　　C ILO　　D 国連環境計画　　E 平和利用

解説 正式名称と略称，その内容はセットにして覚えておくこと。

=========== 例題3 〈地域的統合〉 ===========

(1) 次の地図中の■■■■で示された国・地域が参加し，当該地域内における貿易投資の自由化・円滑化，経済・技術協力などを主要な活動とするフォーラムを何というか。アルファベット4文字で答えよ。

(2) リージョナリズムの動きに関して，経済ブロックと地域名が正しく組み合わされているものを選び，記号で答えよ。

　ア．ASEAN：中央アジア　　イ．AU：南アメリカ

　ウ．SAARC：南アジア　　　エ．MERCOSUR：アフリカ

(3) 1995年，世界に自由貿易を進めてきたGATTを改組して，国家間の貿易に関する争いを解決する機能を強化した機関が設立された。この機関を何というか。

解答 (1) APEC　　(2) ウ　　(3) 世界貿易機関（WTO）

解説 (1) 日本語の名称はアジア太平洋経済協力（アジア太平洋経済協力会議ともいう）。　(2) ア　東南アジア諸国連合　　イ　アフリカ連合　　ウ　南アジア地域協力連合　　エ　南米南部共同市場

社会科　学習指導要領

ポイント

━━━━━ 平成29年改訂の要点 ━━━━━

1 目標の改善について
(1) 教科の目標

　社会科において育成を目指す資質・能力については，中央教育審議会答申（平成28年12月21日）にて「公民としての資質・能力」を育成することを目指すとされ，「知識・技能」，「思考力・判断力・表現力等」，「学びに向かう力・人間性等」の三つの柱に沿った整理が行われた。これを受け，教科の目標は次のように示された。

> 　社会的な見方・考え方を働かせ，課題を追究したり解決したりする活動を通して，グローバル化する国際社会を主体的に生きる平和で民主的な国家及び社会の形成者に必要な公民としての資質・能力の基礎を次のとおり育成することを目指す。
> (1) 地域や我が国の国土の地理的環境，現代社会の仕組みや働き，地域や我が国の歴史や伝統と文化を通して社会生活について理解するとともに，様々な資料や調査活動を通して情報を適切に調べまとめる技能を身に付けるようにする。
> (2) 社会的事象の特色や相互の関連，意味を多角的に考えたり，社会に見られる課題を把握して，その解決に向けて社会への関わり方を選択・判断したりする力，考えたことや選択・判断したことを適切に表現する力を養う。
> (3) 社会的事象について，よりよい社会を考え主体的に問題解決しようとする態度を養うとともに，多角的な思考や理解を通して，地域社会に対する誇りと愛情，地域社会の一員としての自覚，我が国の国土と歴史に対する愛情，我が国の将来を担う国民としての自覚，世界の国々の人々と共に生きていくことの大切さについての自覚などを養う。

　従前より示し方が変更され，先述の3つの柱に対応して(1)～(3)の目標が示された。それぞれ(1)が「知識・技能」，(2)が「思考力・判断力・表現力等」，(3)が「学びに向かう力・人間性等」による。

(2) 各学年の目標

〔第3学年〕

　社会的事象の見方・考え方を働かせ，学習の問題を追究・解決する活動を通して，次のとおり資質・能力を育成することを目指す。

(1) 身近な地域や市区町村の地理的環境，地域の安全を守るための諸活動や地域の産業と消費生活の様子，地域の様子の移り変わりについて，人々の生活との関連を踏まえて理解するとともに，調査活動，地図帳や各種の具体的資料を通して，必要な情報を調べまとめる技能を身に付けるようにする。

(2) 社会的事象の特色や相互の関連，意味を考える力，社会に見られる課題を把握して，その解決に向けて社会への関わり方を選択・判断する力，考えたことや選択・判断したことを表現する力を養う。

(3) 社会的事象について，主体的に学習の問題を解決しようとする態度や，よりよい社会を考え学習したことを社会生活に生かそうとする態度を養うとともに，思考や理解を通して，地域社会に対する誇りと愛情，地域社会の一員としての自覚を養う。

〔第4学年〕

　社会的事象の見方・考え方を働かせ，学習の問題を追究・解決する活動を通して，次のとおり資質・能力を育成することを目指す。

(1) 自分たちの都道府県の地理的環境の特色，地域の人々の健康と生活環境を支える働きや自然災害から地域の安全を守るための諸活動，地域の伝統と文化や地域の発展に尽くした先人の働きなどについて，人々の生活との関連を踏まえて理解するとともに，調査活動，地図帳や各種の具体的資料を通して，必要な情報を調べまとめる技能を身に付けるようにする。

(2) 社会的事象の特色や相互の関連，意味を考える力，社会に見られる課題を把握して，その解決に向けて社会への関わり方を選択・判断する力，考えたことや選択・判断したことを表現する力を養う。
(3) 社会的事象について，主体的に学習の問題を解決しようとする態度や，よりよい社会を考え学習したことを社会生活に生かそうとする態度を養うとともに，思考や理解を通して，地域社会に対する誇りと愛情，地域社会の一員としての自覚を養う。

〔第5学年〕
　社会的事象の見方・考え方を働かせ，学習の問題を追究・解決する活動を通して，次のとおり資質・能力を育成することを目指す。
(1) 我が国の国土の地理的環境の特色や産業の現状，社会の情報化と産業の関わりについて，国民生活との関連を踏まえて理解するとともに，地図帳や地球儀，統計などの各種の基礎的資料を通して，情報を適切に調べまとめる技能を身に付けるようにする。
(2) 社会的事象の特色や相互の関連，意味を多角的に考える力，社会に見られる課題を把握して，その解決に向けて社会への関わり方を選択・判断する力，考えたことや選択・判断したことを説明したり，それらを基に議論したりする力を養う。
(3) 社会的事象について，主体的に学習の問題を解決しようとする態度や，よりよい社会を考え学習したことを社会生活に生かそうとする態度を養うとともに，多角的な思考や理解を通して，我が国の国土に対する愛情，我が国の産業の発展を願い我が国の将来を担う国民としての自覚を養う。

〔第6学年〕
　社会的事象の見方・考え方を働かせ，学習の問題を追究・解決する活動を通して，次のとおり資質・能力を育成することを目指す。
(1) 我が国の政治の考え方と仕組みや働き，国家及び社会の発展に大きな働きをした先人の業績や優れた文化遺産，我が国と関係の深い国の生活やグローバル化する国際社会における我が国の役割

について理解するとともに，地図帳や地球儀，統計や年表などの各種の基礎的資料を通して，情報を適切に調べまとめる技能を身に付けるようにする。

(2) 社会的事象の特色や相互の関連，意味を多角的に考える力，社会に見られる課題を把握して，その解決に向けて社会への関わり方を選択・判断する力，考えたことや選択・判断したことを説明したり，それらを基に議論したりする力を養う。

(3) 社会的事象について，主体的に学習の問題を解決しようとする態度や，よりよい社会を考え学習したことを社会生活に生かそうとする態度を養うとともに，多角的な思考や理解を通して，我が国の歴史や伝統を大切にして国を愛する心情，我が国の将来を担う国民としての自覚や平和を願う日本人として世界の国々の人々と共に生きることの大切さについての自覚を養う。

　冒頭の「社会的事象の見方・考え方～を目指す。」は全学年共通の文章である。各学年の (1) は答申で示された「知識・技能」の内容を，同様に各学年の (2) は「思考力・判断力・表現力等」の内容を，(3)は「学びに向かう力・人間性等」の内容を反映している。また，従前の学習指導要領では第3学年と第4学年の目標及び内容は共通で述べられていたが，現行の学習指導要領では個別に目標及び内容が示された。

② 内容の改善について

　各学年について3～5つの領域が設定され，領域ごとに〔知識及び技能〕及び〔思考力・判断力・表現力等〕に関する指導事項を示す構成となっている。

例題1〈学習指導要領〉

　小学校学習指導要領（平成29年3月告示）「社会」について，次の各問いに答えよ。

(1) 次の文は，社会科の目標である。文中の各空欄に適する語句の組

合せを下のア〜エから1つ選び，記号で答えよ。

　社会的事象について，よりよい社会を考え主体的に問題解決しようとする態度を養うとともに，多角的な思考や理解を通して，地域社会に対する誇りと愛情，地域社会の一員としての自覚，我が国の（　①　）に対する愛情，我が国の将来を担う（　②　）の自覚，世界の国々の人々と共に生きていくことの大切さについての自覚などを養う。

　　ア．①　地理と歴史　　②　国民として
　　イ．①　地理と歴史　　②　公民として
　　ウ．①　国土と歴史　　②　国民として
　　エ．①　国土と歴史　　②　公民として

(2) 次の文は，各学年の目標の一部である。文中の各空欄に適する語句をあとのア〜コから1つずつ選び，記号で答えよ。

〔第3学年〕

(1) 身近な地域や市区町村の地理的環境，地域の安全を守るための諸活動や地域の産業と消費生活の様子，地域の様子の移り変わりについて，人々の生活との関連を踏まえて理解するとともに，調査活動，（　①　）や各種の具体的資料を通して，必要な情報を調べまとめる技能を身に付けるようにする。

〔第4学年〕

(3) 社会的事象について，主体的に学習の問題を解決しようとする態度や，よりよい社会を考え学習したことを社会生活に生かそうとする態度を養うとともに，思考や理解を通して，地域社会に対する（　②　），地域社会の一員としての自覚を養う。

〔第5学年〕

(1) 我が国の国土の地理的環境の特色や産業の現状，社会の（　③　）と産業の関わりについて，国民生活との関連を踏まえて理解するとともに，地図帳や地球儀，統計などの各種の基礎的資料を通して，情報を適切に調べまとめる技能を身に付けるようにする。

〔第6学年〕

(1) 我が国の政治の考え方と仕組みや働き，国家及び社会の発展に

大きな働きをした先人の業績や優れた文化遺産，我が国と関係の深い国の生活やグローバル化する国際社会における我が国の役割について理解するとともに，地図帳や地球儀，統計や年表などの各種の基礎的資料を通して，情報を適切に調べ（　④　）を身に付けるようにする。

ア．表現する技能　　イ．理解と敬愛　　ウ．地図帳

エ．国際化　　　　　オ．情報化　　　　カ．まとめる技能

キ．敬意と愛着　　　ク．地球儀　　　　ケ．発表する技能

コ．誇りと愛情

解答　(1)　ウ　　(2)①　ウ　　②　コ　　③　オ　　④　カ

解説　(2)①　現行の学習指導要領では，第3学年から地図帳を取り扱うことが目標に示されている。なお地図帳は従前では第4学年から配布されていたが，グローバル化などへの対応を図る目的で繰り上げられた。　②　「地域社会に対する誇りと愛情を養う」とは，現在及び過去の地域の人々の工夫や努力によって生み出された，地域社会の特色やよさへの理解に基づいて，自分たちの住んでいる地域社会に対する誇りと愛情を育てるようにすることである。　③　中央教育審議会答申にて，教育内容の見直しの一例として「情報化等による産業構造の変化やその中での起業」が挙げられている。従前の第5学年の目標には「我が国の産業の発展や社会の情報化の進展に関心をもつようにする」とあったが，今回は「産業の現状，社会の情報化と産業の関わりについて国民生活との関連を踏まえて理解する」と改訂されていることから，社会の情報化についてより深い学習を求められていると考えられる。④　図表を適切に用い分かりやすさに留意してまとめることや，基礎的資料を目的に応じて分類・整理してまとめることが重要である。

━━━━━ 例題 2〈学習指導要領〉━━━━━

　次のA〜Dは，小学校学習指導要領「社会」の「各学年の目標及び内容」における「内容の取扱い」の一部である。下の各問いに答えよ。

A　「主な国」については，名称についても扱うようにし，近隣の諸国を含めて取り上げること。その際，我が国や諸外国には（　①　）があることを理解し，それを尊重する態度を養うよう配慮すること。

B　児童の興味・関心を重視し，取り上げる人物や（　②　）の重点の置き方に工夫を加えるなど，精選して具体的に理解できるようにすること。

C　「公共施設」については，市が公共施設の整備を進めてきたことを取り上げること。その際，（　③　）の役割に触れること。

D　「関係機関」については，県庁や市役所の働きなどを中心に取り上げ，（　④　）情報の発信，（　⑤　）体制の確保などの働き，自衛隊など国の機関との関わりを取り上げること。

(1)（　①　）〜（　⑤　）にあてはまる語句を次のa〜jから1つずつ選び，記号で答えよ。

　　a　防災　　b　地域社会　　c　救助　　d　領土　　e　国旗
　　f　災害　　g　行政　　　h　避難　　i　文化遺産　　j　租税

(2) A〜Dは，それぞれ何学年のものか，あてはまる学年を次のア〜エから選び，記号で答えよ。

　　ア．第3学年　　イ．第4学年　　ウ．第5学年　　エ．第6学年

|解答|　(1) ① e　② i　③ j　④ a　⑤ h
　　　(2) A ウ　B エ　C ア　D イ

|解説|　小学校社会科の特徴の1つとして，学年ごとで学習内容が異なる点があげられる。それぞれの特徴を踏まえながら，学習したい。

例題 3 〈学習指導要領〉

　小学校学習指導要領「社会」の「第3　指導計画の作成と内容の取扱い」における指導計画上の配慮事項には，身近な地域及び国土の遺跡や文化財などの観察や調査を取り入れるようにすることが示されている。次の各問いに答えよ。

(1) 国宝・重要文化財をあわせて一番多く有する都道府県を①〜⑤から1つ選べ。

　① 東京　　② 京都　　③ 大阪　　④ 奈良　　⑤ 愛知

(2) 京都市・宇治市では，古都京都の世界文化遺産として17件が登録されている。次の中から，世界文化遺産に登録されていないものを①〜⑤から1つ選べ。

　① 賀茂別雷神社　　② 三十三間堂　　③ 清水寺

　④ 教王護国寺　　⑤ 高山寺

(3) 世界文化遺産に登録されている枯山水で有名な龍安寺を創立したのは誰か。①〜⑤から1つ選べ。

　① 足利義政　　② 山名持豊　　③ 足利義満　　④ 畠山政長

　⑤ 細川勝元

解答　(1) ①　　(2) ②　　(3) ⑤

解説　(1) 1位：東京2834件，2位：京都2201件となる。（2023年6月現在）
(2) 京都市東山区にある蓮華王院本堂の別称。　(3) 京都市右京区にある臨済宗妙心寺派の寺院。

●小学校学習指導要領 (平成 29 年 3 月告示)

第3章

算数科

算数科 数と式

ポイント

1 **分数式**

(1) 乗法・除法

$$\frac{A}{B} \times \frac{C}{D} = \frac{AC}{BD} \qquad \frac{A}{B} \div \frac{C}{D} = \frac{A}{B} \times \frac{D}{C} = \frac{AD}{BC}$$

(2) 加法・減法

$$\frac{A}{B} + \frac{C}{D} = \frac{AD+BC}{BD} \qquad \frac{A}{B} - \frac{C}{D} = \frac{AD-BC}{BD}$$

2 **因数分解**

(1) 共通因数をくくり出す

$$ma + mb = m(a+b)$$

(2) 乗法公式

① $a^2 + 2ab + b^2 = (a+b)^2$

② $a^2 - 2ab + b^2 = (a-b)^2$

③ $a^2 - b^2 = (a+b)(a-b)$

④ $x^2 + (a+b)x + ab = (x+a)(x+b)$

⑤ $acx^2 + (ad+bc)x + bd = (ax+b)(cx+d)$

(3) 因数分解の手順

共通因数でくくる
↓
置き換えができないか
↓
乗法公式が利用できないか
↓
まだ因数分解できないか

$$\boxed{例}\quad 2x^5 + 6x^3 - 8x \qquad\qquad 共通因数\ 2x\ でくくる$$
$$= 2x(x^4 + 3x^2 - 4) \qquad x^2 = A に置きかえ$$
$$= 2x(\underline{A^2 + 3A - 4}) \qquad 乗法公式④を利用$$
$$= 2x(A + 4)(A - 1) \qquad A = x^2 に戻す$$
$$= 2x(x^2 + 4)(x^2 - 1) \qquad 因数分解する$$
$$= 2x(x^2 + 4)(x + 1)(x - 1)$$

③ 平方根

(1) 平方根の乗法・除法

$$\sqrt{a} \times \sqrt{b} = \sqrt{ab} \qquad \frac{\sqrt{b}}{\sqrt{a}} = \sqrt{\frac{b}{a}} \qquad (a > 0,\ b > 0)$$

(2) $a\sqrt{b}$ の形への変形

$$\sqrt{a^2 b} = a\sqrt{b} \qquad (a > 0,\ b > 0)$$

(3) 分母の有理化

$$\frac{a}{\sqrt{b}} = \frac{a\sqrt{b}}{\sqrt{b} \times \sqrt{b}} = \frac{a\sqrt{b}}{b} \qquad (b > 0)$$

$$\frac{c}{\sqrt{a} \pm \sqrt{b}} = \frac{c}{\sqrt{a} \pm \sqrt{b}} \times \frac{\sqrt{a} \mp \sqrt{b}}{\sqrt{a} \mp \sqrt{b}} = \frac{c(\sqrt{a} \mp \sqrt{b})}{a - b} \qquad (a > 0,\ b > 0)$$

(4) 根号を含む式の計算のポイント

① $\sqrt{}$ の中をできるだけ簡単な数にする。

$$\boxed{例}\quad \sqrt{48} = \sqrt{16 \times 3} = \sqrt{4^2 \times 3} = 4\sqrt{3}$$

② 分母に $\sqrt{}$ を含まない形にする。

$$\boxed{例}\quad \frac{\sqrt{3}}{\sqrt{5}} = \frac{\sqrt{3} \times \sqrt{5}}{\sqrt{5} \times \sqrt{5}} = \frac{\sqrt{15}}{5}$$

③ 分配法則や乗法の公式を使って（　　）をはずし，整理する。

$$\boxed{例}\quad \sqrt{3}(\sqrt{3} - 2) = \sqrt{3} \times \sqrt{3} - 2\sqrt{3} = 3 - 2\sqrt{3}$$

$$\boxed{例}\quad (\sqrt{2} + \sqrt{3})^2 = (\sqrt{2})^2 + 2 \times \sqrt{2} \times \sqrt{3} + (\sqrt{3})^2$$
$$= 2 + 2\sqrt{6} + 3 = 5 + 2\sqrt{6}$$

④ 数の性質

(1) 素因数分解

整数を素数の積に分解する。

例 $60 = 2^2 \times 3 \times 5$

(2) 最大公約数と最小公倍数

ある2つの整数 a, b の最大公約数を G, 最小公倍数を L とすると,

$ab = GL$

例 $12 = 2^2 \times 3$ と $18 = 2 \times 3^2$ の最大公約数は $2 \times 3 = 6$, 最小公倍数は $2^2 \times 3^2 = 36$ で, $12 \times 18 = 6 \times 36$ が成り立つ。

例題 1 〈四則混合計算〉

$(-2x)^3 \div (-4x^2y) \times (-3xy^2)$ を計算せよ。

解答 $-6x^2y$

解説
$(-2x)^3 \div (-4x^2y) \times (-3xy^2)$
$= (-8x^3) \div (-4x^2y) \times (-3xy^2)$
$= -\dfrac{8x^3 \times 3xy^2}{4x^2y}$
$= -6x^2y$

例題 2 〈分数式〉

$\dfrac{1}{x} + \dfrac{1}{y} = 2$ のとき, $\dfrac{5x + 2xy + 5y}{x + y}$ の値を求めよ。

解答 6

解説 $\dfrac{1}{x} + \dfrac{1}{y} = 2 \Leftrightarrow \dfrac{x+y}{xy} = 2 \Leftrightarrow x + y = 2xy$ のとき,

$\dfrac{5x + 2xy + 5y}{x + y} = \dfrac{5(x+y) + 2xy}{x + y}$

$= \dfrac{5 \times 2xy + 2xy}{2xy}$

$$= \frac{12xy}{2xy}$$
$$= 6$$

例題 3 〈因数分解〉

$ax^2 - axy - 6ay^2$ を因数分解せよ。

解答 $a(x+2y)(x-3y)$

解説 共通因数をくくり出し，因数分解の公式を利用する。
$ax^2 - axy - 6ay^2$
$= a(x^2 - xy - 6y^2)$
$= a(x+2y)(x-3y)$

例題 4 〈平方根〉

$\sqrt{7}$ の小数部分を a とするとき，$a^2 + 4a + 5$ の値を求めよ。

解答 8

解説 $2^2 < 7 < 3^2$ だから　$\sqrt{7}$ の整数部分は2
よって　$a = \sqrt{7} - 2$
このとき
$a^2 + 4a + 5 = (a+2)^2 + 1$
$\qquad\qquad = (\sqrt{7} - 2 + 2)^2 + 1$
$\qquad\qquad = 8$

算数科 方程式・不等式

ポイント

1 方程式の応用

(1) 速さの問題

> 道のり＝速さ×時間

(2) 濃度の問題

> $$\text{食塩水の濃度〔\%〕} = \frac{\text{食塩の重さ}}{\text{食塩水の重さ}} \times 100$$

$\Rightarrow a\%$ の食塩水 x〔g〕に含まれている食塩の量…$x \times \dfrac{a}{100}$〔g〕

(3) 比率の問題

x の a 割増 … $\left(1 + \dfrac{a}{10}\right) x$

x の $a\%$ 減 … $(1 - 0.01a)x$

(4) 整数の問題

2けたの自然数 … $10x + y$（x は1から9まで，y は0から9までの整数）

(5) 仕事算

① 1人で仕事をするとき

> 仕上げるのにかかる日数＝全仕事量÷1日の仕事量

② A，Bの2人で仕事をするとき

2人で仕上げるのにかかる日数

$$= 1 \div \left(\frac{1}{\text{A1人の場合にかかる日数}} + \frac{1}{\text{B1人の場合にかかる日数}}\right)$$

2 不等式

$ax > b$ において，$\begin{cases} a > 0 \text{のとき，} x > \dfrac{b}{a} \\ a < 0 \text{のとき，} x < \dfrac{b}{a} \end{cases}$

例 $2x - 3 < 4x + 7$
　　$2x - 4x < 7 + 3$　　　移項する
　　　$-2x < 10$　　　　両辺を-2で割る
　　　　$x > -5$　　　　負の数で割ると，
　　　　　　　　　　　　不等号の向きが変わる

③ 連立方程式

(1) 代入法 … 一方の方程式を他方の方程式に代入して文字を消去

例 $\begin{cases} -x + y = 1 & \cdots\cdots ① \\ x + 2y = 5 & \cdots\cdots ② \end{cases}$
　　①を$y = x + 1$に変形して，これを②に代入
　　$x + 2(x + 1) = 5$
　　$3x = 3$　　$x = 1$
　　①より，$y = 2$

(2) 加減法 … 2つの方程式の辺々を加減して文字を消去

例 $\begin{cases} 2x + 3y = 1 & \cdots\cdots ① \\ 3x - y = 7 & \cdots\cdots ② \end{cases}$
　　①　　　　　$2x + 3y = 1$
　②×3　　$+)\ 9x - 3y = 21$
　　　　　　　$11x\ \ \ \ \ = 22$　　$x = 2$
　　①より，$4 + 3y = 1$　　　　$y = -1$

④ 2次方程式の解き方

(1) 完全平方式の利用
　　$(x + m)^2 = n$　　$\cdots$　$x + m$を1つのものとみる。
　　$x + m = \pm\sqrt{n}$
　　$x = -m \pm\sqrt{n}$

(2) 因数分解の利用

$x^2 + px + q = 0$の左辺を，$(x - a)(x - b)$の形に因数分解する。

例 $x^2 - 6x + 8 = 0$
   $(x - 2)(x - 4) = 0$
       $x = 2,\ 4$

(3) 式の変形

$x^2 + px + q = 0$ … 式を変形して，$(x + m)^2 = n$の形にする。

例 $x^2 + 6x + 3 = 0$
   $x^2 + 6x\quad\ \ = -3$　　　　数の項を右辺に移項
   $x^2 + 6x + 3^2 = -3 + 3^2$　　xの係数の半分の2乗を両辺に加える
   $(x + 3)^2\quad\ = 6$
   $x + 3\quad\quad = \pm\sqrt{6}$　　　　　　$x = -3 \pm \sqrt{6}$

(4) 解の公式の利用

$ax^2 + bx + c = 0$の解　　　$x = \dfrac{-b \pm \sqrt{b^2 - 4ac}}{2a}$　$(a \neq 0)$

例題 1 〈1次方程式の応用①―速さの問題〉

弟が家を出発して駅に向かった。その5分後に，姉が家を出発して自転車で弟を追いかけた。弟の歩く速さを毎分60m，姉の自転車の速さを毎分210mとする。姉は家を出発してから何分後に弟に追いつくか。

解答 2分後

解説 姉が出発してからx分後に弟に追いつくとすると
   $60(5 + x) = 210x$
   これを解くと
   $300 + 60x = 210x$
   $\quad -150x = -300$
   $\qquad\quad x = 2$
   姉が弟に追いつくのは，弟の進んだ道のりと姉の進んだ道のりが

120

等しくなるときである。

■■■■ **例題 2 〈1次方程式の応用②—比率の問題〉** ■■■■

　ある商品に原価の3割の利益を見込んで定価をつけたが売れなかったので，定価の2割引きで売ったら売れて1200円の利益を得た。この商品の原価は何円か。

解答　30000円
解説　この商品の原価をx円とすると
$$1.3x \times 0.8 - x = 1200$$
これを解くと
$$104x - 100x = 120000$$
$$4x = 120000$$
$$x = 30000$$
定価は$x \times (1 + 0.3) = 1.3x$〔円〕
売価は$1.3x \times (1 - 0.2) = 1.04x$〔円〕

■■■■ **例題 3 〈1次方程式の応用③—整数の問題〉** ■■■■

　画用紙を何人かの子どもに配るのに，1人に5枚ずつ配るには10枚足りない。また，1人に4枚ずつ配ると3枚余る。画用紙の枚数は何枚か。

解答　55枚
解説　子どもの人数をx人とすると
$$5x - 10 = 4x + 3$$
これを解くと
$$x = 13$$
よって，画用紙の枚数は
$$5 \times 13 - 10 = 55$$〔枚〕
子どもの人数をx人として，画用紙の枚数を2通りに表す。

別解　画用紙の枚数をx枚として子どもの人数を2通りに表すと

$$\frac{x+10}{5}=\frac{x-3}{4}$$

これを解くと　$x=55$

例題 4 〈1次方程式の応用④—不等式の問題〉

　1個140円のりんごと1個80円のみかんを合わせて20個買って箱につめてもらい、代金は箱代210円を含めて2500円以下にしたい。りんごをできるだけ多く買うことにすると、りんごは何個まで買うことができるか。

解答　11個まで

解説　りんごをx個買うとすると

$$140x+80(20-x)+210\leqq2500$$

これを解くと

$$140x-80x\leqq2500-1600-210$$
$$60x\leqq690$$
$$x\leqq11\frac{1}{2}$$

これを満たす最大の整数xは11
よって、りんごは11個まで買える。
りんごをx個買うとすると、みかんは$(20-x)$個買うことになる。

例題 5 〈連立方程式〉

　4%の食塩水と7%の食塩水を混ぜ合わせて、5%の食塩水を600gつくりたい。それぞれ何gずつ混ぜ合わせればよいか。

解答　4%の食塩水400g, 7%の食塩水200g

解説 4%の食塩水を x〔g〕，7%の食塩水を y〔g〕混ぜ合わせるとすると

$$\begin{cases} x+y=600 \quad \cdots\cdots ① \\ \dfrac{4}{100}x+\dfrac{7}{100}y=\dfrac{5}{100}\times 600 \quad \cdots\cdots ② \end{cases}$$

②を整理すると　$4x+7y=3000$　$\cdots\cdots ③$

③$-$①$\times 4$より　$3y=600$

$$y=200$$

これを①に代入すると　$x=400$

4%の食塩水 x〔g〕，7%の食塩水 y〔g〕に含まれる食塩の重さは

それぞれ $\dfrac{4}{100}x$〔g〕，$\dfrac{7}{100}y$〔g〕である。

例題 6 〈連立方程式の応用〉

A町から峠をこえて26km離れたB町まで行くのに，A町から峠までは時速4km，峠からB町までは時速5kmで歩いて合計で6時間かかった。A町から峠までの道のり，峠からB町までの道のりはそれぞれ何kmか。

解答 A町から峠まで16km，峠からB町まで10km

解説 A町から峠までの道のりを x〔km〕，峠からB町までの道のりを y〔km〕とすると

$$\begin{cases} x+y=26 \quad \cdots\cdots ① \\ \dfrac{x}{4}+\dfrac{y}{5}=6 \quad \cdots\cdots ② \end{cases}$$

②の両辺を20倍すると　$5x+4y=120$　$\cdots\cdots ③$

①$\times 5-$③より　$y=10$

これを①に代入すると　$x=16$

A町から峠まで，峠からB町まで行くのにかかった時間はそれぞれ $\dfrac{x}{4}$ 時間，$\dfrac{y}{5}$ 時間である。

===== 例題 7 〈2次方程式〉 =====

連続する2つの奇数があり，小さい方の奇数を2乗して24を加えた数は，大きい方の奇数を7倍した数に等しい。小さい方の奇数を求めよ。

解答 5

解説 小さい方の奇数をxとすると

$$x^2 + 24 = 7(x + 2)$$

これを解くと

$$x^2 - 7x + 10 = 0$$
$$(x - 2)(x - 5) = 0$$
$$x = 2 または x = 5$$

xは奇数だから，$x = 2$は適さないが，$x = 5$は適する。

===== 例題 8 〈2次方程式の応用〉 =====

縦の長さが横の長さより短い長方形の土地がある。この長方形の周の長さが26m，面積が36m²であるとき，縦の長さは何mか。

解答 4m

解説 縦の長さをx〔m〕とすると

$$0 < x < \frac{13}{2} \quad \cdots\cdots ①$$

であり

$$x(13 - x) = 36$$

これを解くと

$$x^2 - 13x + 36 = 0$$
$$(x - 4)(x - 9) = 0$$
$$x = 4 または x = 9$$

$x = 4$は①を満たすが，$x = 9$は①を満たさない。

算数科　関数

ポイント

1 1次関数

(1) 1次関数　$y=ax+b$のグラフ

① 傾きa，切片bの直線

$a>0$のとき

② $a>0$のとき，右上がり（傾き正）

$a<0$のとき，右下がり（傾き負）

③ 変化の割合 $= \dfrac{y\text{の増加量}}{x\text{の増加量}} = a$（一定）

(2) 直線の式の決定

① 傾きaで，点$(x_1,\ y_1)$を通る直線

$$y-y_1=a(x-x_1)$$

> 例　傾き2で点$(5,\ 3)$を通る直線
> $$y-3=2(x-5)$$
> $$y=2x-7$$

② 2点$(x_1,\ y_1)$，$(x_2,\ y_2)$を通る直線

$$y-y_1=\dfrac{y_2-y_1}{x_2-x_1}(x-x_1)$$

> 例 2点 $(1, 1)$, $(3, 5)$ を通る直線
> $$y-1 = \frac{5-1}{3-1}(x-1)$$
> $$y = 2(x-1)+1$$
> $$y = 2x-1$$

・直線の式を $y = ax+b$ とおき，連立方程式により求める。

(3) 2直線の関係

　　2直線　$y = mx+n$, $y = m'x+n'$

① 2直線が平行

　　$m = m'$（傾きが同じ）

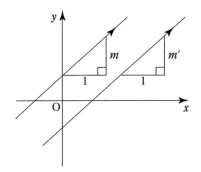

② 2直線が垂直

　　$mm' = -1$

③ 2直線の交点

　　2直線の交点の x 座標は，y を消去した

　　$mx+n = m'x+n'$ を解くことで求まる。

② 2次関数のグラフ

(1) $y = ax^2$ のグラフ

① 原点を通る放物線（原点は頂点）

② y 軸に対して対称

③ $a>0$ のとき，下に凸（$y=0$ が最小値）

　　$a<0$ のとき，上に凸（$y=0$ が最大値）

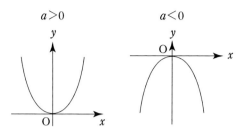

$a>0$ $a<0$

(2) $y=a(x-p)^2+q$ のグラフ

① $y=ax^2$ のグラフを，x 軸方向に p，y 軸方向に q 平行移動した放物線

② $a>0$ のとき下に凸なので，頂点において最小

　　$a<0$ のとき上に凸なので，頂点において最大

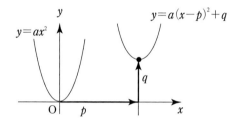

(3) 変化の割合

　　$y=ax^2$ で，x の値が p から q まで変化したときの割合は，

$$変化の割合 = \frac{y の増加量}{x の増加量}$$

$$= \frac{aq^2-ap^2}{q-p} = \frac{a(q-p)(q+p)}{q-p} = a(q+p)$$

（4）2次関数と直線の交点

　　　$y=ax^2$と$y=mx+n$の2つのグラフの交点は，yを消去した
　$ax^2=mx+n$を解くことで求まる。

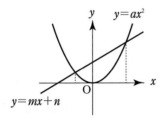

（5）図形との融合

　①　平行線との融合

　　　例　次図で，AB//OPならば，△OAB＝△PAB

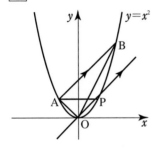

　②　三平方の定理との融合

　　　例　次図で，△OABが正三角形となるのは，
　　　　　OC：OB：BC＝1：2：$\sqrt{3}$

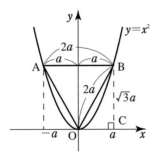

例題 1 〈1次関数―直線の式〉

点（-5，7）を通り，直線 $y=-2x+5$ に平行な直線の式を求めよ。

| 解 答 | $y=-2x-3$ |

| 解 説 | 直線 $y=-2x+5$ に平行な直線の傾きは -2 だから，求める直線の
式を $y=-2x+n$ とする。
直線 $y=-2x+n$ は点（-5，7）を通るから
$$7=-2\times(-5)+n$$
が成り立つ。
これを解くと　$n=-3$
したがって，求める直線の式は　$y=-2x-3$

例題 2 〈1次関数―直線で囲まれた三角形の面積〉

次の図のように，直線 l 上に点A(2，4)，B(6，2)がある。原点をOと
するとき，△OABの面積を求めよ。

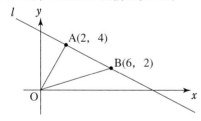

| 解 答 | 10

| 解 説 | 直線 l の式は
$$y-4=\frac{2-4}{6-2}(x-2)$$
すなわち　$y=-\frac{1}{2}x+5$
直線 l と y 軸との交点をCとすると　C(0，5)
$$\triangle OAB=\triangle OCB-\triangle OCA$$

$$= \frac{1}{2} \times 5 \times 6 - \frac{1}{2} \times 5 \times 2$$
$$= 15 - 5 = 10$$

例題 3 〈関数と変域〉

$a>0$とする。関数$y=ax^2$について，xの変域が$-2 \leqq x \leqq 4$のとき，yの変域は$b \leqq y \leqq 32$である。a，bの値をそれぞれ求めよ。

|解 答| $a=2$，$b=0$

|解 説| $a>0$であり，xの変域に$x=0$が含まれるので，関数$y=ax^2$の最大値は$x=4$のとき$y=32$だから

$a \times 4^2 = 32$

これを解くと $a=2$

また，関数$y=ax^2$の最小値は$x=0$のとき$y=0$である。

よって，$b=0$

例題 4 〈グラフと三角形の面積〉

次の図のように，関数$y=\frac{1}{2}x^2$のグラフ上に2点A，Bがあり，A，Bのx座標はそれぞれ-2，4である。直線ABとx軸との交点をCとするとき，点Cを通り，△OBCの面積を2等分する直線の式を求めよ。

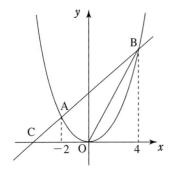

解答 $y = \dfrac{2}{3}x + \dfrac{8}{3}$

解説 2点A，Bは関数 $y = \dfrac{1}{2}x^2$ のグラフ上にあり，x座標がそれぞれ -2，4だから，y座標はそれぞれ

$$\dfrac{1}{2} \times (-2)^2 = 2, \quad \dfrac{1}{2} \times 4^2 = 8$$

2点A$(-2, 2)$，B$(4, 8)$ を通る直線の式は

$$y - 2 = \dfrac{8-2}{4-(-2)}(x+2)$$

すなわち　$y = x + 4$

これに $y = 0$ を代入すると　$x = -4$

よって，直線ABとx軸の交点Cの座標は $(-4, 0)$

点Cを通り，△OBCの面積を2等分する直線は，線分OBの中点を通る。

線分OBの中点の座標は $(2, 4)$

したがって，点Cを通り，△OBCの面積を2等分する直線の式は

$$y - 0 = \dfrac{4-0}{2-(-4)}(x+4) \qquad \text{すなわち} \quad y = \dfrac{2}{3}x + \dfrac{8}{3}$$

算数科 図形

ポイント

1 **角と平行線**

(1) 平行線と角

2つの直線 l, m が平行なとき,

$\angle a = \angle c$（同位角は等しい）

$\angle b = \angle c$（錯角は等しい）

(2) 三角形と角

① 内角の和は180°

② 外角は，他の内角の和に等しい。

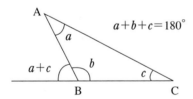

$$a + b + c = 180°$$

(3) 多角形

① n角形の内角の和 … $180° \times (n-2)$

② n角形の外角の和 … $360°$

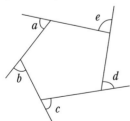

$$a + b + c + d + e = 360°$$

② 三角形の性質

(1) 三角形と線分の比

　　△ABCにおいて，点D，Eを辺AB，AC上にとるとき，DE//BCならば，
　△ABC∽△ADEで，

$$\frac{AD}{AB} = \frac{AE}{AC} = \frac{DE}{BC}, \quad \frac{AD}{DB} = \frac{AE}{EC}$$

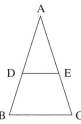

(2) 中点連結定理

　　三角形の2辺の中点をそれぞれM，Nとすると，

$$MN//BC \qquad MN = \frac{1}{2}BC$$

(3) 三角形と面積の比

　　三角形において高さが等しいとき，面積の比は，底辺の比に等しい。

　　△ABC：△ACD：△ABD＝BC：CD：BD

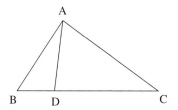

(4) 三平方の定理

　　直角三角形の直角をはさむ2辺の長さをa, b, 斜辺の長さをcとすると，

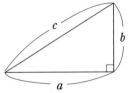

$\boxed{3}$　**円の性質**

(1) 円周角と中心角

　① 円周角は中心角の半分に等しい。

　　$\angle APB = \dfrac{1}{2} \angle AOB$

　② 同じ弧に対する円周角は等しい。

　　　$\angle APB = \angle AQB$

　③ 直径に対する円周角は90°

(2) 円と接線

　① 接線は，接点を通る半径に垂直。

　② 1点から引いた2本の接線の長さは等しい。

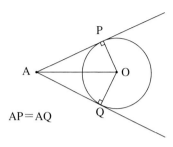

AP＝AQ

④ **求積**

(1) 扇形の弧の長さと面積

半径 r, 中心角 $a°$ の扇形の弧の長さを l, 面積を S, 円周率を π とすると,

$$l = 2\pi r \times \frac{a}{360}$$

$$S = \pi r^2 \times \frac{a}{360} = \frac{1}{2}lr$$

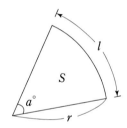

(2) 立体図形の求積

体積を V, 表面積を A, 底面積を S とする。

① 円すい (高さ h, 半径 r, 母線 l)

$$V = \frac{1}{3}Sh = \frac{1}{3}\pi r^2 h$$

$$側面積 = \pi l^2 \times \frac{中心角}{360} = \pi rl$$

$$A = \pi r^2 + \pi rl$$

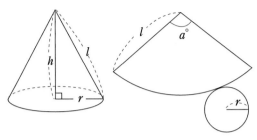

$$l : r = 360 : a$$
(中心角a)

② 角すい（底面が長方形のとき）

$$V = \frac{1}{3} Sh = \frac{1}{3} abh$$

(3) 相似な図形の面積比・体積比

辺の比が$m : n$の相似な図形のとき，

面積比 $= m^2 : n^2$

体積比 $= m^3 : n^3$

例題 1 〈平行線と角〉

次の図において，2直線 l, mは平行であり，△ABCは正三角形である。このとき，∠xの大きさを求めよ。

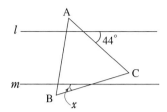

解答 16°

解説 右の図のように，点Cを通り，
直線*l*に平行な直線 *n*をひき，
点D 〜 Hを定める。
平行線の錯角は等しいから，
l//*n*より

∠DCF = ∠EDC = 44°

平行線の同位角は等しいから，
n//*m*より

∠GCF = ∠BGH = ∠*x*

正三角形の内角は60°だから

∠DCF + ∠GCF = 60°

44° + ∠*x* = 60°

したがって　∠*x* = 60° − 44° = 16°

例題 2 〈多角形〉

1つの内角が135°である正多角形は正何角形か。

解答 正八角形

解説 正*n*角形であるとすると，1つの内角が135°だから

$$180° \times (n-2) = 135° \times n$$

これを解くと　*n* = 8　　よって　正八角形

例題 3 〈三角形と線分の比〉

次の図で，AB//PQ//CDであるとき，線分PQの長さを求めよ。

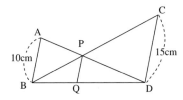

解答 6cm

解説 AB//CDだから

$\quad$ AP：DP＝AB：DC

$\qquad\qquad$ ＝10：15＝2：3

PQ//ABだから

$\quad$ PQ：AB＝DP：DA

$\qquad\qquad$ ＝3：(3＋2)＝3：5

PQ＝x〔cm〕とすると

$\quad x$：10＝3：5

これを解くと　x＝6

したがって　PQ＝6〔cm〕

例題 4 〈中点連結定理〉

次の図の四角形ABCDは，AD//BCの台形であり，AD＝6cm，BC＝10cmである。辺ABの中点をEとし，Eから辺BCに平行な直線をひき，対角線DB，AC，辺DCとの交点をそれぞれF，G，Hとするとき，FGの長さを求めよ。

解答 2cm

解説 △BADにおいて，EF//ADより

　　BE：EA＝BF：FD

　BE＝EAだから　　BF＝FD

　よって，点E，FはBA，BDの中点だから，中点連結定理より

　　$EF = \dfrac{1}{2}AD = \dfrac{1}{2} \times 6 = 3$〔cm〕　……①

　△ABCにおいて，EG//BCより

　　AE：EB＝AG：GC

　AE＝EBだから　　AG＝GC

　よって，点E，GはAB，ACの中点だから，中点連結定理より

　　$EG = \dfrac{1}{2}BC = \dfrac{1}{2} \times 10 = 5$〔cm〕　……②

①，②より

　　FG＝EG－EF＝5－3＝2〔cm〕

〈別解〉台形の中点連結定理より

　　$EH = \dfrac{10+6}{2} = 8$〔cm〕

　　$FG = \dfrac{10-6}{2} = 2$〔cm〕

━━━━━ **例題5〈相似な三角形の面積の比〉** ━━━━━

　次の図の△ABCで，点D，Eはそれぞれ辺AB，AC上の点であり，AD
＝6cm，DB＝8cm，AE＝7cm，EC＝5cmである。△ADEの面積が19cm²
であるとき，△ABCの面積を求めよ。

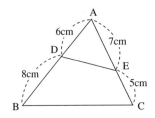

解答 76cm²

解説 △ABCと△AEDにおいて

　AB：AE＝AC：AD＝2：1 ……①

　∠BAC＝∠EAD ……②

①，②より，2組の辺の比が等しく，その間の角が等しいから

　△ABC∽△AED

であり，相似比は2：1である。

したがって

　△ABC：△AED＝2²：1²＝4：1

△AEDの面積が19cm²のとき

　△ABC＝4△AED＝4×19＝76〔cm²〕

〈別解〉高さが等しい2つの三角形の面積比は底辺の比に等しいか

ら，線分BEをひくと

$$△ABE=\frac{6+8}{6}△ADE$$

$$△ABC=\frac{7+5}{7}△ABE$$

したがって

$$△ABC=\frac{7+5}{7}×\frac{6+8}{6}△ADE＝4×19＝76〔cm²〕$$

例題6 〈三平方の定理〉

　次の図の平行四辺形ABCDで，AB＝6cm, BC＝7cm, ∠C＝120°である。平行四辺形ABCDの面積を求めよ。

解 答　$21\sqrt{3}\,\mathrm{cm}^2$

解 説　次の図のように，頂点Dから辺BCの延長に垂線をひき，その交点をHとすると，△DCHは∠DCH＝180°－120°＝60°，∠DHC＝90°の直角三角形である。

よって　$DH = \dfrac{\sqrt{3}}{2}DC = 3\sqrt{3}$〔cm〕

したがって，平行四辺形ABCDの面積は

$BC \times DH = 7 \times 3\sqrt{3} = 21\sqrt{3}$〔cm²〕

━━━━━━ 例題 7 〈円に内接する四角形〉 ━━━━━━

　次の図の円Oで，4点A，B，C，Dは円周上の点であり，点Eは線分BCの延長上の点である。∠BAC＝56°，∠CBD＝41°のとき，∠DCEの大きさを求めよ。

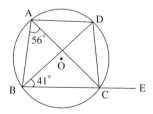

解答 97°

解説 ∠CAD，∠CBDはいずれも $\overset{\frown}{DC}$ に対する円周角だから

$$∠CAD = ∠CBD = 41°$$

したがって

$$∠BAD = ∠BAC + ∠CAD$$
$$= 56° + 41° = 97°$$

四角形ABCDは円に内接しているので，円に内接する四角形の外角はそれととなり合う内角の対角に等しいことより

$$∠DCE = ∠BAD = 97°$$

例題 8 〈円と接線〉

次の図のように，円Oが∠A＝90°の直角三角形ABCの辺AB，BC，CAそれぞれに点P，Q，Rで接している。AB＝12cm，CA＝5cmであるとき，円Oの半径を求めよ。

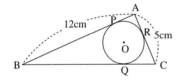

解答 2cm

解説 △ABCは∠A＝90°の直角三角形だから，三平方の定理より

$$BC = \sqrt{AB^2 + CA^2}$$
$$= \sqrt{12^2 + 5^2} = 13 \ \text{〔cm〕}$$

内接円の中心OとA，B，Cをそれぞれ結ぶ。

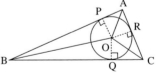

円の接線は接点を通る半径に垂直だから

$$△OAB + △OBC + △OCA = △ABC$$

円Oの半径を r 〔cm〕とすると

$$\frac{1}{2}r×12 + \frac{1}{2}r×13 + \frac{1}{2}r×5 = \frac{1}{2}×12×5$$

これを解くと　$r=2$

したがって，円Oの半径は2cm

例題 9 〈円すい〉

　次の図は，円すいの展開図であり，側面は半径9cm，中心角240°の扇形である。これを組み立ててできる円すいの体積を求めよ。

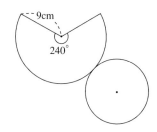

解 答　$36\sqrt{5}\,\pi$〔cm³〕

解 説　側面の扇形の弧の長さと底面の円周の長さは等しいから，底面の半径をr〔cm〕とすると

$$2\pi\times9\times\frac{240}{360}=2\pi\times r$$

これを解くと　$r=6$

組み立ててできる円すいの高さをh〔cm〕とすると，三平方の定理より

$$h=\sqrt{9^2-6^2}=3\sqrt{5}\,\text{〔cm〕}$$

したがって，円すいの体積は

$$\frac{1}{3}\pi\times6^2\times3\sqrt{5}=36\sqrt{5}\,\pi\text{〔cm³〕}$$

例題 10 〈角すい〉

　次の図の正四角すいOABCDにおいて，底面は1辺が6cmの正方形であり，4つの側面は面積が18cm²の合同な二等辺三角形である。正四角すい

OABCDの体積を求めよ。

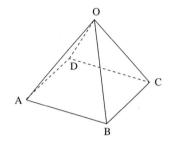

解答 $36\sqrt{3}$ cm³

解説 辺ABの中点をMとすると，二等辺三角形OABの面積が18cm²だから

$$OM = \frac{2 \times 18}{AB} = \frac{2 \times 18}{6} = 6 \text{〔cm〕}$$

底面の正方形ABCDの対角線の交点をHとすると，△OMHは∠OHM＝90°の直角三角形だから，三平方の定理より

$$OH = \sqrt{OM^2 - MH^2}$$
$$= \sqrt{6^2 - 3^2} = 3\sqrt{3} \text{〔cm〕}$$

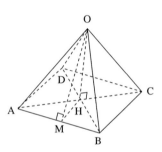

正四角すいOABCDの体積は

$$\frac{1}{3} \times AB^2 \times OH = \frac{1}{3} \times 6^2 \times 3\sqrt{3} = 36\sqrt{3} \text{〔cm³〕}$$

例題 11 〈回転体の体積〉

次の図のようなAD//BCである台形ABCDを，直線 l を軸として1回転させてできる円すい台の体積を求めよ。

解 答 $171\sqrt{3}\ \pi\ (\text{cm}^3)$

解 説 次の図のように，頂点Aから辺BCに垂線AHをひくと，△ABHは

辺の比が

AB：BH＝6：(9−6)＝2：1 の直角三角形だから

$\quad$ AH＝$\sqrt{3}$ BH＝$\sqrt{3}$ ×3

$\qquad$ ＝$3\sqrt{3}$ 〔cm〕

辺BAの延長とCDの延長との交点をEとすると，

AD//BCだから

$\quad$ △EAD∽△EBC

よって　ED：EC＝AD：BC

EC＝x〔cm〕とすると

$\quad (x-3\sqrt{3})：x＝2：3$

これを解くと　$x＝9\sqrt{3}$

求める円すい台の体積は

$\quad \dfrac{1}{3}\pi \times 9^2 \times 9\sqrt{3}\ -\dfrac{1}{3}\pi \times 6^2 \times 6\sqrt{3}$

$\quad ＝171\sqrt{3}\ \pi$ 〔cm^3〕

例題 12 〈相似な図形の面積比〉

次の図のように，平行四辺形ABCDの辺BCの延長上に点Eをとり，線分AEと辺DCとの交点をFとする。さらに，点DとEを結ぶ。△DEFの面積が6cm²，△CEFの面積が4cm²であるとき，平行四辺形ABCDの面積を求めよ。

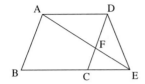

解答 30cm²

解説 高さが等しい2つの三角形の面積比は底辺の比に等しいから

DF：CF＝△DEF：△CEF＝6：4＝3：2

△DAFと△CEFにおいて

対頂角は等しいから　∠DFA＝∠CFE　……①

AD∥CEだから　∠FDA＝∠FCE　……②

①，②より，2組の角がそれぞれ等しいから

　　△DAF∽△CEF

で，相似比は

　DF：CF＝3：2

よって　△DAF：△CEF＝$3^2 : 2^2$＝9：4

ゆえに　△DAF＝$\dfrac{9}{4}$△CEF＝$\dfrac{9}{4}×4$＝9〔cm²〕

△BEAと△CEFにおいて

共通な角だから　∠BEA＝∠CEF　……③

AB∥FCだから　∠BAE＝∠CFE　……④

③，④より，2組の角がそれぞれ等しいから

　　△BEA∽△CEF

で，相似比は

　BA：CF＝(2＋3)：2＝5：2

よって　△BEA：△CEF＝$5^2 : 2^2$＝25：4

ゆえに　△BEA＝$\dfrac{25}{4}$△CEF＝$\dfrac{25}{4}×4$＝25〔cm²〕

したがって □ABCD＝△DAF＋四角形ABCF

　　　　　　　　　　＝9＋(25－4)＝30〔cm²〕

算数科 確率・数列

ポイント

1 **場合の数**

(1) 数えあげの原則

① 和の法則

　ことがらA，Bがあって，A，Bが同時に起こることはないとき，Aの起こり方がm通り，Bの起こり方がn通りあるとき，AまたはBの起こる場合の数は，

　$m+n$〔通り〕

> 例 大小2個のサイコロを投げるとき，出る目の数の和が5の倍数の場合の数
> 　和が5になる場合は，(1，4)，(2，3)，(3，2)，(4，1) の4通り
> 　和が10になる場合は，(4，6)，(5，5)，(6，4) の3通り
> 　和の法則により，4＋3＝7〔通り〕

② 積の法則

　ことがらA，Bについて，Aの起こり方がm通りで，その各々の起こり方に対して，Bの起こり方がn通りあるとき，A，Bがともに起こる場合の数は，

　$m×n$〔通り〕

> 例 大小2個のサイコロを投げるとき，出る目の数の積が奇数となる場合の数
> 　積が奇数となるのは，目の数がともに奇数の場合である。
> 　奇数の目の出方はそれぞれ3通り
> 　積の法則により，3×3＝9〔通り〕

(2) 順列

① 順列

　異なるn個のものからr個取り出して1列に並べたものの総数は，

147

$$ {}_n\mathrm{P}_r = n(n-1)(n-2)\,\cdots\,(n-r+1) = \frac{n!}{(n-r)!} $$

$$ \underleftarrow{\qquad\qquad} r個の積 \underrightarrow{\qquad\qquad} $$

特に異なるn個のものすべてを並べる順列の総数は，

$$ {}_n\mathrm{P}_n = n! = n(n-1)(n-2)\,\cdots 3\cdot 2\cdot 1 $$

> 例　${}_5\mathrm{P}_3 = 5\times4\times3 = 60$
> 　　${}_4\mathrm{P}_4 = 4! = 4\times3\times2\times1 = 24$

② 円順列

　　n個の異なるものの円順列の総数は，

$$ (n-1)! $$

(3) 組合せ

　　n個の異なるものからr個取った組合せの総数は，

$$ {}_n\mathrm{C}_r = \frac{{}_n\mathrm{P}_r}{r!} = \frac{n(n-1)(n-2)\cdots\cdots(n-r+1)}{r(r-1)(r-2)\cdots\cdots3\cdot2\cdot1} = \frac{n!}{(n-r)!r!} $$

> 例　${}_6\mathrm{C}_3 = \frac{{}_6\mathrm{P}_3}{3!} = \frac{6\cdot5\cdot4}{3\cdot2\cdot1} = 20$

(4) 同じものを含む順列

　　n個のもののうち，同じものがそれぞれ，p個，q個，r個，……ある
とき，これらを一列に並べる総数は，

$$ \frac{n!}{p!q!r!\cdots\cdots} $$

② 確率

(1) 確率の定義

　　起こりうるすべての場合の数がNで，どの場合の起こることも同様
に確からしいとする。そのうち，事象Aの起こる場合の数がaならば，
Aの起こる確率は，

$$P(A) = \frac{a}{N} \ (0 \le P(A) \le 1)$$

> 例 1個のサイコロを投げるとき，偶数の目が出る確率
> $$\frac{3}{6} = \frac{1}{2}$$

(2) 余事象の確率

Aの余事象 $\overline{A}$（事象Aの起こらない事象）の確率は，

$$P(\overline{A}) = 1 - P(A)$$

③ 規則性（自然数の列）

(1) 三角数

1からnまでの自然数の和

（自然数の列1，2，3，4，……の第1番目から第n番目までの和）

$$1 + 2 + 3 + \cdots\cdots + n = \frac{1}{2}n(n+1)$$

> 例 5番目の三角数
> $$= 1 + 2 + 3 + 4 + 5 = \frac{1}{2} \times 5 \times (5 + 1) = 15$$

(2) 四角数

1から$2n-1$までの奇数の和

（奇数の列1，3，5，7，……の第1番目から第n番目までの和）

$$1 + 3 + 5 + \cdots\cdots + (2n - 1) = n^2$$

例題 1 〈和の法則〉

1〜9のカードがそれぞれ1枚ずつある。2枚以上選ぶ場合に，数の和が9になるカードの選び方は何通りあるか。

解答 7通り

解説 (i) 2枚選ぶときは（1，8）（2，7）（3，6）（4，5）の4通り。

(ii) 3枚選ぶときは（1，2，6）（1，3，5）（2，3，4）の3通り。

(i)（ii）より4＋3＝7〔通り〕

例題 2 〈積の法則〉

　大小2個のサイコロを同時に投げるとき，出る目の積が奇数になる場合は何通りあるか。

解答 9通り

解説 大小2個のサイコロを同時に投げるとき，出る目の積が奇数になるのは，大小両方のサイコロの出る目が奇数1，3，5の場合だから，求める場合の数は，積の法則より，

3×3＝9〔通り〕

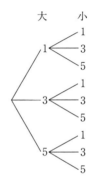

例題 3 〈順列〉

　0，1，2，3，4，5の6個の数字のなかから，異なる4個の数字を用いてつくられる4けたの偶数は全部で何個あるか。

解答 156個

解説 偶数の一の位の数字は偶数である。よって，題意の4けたの偶数の一の位の数字は0，2，4の場合がある。

（i）一の位が0の場合

　千，百，十の位は，0を除く1～5の5個のなかから3個を選んで1列に並べればよい。その個数は

　$_5P_3 = 5×4×3 = 60$〔個〕

（ⅱ）一の位が2または4の場合

　一の位は2，4の2通りあり，その各々に対して，千の位は，0と一の位の数字を除く4通りある。百，十の位は，千，一の位の数字を除く4個のなかから2個を選んで1列に並べればよい。その個数は，$2 \times 4 \times {}_4P_2 = 2 \times 4 \times (4 \times 3) = 96$〔個〕

（ⅰ），（ⅱ）より，求める個数は

$60 + 96 = 156$〔個〕

例題 4 〈組合せ〉

　男子5人と女子7人の合計12人のなかから4人の代表を選ぶとき，次の選び方は何通りあるか。

（1）男子1人と女子3人が選ばれる

（2）男子が少なくとも1人選ばれる

解答　（1）175通り　　（2）460通り

解説　（1）男子5人から1人を選ぶ方法は　　${}_5C_1$通り

その各々に対して，女子7人から3人を選ぶ方法は　　${}_7C_3$通り

したがって，求める選び方の総数は

$${}_5C_1 \times {}_7C_3 = 5 \cdot \frac{7 \cdot 6 \cdot 5}{3 \cdot 2 \cdot 1} = 175 〔通り〕$$

（2）男女12人から4人を選ぶ方法は　　${}_{12}C_4$通り

男子が1人も選ばれない場合は，4人とも女子が選ばれる場合で，その方法は　　${}_7C_4$通り

したがって，求める選び方の総数は

$${}_{12}C_4 - {}_7C_4 = \frac{12 \cdot 11 \cdot 10 \cdot 9}{4 \cdot 3 \cdot 2 \cdot 1} - \frac{7 \cdot 6 \cdot 5 \cdot 4}{4 \cdot 3 \cdot 2 \cdot 1} = 460 〔通り〕$$

━━━━━━ 例題 5 〈確率〉 ━━━━━━

袋の中に赤球が3個，白球が4個，青球が5個入っている。この袋の中から3個の球を同時に取り出すとき，次の確率を求めよ。

(1) 赤球が2個，白球が1個取り出される確率

(2) 全部同じ色の球が取り出される確率

解答　(1) $\dfrac{3}{55}$　　(2) $\dfrac{3}{44}$

解説　合計12個の球のなかから3個を取り出す場合の数は全部で

$$_{12}C_3 = \frac{12 \cdot 11 \cdot 10}{3 \cdot 2 \cdot 1} = 220 \ 〔通り〕$$

(1) 赤球が2個，白球が1個取り出される場合の数は

$$_3C_2 \times {}_4C_1 = {}_3C_1 \times {}_4C_1 = 3 \cdot 4 = 12 \ 〔通り〕$$

したがって，求める確率は

$$\frac{12}{220} = \frac{3}{55}$$

(2) 全部同じ色の球が取り出される場合は，全部が赤球，全部が白球，全部が青球の場合があり，その場合の数は

$$_3C_3 + {}_4C_3 + {}_5C_3 = 1 + 4 + \frac{5 \cdot 4}{2 \cdot 1} = 15 \ 〔通り〕$$

したがって，求める確率は

$$\frac{15}{220} = \frac{3}{44}$$

━━━━━━ 例題 6 〈余事象の確率〉 ━━━━━━

15本のくじのなかに当たりくじが5本ある。このなかから2本のくじを同時に引くとき，少なくとも1本が当たる確率を求めよ。

解答　$\dfrac{4}{7}$

解説　「少なくとも1本が当たる」という事象は，「2本ともはずれる」という事象の余事象である。2本ともはずれる確率は

$$\frac{_{10}C_2}{_{15}C_2} = \frac{10 \cdot 9}{2 \cdot 1} \cdot \frac{2 \cdot 1}{15 \cdot 14} = \frac{3}{7}$$

したがって，求める確率は

$$1 - \frac{3}{7} = \frac{4}{7}$$

例題 7 〈自然数の列〉

1から99までの連続する奇数の和を求めよ。

解答 2500

解説 1から99までの連続する奇数を並べると

1, 3, 5, ……, 99

となる。ここで，$99 = 2 \times 50 - 1$だから，奇数の列の第1番目から第50番目までの和となるので，

$$50^2 = 2500$$

例題 8 〈規則性〉

次の図は，自然数を1から順に，ある規則にしたがって並べたものである。たとえば，上から2行目，左から3列目にある数は8で，数18は上から5行目，左から2列目にある。この規則にしたがって自然数を並べていくとき，次の問いに答えよ。

(1) 上から1行目，左から8列目にある数を求めよ。

(2) 1000は上から何行目，左から何列目にあるか。

	1列目	2列目	3列目	4列目	5列目	6列目
1行目	1	4	9	16		
2行目	2	3	8	15	24	
3行目	5	6	7	14	23	
4行目	10	11	12	13	22	
5行目	17	18	19	20	21	
6行目						

1列目……6列目、……

解答 (1) 64　　(2) 上から25行目，左から32列目

解説 (1) 1行目にある数を並べると

1列目は$1=1^2$，2列目は$4=2^2$，3列目は$9=3^2$，4列目は$16=4^2$，……

だから，上から1行目，左から8列目の数は

$8^2=64$

(2) 1行目のn列目にある数はn^2だから，n行目のn列目にある数は

n^2-n+1

である。

$31^2=961$，$32^2=1024$であり，$32^2-32+1=993$だから，1000は上から$1024-1000+1=25$（行目），左から32列目にある。

算数科 データの活用

ポイント

1 データの整理

(1) 変量とデータ

・変量：ある集団を構成する人やものの特性を数量的に表したもの。

・データ：変量の観測値や測定値の集まりのこと。

(2) 資料

・階級：データの値の範囲を区切った区間のこと。

・階級の幅：区間の幅のこと。

・階級値：階級の真ん中の値。

・度数：各階級に入るデータの個数。

・度数分布表：各階級に階級値を対応させて整理した表。

・相対度数：各階級の度数の全体に占める割合。

・相対度数分布表：度数を相対度数で表した分布表。各段階の相対度数の総和は1となる。

・累積度数：各階級の度数を，最初の階級からある階級まで合計したもの。

・累積度数分布表：階級とその累積度数を表にしたもの。

・ヒストグラム：階級の幅を横，度数を縦として度数分布表の値を柱状グラフで表したもの。

度数分布表

階級			度数
以上		未満	
0	～	10	3
10	～	20	4
20	～	30	6
30	～	40	18
40	～	50	10
50	～	60	3
60	～	70	1
合計			45

相対度数分布表

階級			相対度数
以上		未満	
0	～	10	0.07
10	～	20	0.09
20	～	30	0.13
30	～	40	0.4
40	～	50	0.22
50	～	60	0.07
60	～	70	0.02
合計			1

累積度数分布表

階級			累積度数
以上		未満	
0	～	10	0.07
10	～	20	0.16
20	～	30	0.29
30	～	40	0.69
40	～	50	0.91
50	～	60	1.00
60	～	70	1.00
合計			4.1

② データの代表値

- ・最大値：データの値の中で最も大きな値
- ・最小値：データの値の中で最も小さな値
- ・範囲　：データの最大値と最小値の差
- ・平均値：データの合計値をデータの数で割った値
- ・中央値：データを小さい順に並べたときの真ん中の値
- ・最頻値：データの値の中で最も多く現れる値

③ 箱ひげ図

- ・範囲：データの最大値と最小値の差
- ・四分位数：データの値を小さい順に並べたとき，4等分した値
- ・第1四分位数：前半のデータの中央値
- ・第2四分位数：データ全体の中央値
- ・第3四分位数：後半のデータの中央値
- ・四分位範囲：（第3四分位数）－（第1四分位数）
- ・箱ひげ図：最小値，第1四分位数，中央値，第3四分位数，最大値を1つの図にまとめたもの

=== 例題 1 〈データの整理〉 ===

　あるクラスで通学時間について調査し，次の相対度数分布表にまとめた。このクラスの通学時間の中央値が含まれる階級と平均の組合せとして正しいものを，下の1～5から1つ選べ。

通学時間

時間(分)	相対度数
0以上 ～ 10未満	0.1
10 ～ 20	0.24
20 ～ 30	0.2
30 ～ 40	0.1
40 ～ 50	0.14
50 ～ 60	0.12
60 ～ 70	0.1
計	1

	階級	平均
1	10 ～ 20	32
2	20 ～ 30	27
3	20 ～ 30	32
4	30 ～ 40	27
5	30 ～ 40	32

解答　3

解説　中央値は，データを順番に並べた際の真ん中に位置する値である。したがって，中央値が含まれる階級は，累積相対度数が0.5を含む階級となる。10分以上20分未満の階級の累積相対度数は0.1＋0.24＝0.34，20分以上30分未満の階級の累積相対度数は0.34＋0.2＝0.54だから，中央値が含まれる階級は20分以上30分未満の階級である。また，平均＝$(5×0.1＋15×0.24＋25×0.2＋35×0.1＋45×0.14＋55×0.12＋65×0.1)÷1＝32$〔分〕

例題 2 〈データの代表値〉

次の表は，児童A～Eの5人が受けたテストの得点について，60点を基準として，それより高い場合を正の数，低い場合を負の数で表したものである。このとき，下の (1)，(2) の問いに答えよ。

児童	A	B	C	D	E
基準との差(点)	+8	−12	+9	+3	−2

(1) 得点が最も高い児童と最も低い児童との得点差を求めよ。

(2) この児童5人の得点の平均を求めよ。

解答 (1) 21〔点〕　　(2) 61.2〔点〕

解説 (1) 得点が最も高い児童は＋9点のCで，得点が最も低い児童は−12点のBなので，得点が最も高い児童と得点が最も低い児童との得点差は $(+9)-(-12)=21$〔点〕　　(2)（得点の平均）＝（基準とした得点）＋｛（基準との差）の平均｝＝$60+\{(+8)+(-12)+(+9)+(+3)+(-2)\}\div5=60+(+6)\div5=61.2$〔点〕

例題 3 〈データの代表値〉

次の表は，ある野球チームが昨年度行った20試合について，試合ごとの得点をまとめたものである。この資料の中央値，最頻値をそれぞれ求めよ。

```
3, 9, 2, 4, 1, 1, 2, 2, 3, 1,
2, 0, 11, 5, 4, 2, 3, 0, 3, 6
```

解答 中央値：2.5点　　最頻値：2点

解説 試合ごとの得点を低い順に並べると，0, 0, 1, 1, 1, 2, 2, 2, 2, 2, 3, 3, 3, 3, 4, 4, 5, 6, 9, 11。中央値は資料の値を大きさの順に並べたときの中央の値。試合の数は20試合で偶数だか

ら，得点の低い方から10番目と11番目の平均値$\dfrac{2+3}{2}=2.5$〔点〕が中央値。最頻値は資料の値の中で最も頻繁に現れる値だから，5試合で最も多く現れる2点が最頻値。

例題4〈箱ひげ図〉

AさんとBさんは，それぞれが所属する学級の図書の貸し出し数を調べた。このとき，次の (1)，(2) の各問いに答えなさい。

(1) Aさんが7日間調べた図書の貸し出し数は次のとおりである。これをもとに作成した箱ひげ図として正しいものを，下の1～5から1つ選べ。

貸し出し数 （冊）	1日目	2日目	3日目	4日目	5日目	6日目	7日目
	19	8	13	16	12	24	20

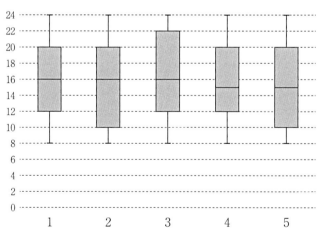

(2) Bさんは図書の貸し出し数を9日間調べて箱ひげ図を作成したところ，Aさんが作成した箱ひげ図と同じ図になった。7日間の図書の貸し出し数が次のとおりであるとき，残り2日間の貸し出し数として正しいものを，あとの1～5から1つ選べ。

	1日目	2日目	3日目	4日目	5日目	6日目	7日目	8日目	9日目
貸し出し数（冊）	15	9	16	24	19	18	8		

1　13, 19　　　2　14, 19　　　3　14, 20　　　4　15, 20　　　5　15, 21

解答　(1) 1　　(2) 5

解説　(1) 箱ひげ図とは，下の図のように，最小値，第1四分位数，第2四分位数（中央値），第3四分位数，最大値を箱と線（ひげ）を用いて1つの図に表したものである。Aさんが7日間調べた図書の貸し出し数を小さい順に並べると8，12，13，16，19，20，24 これより，最小値は8冊，第1四分位数は小さい方から2番目の12冊，第2四分位数（中央値）は小さい方から4番目の16冊，第3四分位数は小さい方から6番目の20冊，最大値は24冊。これらを表す図を選択する。　(2) Bさんが調べた貸し出し数のうちの7日目までを小さい順に並べると，⑧，9，15，⑯，18，19，㉔で，最小値は8，第2四分位数（中央値）は16，最大値は24である。第1四分位数は，小さい方から2番目と3番目の平均で，12になる数だから，12×2－9＝15　第3四分位数は，小さい方から7番目と8番目の平均で，20になる数。それが18と19とすると平均が20にならないから，7番目が19の場合で8番目の数を求めると，20×2－19＝21

最小値　　第2四分位数(中央値)　　　　　　　　　　最大値
　　　第1四分位数　　　　　　　　第3四分位数

第 4 章

理科

理科 物理【光，力のはたらき】

ポイント

① 凸レンズによってできる像

(1) 物体を焦点距離の2倍より遠い位置に置く

⇒ **実物より小さい倒立の実像**

(2) 物体を焦点距離の2倍の位置に置く

⇒ **実物と同じ大きさの倒立の実像**

(3) 物体を焦点距離の2倍と焦点の間に置く

⇒ **実物より大きい倒立の実像**

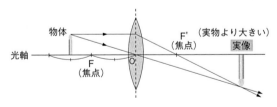

(4) 物体を焦点の内側に置く

⇒ レンズを通して見ると，**実物より大きい**
正立の虚像

2 力のつり合い

(1) いろいろな力

① **重力**

質量m〔kg〕の物体にはたらく重力の大きさは，mg〔N〕（$g=9.8m/s^2$ で重力加速度）と表す。質量1kgの物体にはたらく重力は，9.8N。

② **抗力**

面が物体に及ぼす力。特に，接触している面が物体に垂直に及ぼす力を**垂直抗力**という。

③ **張力**

ピンと張った糸やひもが物体を引く力。

おもりに糸を付けてつるすと，おもりは糸から上向きの力を受け，この力と重力がつり合って静止する。

163

(2) 力の分解

　なめらかな斜面上に置いた物体にはたらく重力は，次の2力に分解される。

・斜面に平行な方向の分力

　　　　⇒滑り降りるはたらきをする力

・斜面に垂直な方向の分力**⇒斜面を押す力**

③ てこ

(1) てこの利用

　てこを利用した道具は，**支点，力点，作用点**の位置によって，次の3種類に分類される。

支点 作用点　　　力点	支点　作用点 　　　　力点	支点 　　力点
ペンチ，洋はさみ， くぎぬき	せんぬき，カッター， ステープラー	和ばさみ，ピンセット， パンばさみ

(2) てこのつり合いの条件

　てこが水平につり合っているとき，

　「右あるいは左にかたむける力（おもりの質量）」×「支点からの距離」

が支点を中心に等しくなっている。

4 **ばねの伸び**

(1) ばねの伸び

　　ばねにF〔N〕の力を加えてx〔m〕伸びたとき，

　　　$F = kx$（k〔N/m〕は，ばね定数）

(2) ばねのつなぎ方と伸びの関係

　・並列…ばね1本ののびは，**ばねの本数に反比例**

　・直列…ばね全体ののびは，**ばねの本数に比例**

並列つなぎ　　　　　　基本　　　　　　直列つなぎ

5 **圧力と浮力**

(1) **圧力**…単位面積あたりの面を垂直に押す力

$$圧力〔Pa〕= \frac{力の大きさ〔N〕}{力がはたらく面積〔m^2〕}$$

(2) **密度**…単位体積あたりの質量

$$密度〔g/cm^3〕= \frac{質量〔g〕}{体積〔cm^3〕}$$

(3) **水圧**

　　水圧を求めるには，その深さにある水平な面に対して，真上にある
　分の水柱の重さがかかると考えればよい。

　　水の密度を$1g/cm^3$（$=1000kg/m^3$）とすると，水深1mあたり水圧は
　$1000 \times 1 \times 9.8 = 9800$〔Pa〕大きくなる。

(4) **浮力**

① アルキメデスの原理

　浮力は物体が押しのけた液体の重さに等しい。

> **浮力〔N〕**
> **＝液体の密度〔kg/m³〕× 押しのけた体積〔m³〕× 重力加速度〔m/s²〕**

② 物体が浮いているときの力のつり合い

　物体にはたらく浮力と重力がつり合っているとき，物体は浮く。

■■■■ 例題 1 〈凸レンズによってできる像〉 ■■■■

凸レンズを使い，物体の像をスクリーンに映した。

(1) 次の図のスクリーンに，はっきりした像が映っているときの，凸
レンズの焦点Fの位置を作図で求めよ。ただし，作図のために用い
た線は残し，位置関係がはっきりわかるように示せ。

(2) (1)で，物体を凸レンズに少し近づけ，像がはっきりと映るよう
にスクリーンを移動させた。①スクリーンを移動させた向き，②で
きた像の大きさの変化は，それぞれどうなるか。

(3) 物体をさらに凸レンズに近づけたところ，スクリーンには像が映
らず，スクリーン側からレンズをのぞくとはっきりした像が見えた。
この像を何というか。

解答 (1)

(2) ① 右　　② 大きくなった　　(3) 正立の虚像

解説 (1) スクリーンに像が映っているので，物体の先端から凸レンズ
の中心を通る直線をスクリーンまで引けば，像の先端の位置を
求めることができる。　　(2) 物体を凸レンズに近づけると，像
は凸レンズから遠ざかり，できる像は大きくなる。　　(3) 物体
より大きな正立の虚像ができる。

例題 2 〈力のつり合い〉

　机の上に質量500gの物体が置いてある。次の図は，このとき机や物体
にはたらく力を矢印で表したものである。ただし，質量100gの物体には
たらく重力を1Nとする。

(1) 物体にはたらく重力を表している矢印はア～エのどれか。

(2) (1)の重力の大きさはいくらか。

(3) (1)の重力とつり合う力を表している矢印はア～エのどれか。

(4) (3)の力を何というか。

解答 (1) ウ　　(2) 5N　　(3) イ　　(4)（垂直）抗力

解説 (1) 物体にはたらく重力は，物体全体にはたらいているが，力を矢印で表す場合は，はたらく点を1つとして物体の中心（重心）から鉛直下向きの矢印で表す。　(2) 質量100gの物体にはたらく重力が1N（ニュートン）であるから，質量500gの物体にはたらく重力は，$1 \times 500 \div 100 = 5$〔N〕である。　(3) つり合う力であるから，物体にはたらく力である。つまり，机が物体を支える力で，イで表される。　(4) 机の面に物体を置くと，重力と等しい大きさの面に垂直な力が机から物体にはたらく。この力を垂直抗力という。

═══════════ **例題 3 〈てこ〉** ═══════════

　次の図のようなモビールを作った。おもりA，Bの質量はそれぞれ何gか。ただし，棒はどちらも長さが30cmであり，棒と糸の質量は考えないものとする。

解答 A…10g　　B…15g

解説 てこのつり合いは，支点の左右で（おもりの重さ（質量））×（支点からの距離）が等しいときにつり合う。まず，下の棒につい

て考える。てこのつり合いから，A×(30－10)＝20×10の式が成り立つ。したがって，Aのおもりの質量は，200÷20＝10〔g〕である。次に，上の棒について考える。上の棒の右端には，下の棒につるしてあるおもりの重さの合計の重さが加わる。したがって，B×(30－10)＝(20＋10)×10の式が成り立つ。よって，Bのおもりの質量は，300÷20＝15〔g〕である。

<hr>
例題 4 〈ばね〉
<hr>

　質量200gのおもりを垂直につるすと4cm伸びるばねがある。このばねを2本使ってA，Bのようにつないだ。A，Bそれぞれの下端の糸に，質量100gのおもりをつるすと，A，Bそれぞれのばねの伸びの合計は何cmになるか。ただし，ばねや糸，棒の重さは考えないものとする。

|解答| A…4cm　　B…2cm

|解説| ばねの伸びは，弾性限界内であれば，おもりの重さに比例して伸びる。　A…ばねを直列につなぎ，その下端の糸におもりをつるした場合，それぞれのばねにつるしたおもりの重さが加わる。したがって，2本のばねの伸びの合計は，2＋2＝4〔cm〕である。　B…ばねを並列につないだ場合は，てこのつり合いで考える。1本のばねには，つるしたおもりの重さの半分の重さが加わるから，2本のばねの伸びの合計は，1＋1＝2〔cm〕である。

■■■■ 例題 5 〈圧力と浮力〉 ■■■■

　ビーカーに水を入れ，台はかりでその重さをはかったところ400gを示した。この中にある物体Aを入れたところ，物体Aは水に浮き，台はかりは500gを示した。ただし，質量100gの物体にはたらく重力を1Nとする。

(1) 物体Aの質量は何gか。
(2) 物体Aが受けている浮力は何Nか。

| 解答 | (1) 100g　　(2) 1N |

解説　物体を水の中に入れると，物体は水から上向きの力を受ける。この上向きの力を浮力といい，物体が押しのけた水の重さに等しい。　(1) 物体Aがビーカーの水に浮いているとき，台はかりが示す値は，水の入ったビーカーの重さと物体Aの重さの合計になる。したがって，500−400＝100〔g〕が物体Aの質量である。(2) 浮力の大きさは物体Aの重さに等しいから1Nとなる。

理科　物理【電流と電圧】

ポイント

1 **電流と電圧**

(1) オームの法則

電流をI〔A〕，電圧をV〔V〕，抵抗をR〔Ω〕とすると，

$$V=IR$$

(2) 直列回路と並列回路

	直列回路	並列回路
回路図		
合成抵抗	$R=R_1+R_2$	$\dfrac{1}{R}=\dfrac{1}{R_1}+\dfrac{1}{R_2}$
電圧	各抵抗にかかる電圧の和は，電源の電圧に等しい。 $V=V_1+V_2$	各抵抗にかかる電圧は電源の電圧に等しい。 $V=V_1=V_2$
電流	どの部分でも流れる電流は等しい。 $I=I_1=I_2$	回路全体に流れる電流の大きさは，各抵抗に流れる電流の和になる $I=I_1+I_2$

(3) 電流計と電圧計の使い方

	電流計	電圧計
つなぎ方	回路に直列につなぐ 一端子／＋端子／電流計	回路に並列につなぐ 一端子／＋端子／電圧計
一端子のつなぎ方	最初に5Aの一端子につなぐ 50mA　500mA　5A	最初に300Vの一端子につなぐ 300V　15V　3V

② 電力と電力量

(1) 電力（消費電力）…電流などが単位時間あたりにする仕事（仕事率）

$$電力 P〔W〕= IV \quad RI^2 = \frac{V^2}{R} \quad (I〔A〕：電流, V〔V〕：電圧, R〔Ω〕：抵抗)$$

(2) 電力量…電池や電流のする仕事量。単位は〔Wh〕（ワット時），〔J〕

$$電力量 W〔J〕= Pt \qquad (P〔W〕：電力, t〔s〕：時間)$$

(3) ジュールの法則

$$熱量 Q〔J〕= Pt = VIt \qquad (P〔W〕：電力, t〔s〕：時間)$$

③ 豆電球の明るさと電力

(1) 豆電球の明るさ

電力の大きさで決まり，**豆電球にかかる電圧の2乗**に比例する。

(2) 豆電球の回路による明るさ

・直列回路…電圧を等分するので，明るさは1個のときより暗い。

　　　・並列回路…豆電球の数に関係なく，明るさは1個のときと同じ。
(3) 電池のつなぎ方と電圧
　　　・直列つなぎ…**全体の電圧＝電池1個の電圧×個数**
　　　・並列つなぎ…**全体の電圧＝電池1個の電圧**

4　**電流と磁界**
(1) 電流によってつくられる磁界
　①　コイルのまわりの磁界
　　　・コイルの内側の磁界の向き…右手の親指以外の4本の指を電流の向
　　　　きにあわせてコイルを握ったときの親指のさす向き。
　　　・コイルの外側の磁界の向き…コイルの内側と反対向き。

　② 電流が磁界から受ける力
　　　左手の中指から，電・磁・力（**フレミングの左手の法則**）

(2) **電磁誘導**
　　　棒磁石の磁極をコイルに近づけたり遠ざけたりして，コイルの中の磁
　　界を変化させると，コイルの両端に電圧が生じる現象。**コイルの巻き
　　数を多くする，磁力の強い磁石を使う，磁石の出し入れを速くすると**
　　大きな誘導電流が流れる。

検流計

S 棒
N 磁石

コイル

例題 1 〈電流と電圧〉

　抵抗値が2.0Ωの抵抗R_1と，抵抗値が6.0Ωの抵抗R_2を使ってA，Bのような回路をつくった。

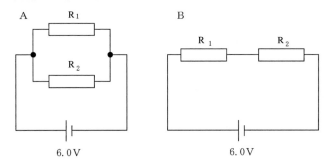

A　　　R_1

　　　R_2

6.0V

B　　　R_1　　　R_2

6.0V

(1) 回路Aの抵抗R_1の両端の電圧は何Vか。

(2) 回路Aの電池に流れる電流は何Aか。

(3) 回路Bの抵抗R_1の両端の電圧は何Vか。

(4) 回路B全体に流れる電流は何Aか。

解答 (1) 6.0V　　(2) 4.0A　　(3) 1.5V　　(4) 0.75A

解説 (1) Aは並列回路で各抵抗の両端に加わる電圧は電源の電圧に等しい。なお，Bの直列回路では，回路を流れる電流はどの点も等しい。　(2) 抵抗R_1に流れる電流は，6.0÷2.0＝3.0〔A〕，抵抗R_2に流れる電流は，6.0÷6.0＝1.0〔A〕だから，電池を流れる電流は，3.0＋1.0＝4.0〔A〕である。　(3) 抵抗R_1の両端の電圧は，

6.0÷(2.0+6.0)×2.0=1.5〔V〕。　　(4) 抵抗R₁を流れる電流は, 1.5
÷2.0=0.75〔A〕であり, この電流が回路全体の電流となる。

■■■■■■ 例題 2 〈電流計と電圧計の使い方〉 ■■■■■■

　電熱線に加わる電圧と, 電熱線を流れる電流を調べる実験をした。次
の図はそのときの回路図である。

(1) 電流計とその+端子はどれか。次から選び, 記号で答えよ。
　　ア. A−a　　イ. A−b　　ウ. B−c　　エ. B−d
(2) 測定の結果, 電圧計は2.6V, 電流計は250mAを示した。この電熱
　　線の抵抗はいくらか。

解答　(1) ア　　(2) 10.4Ω

解説　(1) 電流計は電熱線に直列に接続し, 電圧計は電熱線に並列に接
　　続する。また, 各計器の+端子を電源の+極側に接続する。図
　　のA, Bのうち, 電流計は電熱線と直列につながれているAであ
　　り, +端子はaである。　　(2) オームの法則で求めるが, 電流の
　　単位をアンペアに換算して計算する。250mAは0.25Aである。(抵
　　抗)=(電圧)÷(電流)より, 2.6÷0.25=10.4〔Ω〕

▰▰▰ 例題3〈消費電力〉 ▰▰▰

　100V－1kWの電熱器を100Vの電源につないだ。ただし，電熱器の抵抗は温度によって変わらないものとする。

（1）流れる電流は何Aか。

（2）この電熱器の抵抗は何Ωか。

解答　（1）10A　　（2）10Ω

解説　電力は，（電流）×（電圧）で求められる値で，電流などが単位時間にする仕事（仕事率）を表す。（1）1kWは1000Wである。また，（電力）÷（電圧）＝（電流）より，1000÷100＝10〔A〕と求められる。（2）（電圧）÷（電流）＝（抵抗）より，100÷10＝10〔Ω〕である。

▰▰▰ 例題4〈豆電球の明るさ〉 ▰▰▰

　同じ規格の豆電球と電池を使って，次の図のような回路をつくった。豆電球が同じ明るさで点灯するのはA〜Eのうちどれとどれか。ただし，豆電球の明るさは消費電力に比例するものとし，電池の内部抵抗は考えなくてよいものとする。

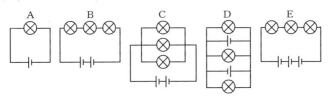

解答　AとE

解説　まず，Dはショート回路であるから豆電球は点灯しないので除外する。豆電球の明るさは電圧の2乗に比例するので，Aは豆電球1個と電池1個の回路でこの回路の豆電球の明るさを「1」とすると，Bは豆電球3個の直列つなぎと電池2個の直列つなぎであるから$\frac{4}{9}$，Cは豆電球3個の並列つなぎと電池2個の直列つなぎであ

るから4，Eは豆電球3個の直列つなぎと電池3個の直列つなぎなので1となり，AとEの明るさが等しくなる。

例題 5 〈電力量と発熱量〉

次の図のようにして抵抗値が10Ωの電熱線の両端に12Vの電圧を加え，1分間電流を流した。ただし，電熱線の発熱による抵抗値の変化はないものとする。

(1) 電熱線に流れる電流は何Aか。

(2) 1分間に電熱線で発生する熱量は何Jか。

(3) 水の質量を100gとすると，1分間に水の温度は何℃上昇するか。小数第1位まで求めよ。ただし，電熱線で発生した熱量はすべて水に吸収されるものとし，水の比熱は4.2〔J/g・℃〕であるものとする。

解答　(1) 1.2A　　(2) 864J　　(3) 2.1℃

解説　(1) （電流）＝（電圧）÷（抵抗）である。電熱線の抵抗は10Ω，電熱線の両端の電圧は12Vであるから，12÷10＝1.2〔A〕である。
(2) 電熱線で発生する熱量は（電力）×（時間）で求められる。電力は（電流）×（電圧）であるから，1.2×12×60＝864〔J〕である。　　(3) 求める温度変化をx〔℃〕とすると，864＝4.2×x×100より，x＝2.057…≒2.1〔℃〕を得る。

例題 6 〈電流と磁界〉

次の図は，直流モーターの原理を示そうとしたものである。

(1) 磁石のつくる磁界の向きはa，bのどちらか。

(2) 図の状態で，電流が流れると，コイルのP点はどちらの向きに力を受けるか。上・下・右・左で答えよ。

(3) (2) の結果，コイルはc，dのどちらの向きに回転するか。

(4) モーターが同じ向きに回転し続けるようにするには，半回転ごとに電流の向きを逆にする必要がある。このために用いられているものは何か。

| 解答 | (1) a   (2) 上   (3) c   (4) 整流子 |

解説 (1) 磁石の磁界はN極からS極に向かう向き。　(2) フレミングの左手の法則より，P点の上側では磁界が弱まり，P点の下側では磁界が強まる。よって，P点は上向きの力を受ける。

(3) (2) より，コイルはcの向きに回転する。　(4) 図の状態のままでは，コイルに流れる電流の向きが変わらないので，コイルが半回転すると，P点は同じように上向きの力を受け，dの向きに回転することになる。このため，直流モーターでは，半回転ごとに電流の向きが変わるように整流子がついていて，ブラシによって整流子に電流を送っている。

理科　化学【物質の変化】

ポイント

1 **燃焼**

　激しく熱や光を出しながら酸素と化合する化学変化。

(1) ものの燃え方

　　ものが燃え続けるためには，新しい空気（**酸素**）が必要である。
ろうそくや木が燃えると，**二酸化炭素と水**ができる。

(2) 有機物の燃焼

　（有機物）　　　　　＋　（酸素）　───→　（二酸化炭素）　＋　（水）

　メタンCH_4　　　　＋　$2O_2$　───→　　　CO_2　　＋　$2H_2O$

　エタノールC_2H_6O　＋　$3O_2$　───→　　　$2CO_2$　　＋　$3H_2O$

2 **酸化**

　酸素と化合する化学変化。

(1) **マグネシウムの酸化**

　マグネシウム＋酸素　───→　　酸化マグネシウム（白色）

　　　　　$2Mg + O_2$　───→　　$2MgO$

　※マグネシウムの質量と化合する酸素の質量の比

　マグネシウム：酸素＝3：2

(2) **銅の酸化**

　銅　＋酸素　───→　　酸化銅（Ⅱ）（黒色）

　$2Cu + O_2$　───→　　$2CuO$

　※銅の質量と化合する酸素の質量の比

　銅：酸素＝4：1

3 **還元**

　酸化物が酸素を失う化学変化。同時に酸化もおこる。

(1) **酸化銅（Ⅱ）の炭素による還元**

　酸化銅（Ⅱ）＋炭素　───→　　銅　＋二酸化炭素

$$2CuO \quad + \quad C \quad \longrightarrow \quad 2Cu + CO_2$$

(2) 酸化銅（Ⅱ）の水素による還元

酸化銅（Ⅱ）＋水素 $\longrightarrow$ 銅 ＋ 水

$$CuO \qquad\qquad + H_2 \quad \longrightarrow \quad Cu + H_2O$$

---

④ 化合と分解

(1) 鉄と硫黄の化合

鉄粉と硫黄を混ぜ合わせたものを試験管に入れて加熱すると，黒色の**硫化鉄（Ⅱ）**が生じる。

$$Fe+S \rightarrow FeS$$

硫化鉄（Ⅱ）は，磁石につかないという性質をもつ。

混合物の
上部を熱する

試験管

反応が起こり始めたときに
熱するのをやめる

(2) 炭酸水素ナトリウム（重曹）の分解

炭酸水素ナトリウム（白色の粉末）を試験管に入れて加熱すると，**二酸化炭素**と**水**，**炭酸ナトリウム**が生じる。

炭酸水素ナトリウム $\longrightarrow$ 炭酸ナトリウム＋ 水 ＋二酸化炭素

$$2NaHCO_3 \qquad \longrightarrow \qquad Na_2CO_3 \qquad + H_2O + \quad CO_2$$

炭酸水素
ナトリウム

発生した水で試験管が割れる
のを防ぐため，口を少し下げる

ガラス管

石灰水

5 電気分解

(1) 塩化銅（Ⅱ）水溶液の電気分解

　塩化銅（Ⅱ）水溶液を電気分解すると，**陽極から刺激臭のある塩素**が発生し，**陰極に赤褐色の銅**が付着する。塩化銅（Ⅱ）水溶液は青色であるが，付着する銅が増すにつれて，青色は薄くなる。

$$CuCl_2 \rightarrow Cl_2 + Cu$$

〈陽極〉　$2Cl^- \rightarrow Cl_2 + 2e^-$

〈陰極〉　$Cu^{2+} + 2e^- \rightarrow Cu$

(2) 水の電気分解

　水に少量の水酸化ナトリウム水溶液または希硫酸を加え，電流を流すと，**陽極から酸素**，**陰極から水素**が発生する。

体積比は，**水素：酸素＝2：1**

$$2H_2O \rightarrow 2H_2 + O_2$$

〈陽極〉　水酸化ナトリウム水溶液　　$2H_2O \rightarrow O_2 + 4H^+ + 4e^-$

　　　　　希硫酸　　　　　　　　　　$4OH^- \rightarrow O_2 + 2H_2O + 4e^-$

〈陰極〉　水酸化ナトリウム水溶液　　$2H^+ + 2e^- \rightarrow H_2$

　　　　　希硫酸　　　　　　　　　　$2H_2O + 2e^- \rightarrow H_2 + 2OH^-$

(3) 塩酸の電気分解

　塩酸に電流を流すと，**陽極から刺激臭のある塩素**，**陰極から無色・無臭の水素**が発生する。

⑥ 化学反応式による計算

化学反応式において，それぞれの物質の係数は，その反応に関与する粒子の個数（物質量〔mol〕）の比を表している。また，それぞれの物質の係数から，質量の比，気体の体積比を表すことができる。

化学反応式	$2H_2$	+	O_2	→	$2H_2O$
物質量〔mol〕	2		1		2
質量〔g〕	2×2.0		32		2×18
気体の体積〔L〕	2×22.4		22.4		2×22.4

例題 1 〈物質の燃焼〉

エタノールを空気中で燃焼させた。ただし，エタノールの化学式はC_2H_5OH，原子量は，$H = 1.0$，$C = 12.0$，$O = 16.0$とする。

(1) エタノールの燃焼を表す化学反応式を書け。

(2) 4.6gのエタノールを完全燃焼させるためには，何gの酸素が必要になるか。

(3) (2) のとき，燃焼によって発生した物質名とその質量をすべて答えよ。

解答 (1) $C_2H_5OH + 3O_2 → 2CO_2 + 3H_2O$　　(2) 9.6g　　(3) 二酸化炭素，8.8g　水，5.4g

解説 (1) 燃焼とは，物質が激しく酸素と結びつく化学変化（酸化）である。化学反応式では，矢印の左右で原子の種類と数が同じになるようにする。　(2) エタノール1molは46.0g，エタノール1molの燃焼に使われる酸素は$32.0 \times 3 = 96.0$〔g〕である。したがって，エタノール4.6gの燃焼に必要な酸素の質量は9.6gとなる。

(3) エタノール1molの燃焼によってできる二酸化炭素は$44.0 \times 2 = 88.0$〔g〕，水は$18.0 \times 3 = 54.0$〔g〕である。したがって，発生する二酸化炭素の質量は8.8g，水の質量は5.4gである。

例題2〈鉄と硫黄の化合〉

　鉄粉と硫黄の粉末の混合物を2本の試験管に入れ，一方の試験管の混合物の上部を熱したところ，反応が起こり，熱するのをやめても反応が混合物の下部に進み，鉄粉が完全に反応した。このときの，加熱しない試験管をA，加熱して反応させた試験管をBとする。

(1) A，Bの試験管に磁石を近づけたときの結果を次から選び，記号で答えよ。

　ア．どちらも引きつけられる。

　イ．Aは引きつけられるが，Bは引きつけられない。

　ウ．Aは引きつけられないが，Bは引きつけられる。

　エ．どちらも引きつけられない。

(2) AとBのそれぞれにうすい塩酸を加えると，どちらも気体が発生した。試験管A，Bで発生したおもな気体の名前をそれぞれ書け。

解答　(1) イ　　(2) A…水素　　B…硫化水素

解説　鉄粉と硫黄の粉末の混合物を加熱すると，硫化鉄（Ⅱ）という化合物ができる。このとき，熱を発生するため，加熱をやめても反応は続く。できた硫化鉄（Ⅱ）は鉄や硫黄とはまったく別の物質になるので，その性質もちがう。　(1) 磁石につくのは鉄の性質である。　(2) 試験管Aでは鉄がうすい塩酸と反応して水素を発生し，試験管Bでは硫化鉄（Ⅱ）がうすい塩酸と反応して硫化水素が発生する。なお，硫化水素は卵のくさったような臭いのする気体である。

例題 3 〈塩化銅（Ⅱ）水溶液の電気分解〉

　塩化銅（Ⅱ）水溶液をビーカーに入れ，炭素棒を電極として電流を流した。

(1) 塩化銅（Ⅱ）を水溶液にすると，電離してイオンに分かれる。電離のようすを，イオン式を使った反応式で表せ。

(2) 電流を流し続けると，一方の電極に赤褐色の物質が付着した。陽極と陰極のどちらに付着したか。

(3) 電流を流し続けると，一方の電極から気体が発生した。その気体の性質について正しく述べているのはどれか。記号で答えよ。

　ア．無色，無臭で，マッチの火を近づけると燃える。

　イ．石灰水を白くにごらせる。

　ウ．黄緑色で刺激臭があり，漂白作用がある。

　エ．無色で刺激臭があり，水によく溶け，水溶液はアルカリ性を示す。

解答 (1) $CuCl_2 \rightarrow Cu^{2+} + 2Cl^-$　　(2) 陰極　　(3) ウ

解説 (1) 塩化銅（Ⅱ）は水溶液中で電離すると，銅イオンと塩化物イオンに分かれる。　(2) 電極に付着した赤褐色の物質は銅である。水溶液中の銅イオンが陰極に引かれ，陰極で電子を受け取って銅になる。　(3) 気体が発生したのは陽極で，水溶液中の塩化物イオンが陽極で電子を失って塩素原子となり，それが2個結びついて塩素の気体となる。

理科 生物【植物の世界】

ポイント

① **種子植物**

(1) 種子植物の分類

植物の種類		特徴	例
被子植物	双子葉類	根・茎・葉が発達。胚珠が子房に包まれている。	（合弁花類）アサガオ，タンポポ（離弁花類）アブラナ，エンドウ
	単子葉類		イネ，タケ，チューリップ，ユリ
裸子植物		根・茎・葉が発達。胚珠がむき出し。	イチョウ，スギ，ソテツ，ヒノキ，マツ，モミ

	子葉の数	根	葉脈	茎の維管束	例
双子葉類					アブラナ，エンドウ，キュウリ，サクラ，タンポポ，ヒマワリ
	2枚	主根と側根	網状脈	輪状	
単子葉類					イネ，サトイモ，タケ，チューリップ，トウモロコシ，ネギ，ムギ，ユリ
	1枚	ひげ根	平行脈	散在	

(2) 花のつくりと種子のでき方

① 被子植物

・花のつくり…花の中心のめしべ（柱頭, 胚珠, 子房）を囲むように,

185

おしべ（やく），**花びら**，**がく**がついている。

・種子のでき方…受粉後，**胚珠は種子に，子房は果実**になる。

■アブラナ

めしべ
やく
おしべ
柱頭
胚珠
子房
がく
花びら（花弁）
めしべの断面

② 裸子植物

　・花のつくり…雌花と雄花に分かれる。

　・種子のでき方…雌花の**胚珠に花粉がつくと種子**になる。

2 **種子の発芽**

(1) 種子のつくりと養分

① 胚乳のない種子

　　胚（子葉，幼芽，胚軸，幼根）と種皮からなる。子葉に養分あり。

　例 アサガオ，インゲンマメ，ダイコン，ヘチマ

■インゲンマメ　幼芽

子葉に養分
胚軸
幼根
子葉
種皮
胚

② 胚乳のある種子

　　胚（子葉，幼芽，胚軸，幼根）と胚乳，種皮からなる。胚乳に養分あり。

　例 イネ，カキ，トウモロコシ，ムギ

(2) 発芽に必要な条件

　　水・空気・適当な温度の3つの条件が必要。土や日光は不必要。

③　種子をつくらない植物

植物の種類	特徴	例
シダ植物	根・茎・葉の区別がある 胞子で増える	イヌワラビ，ゼンマイ，ス ギナ（ツクシ）
コケ植物	根・茎・葉の区別がない 胞子で増える	スギゴケ，ゼニゴケ
藻類	根・茎・葉の区別がない 胞子で増えるものと分裂し て増えるものがいる	コンブ，ワカメ，テングサ， アオノリ，アオミドロ

④　葉のつくり

構造	説明	特徴
表皮	葉の表と裏をおおっ ている	気孔：気体の出入りや蒸散が行われる
葉肉	葉の内部の部分	柵状組織：葉緑体をもつ細胞が規則正 しく配列している部分 海綿状組織：上記の細胞の間に隙間が ある部分
葉脈	葉の中にある維管束	葉の表側に道管（水の通り道），裏側に 師管（養分などの通り道）がある

⑤　光合成と呼吸

(1) 光合成

　　植物が光を受けて，**葉緑体**の中で**二酸化炭素**と**水**から，**デンプン**な
どを合成し，**酸素**を発生するはたらき。

$$6CO_2 + 12H_2O \xrightarrow{\text{光エネルギー}} C_6H_{12}O_6 + 6H_2O + 6O_2$$

（2）呼吸

　　光合成は昼のみ行うが，呼吸は昼も夜も行う。呼吸では，酸素を用い
　て有機物を分解し，最終的に二酸化炭素と水ができる。

（3）光合成と呼吸の速度

6　顕微鏡の取扱い

（1）顕微鏡操作の手順

①　**接眼レンズ，対物レンズ**の順につける。

②　反射鏡の角度としぼりを調節し，視野全体を明るくする。

③　プレパラートをステージにのせる。

④　**横から見ながら調節ねじを回し**，対物レンズをプレパラートに近
　づける。

⑤　接眼レンズをのぞきながら調節ねじを回し，ピントを合わせる。

(2) プレパラートを動かす方向

観察しようとするものが，視野の中心からずれているときは，プレパラートを**上下左右反対**に動かす。

例題 1 〈植物の分類〉

次の図は，植物を基準にしたがって分類したものである。

(1) Aのような植物の根はどのようになっているか。

(2) Bのような植物の葉脈はどのようになっているか。

(3) a～eにあてはまる植物を，次のア～オから1つずつ選び，記号で答えよ。

　ア．ゼンマイ　　イ．イチョウ　　ウ．イネ　　エ．ゼニゴケ
　オ．ダイコン

解答　(1) 主根と側根　　(2) 平行脈　　(3) a…オ　　b…ウ
　　　　　c…イ　　d…ア　　e…エ

解説　(1) 双子葉類である。双子葉類の根は主根と側根，葉脈は網状脈，維管束は茎の断面に対して輪状に並ぶ。　(2) 単子葉類である。単子葉類の根はひげ根，葉脈は平行脈，維管束は茎の断面に対して散在している。　(3) aは被子植物の双子葉類，bは被子植物の単子葉類，cは裸子植物，dはシダ植物，eはコケ植物である。

■ 例題 2 〈花のつくりと種子のでき方〉

次の図は，ある花のつくりを模式的に示したものである。

(1) 花のA，Bは何か。それぞれ答えよ。

(2) A，Bは，花がさいたあと成熟して何になるか。それぞれ答えよ。

解答 (1) A…胚珠　　B…子房　　(2) A…種子　　B…果実

解説 (1) めしべのもとのふくらんだ部分を子房（B）といい，その中には胚珠（A）が入っている。　　(2) 受粉したあと，成熟すると，胚珠は種子に，子房は果実になる。

■ 例題 3 〈葉のつくり〉

次の図は，ツバキの葉の断面の一部を模式的に表したものである。

(1) Aは柱状の細胞が密着して並んだ部分である。この組織を何というか。

(2) 葉脈の中にあるB，Cの管は何か。それぞれ答えよ。

(3) Dは，おもに葉の裏側にあるすき間である。何というか。

| 解答 | (1) さく状組織　　(2) B…道管　　C…師管　　(3) 気孔 |

解説　(1) 効率よく光を吸収する組織である。　(2) 葉脈では，葉の表側に近いほうが道管，裏側に近いほうが師管である。
(3) 2つの孔辺細胞の間のすき間で，気孔という。孔辺細胞の膨圧の変化により開閉する。気孔からは，光合成や呼吸により気体が出入りするほか，蒸散も行われる。

例題 4 〈光合成〉

次の図は，ある植物の光合成速度と呼吸速度を表したグラフである。

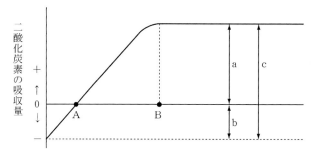

(1) A点とB点の光の強さを何というか。それぞれ答えよ。

(2) a〜cのうち，光合成速度を表しているのはどれか。

解答　(1) A…補償点　　B…光飽和点　　(2) c

解説　(1) 二酸化炭素の出入りが見かけ上0になるときの光の強さを補償点といい，それ以上光を強くしても光合成速度が変化しなくなる光の強さを光飽和点という。　(2) aは見かけの光合成速度，bは呼吸速度であり，a＋b＝cが光合成速度を表す。

例題 5 〈顕微鏡〉

　ある顕微鏡を使って，水中の小さな生物を観察した。図は，この顕微鏡に使われているレンズを示したものである。ただし，接眼レンズは5倍，15倍，対物レンズは10倍，20倍，40倍である。

接眼レンズ　　　　　　　　　　　対物レンズ
A　　B　　　　ア　　イ　　ウ

(1) この顕微鏡の最高倍率は何倍か。
(2) (1) のときに使用したレンズの組み合わせはどれとどれか。記号で答えよ。
(3) 顕微鏡で観察する場合，はじめに低倍率で観察する。その理由を簡単に書け。

解答　(1) 600倍　　(2) B，ア　　(3) 低倍率のほうが視野が広いため，観察物を見つけやすい。

解説　(1) それぞれ倍率が最も高いレンズを使用する。顕微鏡の倍率は，（接眼レンズの倍率）×（対物レンズの倍率）であるから，15×40＝600（倍）である。　　(2) 接眼レンズは短いほうが倍率が高く，対物レンズは長いほうが倍率が高い。したがって，接眼レンズのBが15倍，対物レンズのアが40倍である。　　(3) 倍率を高くするほど視野は狭くなる。したがって，まず低倍率で広い範囲を観察し，目的のものが見つかったら，その部分が視野の中央にくるようにプレパラートを動かし，その後倍率を上げる。最初から高倍率で観察すると，目的のものを探すのに手間がかかる。

理科　生物【動物の世界】

ポイント

1 動物の分類

動物の種類		特徴					例
セキツイ動物	ホ乳類	2心房2心室，体内受精，毛でおおわれる	陸上	胎生	恒温	背骨あり	イルカ，クジラ，コウモリ，ラッコ
	鳥類	2心房2心室，体内受精，羽毛		卵生	肺		ペンギン，フクロウ
	ハ虫類	2心房2心室（不完全），体内受精，うろこやこうら					イグアナ，カメ，ヤモリ，ワニ
	両生類	2心房1心室，体外受精，皮膚が裸出，粘膜あり	水中		えら		イモリ，カエル，サンショウウオ
	魚類	1心房1心室，体外受精					サメ，ナマズ
無セキツイ動物	キョク皮類	からだは放射状。とげをもつもの多い				変温 背骨なし	ウニ，ナマコ
	節足 昆虫類	頭部・胸部・腹部。胸部に3対のあし	変態	羽	外骨格あり		アリ，チョウ，カブトムシ，セミ，ハチ
	節足 甲殻類	かわった形状が多い。					エビ，カニ，ダンゴムシ
	節足 多足類	頭部・胴部。	しない	羽なし			ムカデ
	節足 クモ類	頭胸部・腹部。書肺（気管が変化）で呼吸					クモ，サソリ，ダニ
	軟体 頭足類	外とう膜でおおわれ，節や外骨格ももたない			なし		イカ，タコ
	軟体 貝類						アサリ，ナメクジ
	原生動物	単細胞動物					アメーバ，ゾウリムシ

2 生物のつながり

　有機物を生産する緑色植物を生産者，これを利用する動物などを消費者，動物の遺体などを分解する微生物などを分解者という。これらの三者が，食う－食われるの関係でつながっていることを食物連鎖といい，食物連鎖を構成している1つ1つを栄養段階という。たとえば，生産者である緑色植物は第一栄養段階であり，それを食べる第一次消費者の草食動物は第二栄養段階という。

生物群集の相互関係

③ 昆虫のからだと変態

(1) 昆虫のからだ

　頭部，胸部，腹部の3つに分かれる。胸部に3対（6本）のあしと羽がある（羽のないものもあり）。

(2) 変態

完全変態	卵→幼虫→さなぎ→成虫と姿をかえて成長	アリ，カ，カブトムシ，チョウ，テントウムシ，ハチ，ホタルなど
不完全変態	卵→幼虫→成虫と成長し，さなぎの時期なし	アメンボ，カマキリ，コオロギ，セミ，トンボ，バッタなど

④ 血液循環

(1) ヒトの心臓のつくり

　2心房・2心室の4つの部屋に分かれる。

心房	静脈から戻った血液を心室に送る
心室	心房からきた血液を，強い圧力で動脈に送り出す

大動脈（動脈血）　　肺動脈（静脈血）

肺静脈（動脈血）

大静脈（静脈血）

左心房

右心房

右心室

左心室

(2) 血液循環

肺循環	血液が心臓を出て，肺をめぐり心臓に戻る経路。血液は，肺の毛細血管で，酸素を取り入れ二酸化炭素を放出 **右心室→肺動脈→肺→肺静脈→左心房**
体循環	血液が心臓から出て，全身をめぐり心臓に戻る経路。血液はこの間に，全身の細胞に酸素や栄養素を与える **左心室→大動脈→全身の毛細血管→大静脈→右心房**

■ 循環のみちすじ

からだの上部

肺

Ⓑ　　　　Ⓐ

肺動脈

大静脈

肺静脈

肝臓

心臓

小腸

大動脈

Ⓒ

腎臓

Ⓓ

静脈

動脈

からだの下部

Ⓐ 最も**酸素**の多い血液が流れている
Ⓑ 最も**二酸化炭素**の多い血液が流れている
Ⓒ 最も**栄養分**の多い血液が流れている
Ⓓ 最も**不要物**が少ない血液が流れている

195

(3) 血液の成分とはたらき

赤血球	ヘモグロビンを含み，酸素を運ぶ
白血球	体内に侵入した細菌を殺す免疫
血小板	血液を凝固させ，出血をとめる
血しょう	栄養分，老廃物を運ぶ

5 消化と吸収

(1) 消化管

　　食べ物は，**口→食道→胃→小腸→大腸→肛門**の順で消化管を通る。

(2) 消化酵素

　　消化液中に含まれ，食物中の栄養分を分解するはたらきをもつ。

　35℃前後で最もよくはたらく。

つくられる器官
貯蔵される器官
分泌される器官

(3) 吸収

　消化された栄養分は，**小腸の柔毛（柔突起）**で吸収される。

　デンプン：グルコース（ブドウ糖）となり，吸収された後に毛細血管
　　　　　に入る。

タンパク質：アミノ酸となり，吸収された後に毛細血管に入る。
脂肪：脂肪酸とモノグリセリドとなり，吸収されたあとに再び脂肪に
　　なってリンパ管に入る。

例題 1 〈動物の分類〉

次の図は，動物を基準にしたがって分類したものである。

(1) Aのなかまをまとめて何というか。
(2) Cのなかまをまとめて何というか。
(3) Dのなかまに共通することは何か。
(4) Eのなかまに共通することは何か。

解答 (1) 無セキツイ動物　　(2) 節足動物　　(3) 卵をうむ（卵生）
　　(4) 体温が一定（恒温動物）

解説 (1) Aは背骨をもたない無セキツイ動物，Bは背骨をもつセキツ
イ動物である。　(2) バッタは昆虫類，エビは甲殻類であり，
どちらも節足動物に分類される。なお，節足動物にはこのほか
に多足類，クモ類がある。　(3) ホ乳類を除くセキツイ動物に
共通する特徴である。ホ乳類は胎生である。　(4) セキツイ動
物のうちの鳥類とホ乳類に共通する特徴である。どちらも恒温
動物である。

例題 2 〈生物のつながり〉

　次の図は，生物の食う食われるの関係と物質の流れを模式的に表した
ものである。

(1) 生物の食う食われるの関係による生物間のつながりを何というか。

(2) Aは菌類や細菌類である。これらの生物はそのはたらきから何と呼ばれるか。

(3) X, Yは気体である。それぞれの気体の化学式を書け。

解答 (1) 食物連鎖　　(2) 分解者　　(3) X…O_2　　Y…CO_2

解説 (1) 植物を草食動物が食べ, 草食動物を肉食動物が食べるという関係である。食物連鎖の数量的な関係は植物を底辺としたピラミッドの形で表される。　(2) 有機物を無機物に分解するはたらきをする。なお, 植物やほかの動物を食べる動物を消費者という。　(3) 植物が取りこんでいるYは二酸化炭素である。植物, 動物, 微生物（菌類や細菌類）のいずれも取り込んでいるXは酸素である。

例題 3 〈昆虫のからだ〉

右の図は, 昆虫のからだを模式的に表そうとしたものである。あしはどのようについているか。図にかき加えよ。ただし, あしの形は直線でよい。

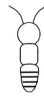

解 答 右の図を参照。

解 説 昆虫のからだは頭部・胸部・腹部の3つに分かれ
ており，胸部に3対（6本）のあしと2対（4枚）
のはねがついている。ただし，はねが退化した
昆虫もいる。

━━━━━━ 例題 4 〈昆虫の育ち方〉 ━━━━━━

次のア～キの昆虫のうち，完全変態するものはどれか。すべて選び，
記号で答えよ。

　ア．アゲハ　　　　イ．イナゴ　　　ウ．コオロギ　　エ．ミツバチ
　オ．カブトムシ　　カ．カマキリ　　キ．ギンヤンマ

解 答 ア，エ，オ

解 説 昆虫の育ち方には，卵→幼虫→さなぎ→成虫のように変態する完
全変態と，卵→幼虫→成虫のように変態する不完全変態がある。

━━━━━━ 例題 5 〈血液循環〉 ━━━━━━

次の図は，ヒトの血液循環を模式的に表したものである。なお，ケは
CO_2以外の不要物が最も少ない血液が流れている血管である。

(1) A〜Cの器官の名前をそれぞれ答えよ。

(2) 動脈血が流れている静脈はア〜シのどれか。記号で答えよ。

(3) 食後に栄養分が最も多く含まれている血液が流れる血管はア〜シのどれか。記号で答えよ。

解答 (1) A…肺　　B…肝臓　　C…腎臓　　(2) イ　　(3) キ

解説 (1) Aは二酸化炭素と酸素の交換を行う肺，Bは小腸からの栄養分を一時蓄えたり，アンモニアを尿素につくり変えたりする肝臓，Cは血液中の二酸化炭素以外の不要物をこし出すはたらきをする腎臓である。　(2) 肺から心臓へ戻る血液が流れる肺静脈である。　(3) 小腸から肝臓へ血液を送る肝門脈である。

例題 6 〈呼吸〉

次の図は，肺の一部を示したものである。下の各問いに答えよ。

毛細血管

(1) A，Bのそれぞれの名前を答えよ。

(2) 酸素を多く含む血液が流れている血管は，a，bのどちらか。

解答 (1) A…気管支　　B…肺胞　　(2) b

解説 (1) Aは気管が枝分かれした気管支である。また，Bは細かく枝分かれした気管支の先が袋状になったもので，肺胞という。肺は，肺胞に分かれていることで表面積が大きくなり，ガス交換が効率よく行われている。　(2) 肺から出ていく血液が流れる血管である。

例題 7 〈消化・吸収〉

次の表は栄養分の消化と吸収についてまとめたものである。A〜Dにあてはまる語句を答えよ。

		分解産物	吸収場所
デンプン	→	A	毛細血管
たんぱく質	→	アミノ酸	C
脂肪	→	B 脂肪酸 → 脂肪	D

解答 A…グルコース（ブドウ糖）　　B…グリセリン（またはモノグリセリド）　　C…毛細血管　　D…リンパ管

解説 消化された栄養分は小腸の壁の柔毛から吸収される。

例題 8 〈老廃物の排出〉

図は，ヒトの排出器官を示したものである。

(1) A〜Cの名前を答えよ。
(2) 血管a，bのうち，老廃物が少ない血液が流れているのはどちらか。

記号で答えよ。

解答 (1) A…腎臓　　B…(輸) 尿管　　C…ぼうこう　　(2) a

解説 (1) Aは血液から不要物をこし出すはたらきをする腎臓，Bはつくられた尿をCのぼうこうへ送る輸尿管である。尿はぼうこうに一時ためられてから排出される。　(2) 腎臓に入る血液が流れるbは動脈であり，腎臓から出る血液が流れるaは静脈である。不要物は腎臓でこし出されるので，aの静脈のほうが不要物が少ない。

理科　地学【天気の変化】

① 気象の観測

(1) 天気記号と風向・風力

　風向は16方位，風力は0 ～ 12の13階級で表す。

　天気はその日の空をおおう雲量によって決まる。

　　　　例　北西の風，風力4，雨

天気	快晴	晴れ	くもり	雨	雪
記号	○	①	◎	●	⊗

快晴	雲量	0～1
晴れ	雲量	2～8
くもり	雲量	9～10

(2) 気温と湿度

① 気温の1日の変化

　晴れの日には，**日の出前ごろが最低気温**となり，太陽の高さ，地面の温度が高くなるとともに上がっていき，**14時ごろに最高気温**となる。

② 気温と湿度との関係

晴れた日は湿度と気温は**逆の変化**を示し，雨の日は湿度は高いままで，あまり変化しない。

② 大気中の水蒸気

(1) 飽和水蒸気量

空気1m³中に含むことができる最大の水蒸気の量。気温が高くなるほど大きくなる。

(2) 露点

空気中の水蒸気が凝結し，水滴ができはじめるときの温度。空気中の水蒸気の量が多いほど露点は高くなる。

(3) 湿度を求める式

$$湿度〔\%〕= \frac{空気中の水蒸気量〔g/m³〕}{その気温での飽和水蒸気量〔g/m³〕} \times 100$$

③ 気圧と前線

(1) 等圧線

一般に4hPa（ヘクトパスカル）ごとに引かれ，20hPaごとに太い線になっている。

(2) 前線の種類と天気の変化

		温暖前線	寒冷前線
特徴	気団の状態	暖気団が寒気団の上にゆっくりはい上がり，寒気団を押しながら進む。**乱層雲**などが発達	寒気団が暖気団の下にもぐり込み，暖気団を激しく押し上げながら進む。**積乱雲**が発達
	通過時	**長時間広い範囲で，弱いしとしと雨**が降り続く	突風が吹き，**強い雨**が狭い範囲で**短時間**降る
	通過後	雨がやみ，一時的に**気温が上がり，南寄りの風が吹く**	**気温が急に下がり，北寄りの風が吹き**，天気は回復する。

記号		

| 断面図 | 巻層雲　巻雲
高層雲
乱層雲
暖気　　　雨　←　寒気
⇨ 前線の進む方向 | 積乱雲
寒気　　　雨　　暖気
⇨ 前線の進む方向 |

4 日本の天気

四季	気団	季節風	天気	その他の特徴
冬	大陸に高気圧（**シベリア気団**），日本の北東海上に低気圧（**西高東低**）	寒冷で強い**北西の季節風**	日本海側は雪，太平洋側は乾燥した晴れの日が続く	等圧線は南北方向に走り，間隔が狭い
夏	日本の東南海上に高気圧（**小笠原気団**），大陸に低気圧（南高北低）	高温多湿な**東南の季節風**	晴天が続き，湿度が高い	積乱雲が発達。雷や夕立が発生しやすい
春と秋	移動性高気圧や温帯低気圧が，交互に**西から東へ**通過		4〜7日ごとに周期的に変化	
梅雨と秋雨	日本の南岸沿いに**停滞前線**		くもりや雨の日が続く	

━━━━ 例題 1 〈気象の観測〉 ━━━━

　気象観測の結果,「北西の風, 風力3」であり, 雲量は2であった。次の
図に, 天気記号で表せ。

解答

解説 風向は16方位で表し, 矢羽を風が吹いてくる方向へ向け, 風力
は矢羽の数で表す。また, 雲量2は晴れである。

━━━━ 例題 2 〈飽和水蒸気量〉 ━━━━

　空気P, Qがあり, それぞれの気温, 水蒸気量は次の図のようになって
いる。

(1) Qの温度がcまで下がった。このときの温度cを何というか。
(2) Pの温度がcまで下がったとき，空気1m³あたりに凝結する水蒸気量を，a〜dの記号を用いた式で表せ。

解答 (1) 露点　　(2) a−b

解説 (1) 空気中の水蒸気が飽和に達し，水蒸気が凝結して水滴ができはじめる温度を露点という。　(2) Pの空気が含んでいた水蒸気量はa〔g/m³〕であり，温度cの飽和水蒸気量はb〔g/m³〕である。したがって，気温がcまで下がると，空気1m³に対して，(a−b)〔g〕の水蒸気が凝結して水滴になる。

例題 3 〈気圧と前線〉

図は，ある前線の垂直断面を模式的に表したものである。

(1) 図の前線の名前を答えよ。
(2) この前線付近で発達する雲Aは何か。

解答 (1) 寒冷前線　　(2) 積乱雲

解説 (1) 寒気が暖気を押し上げるようにして進む前線である。
(2) 押し上げられた暖気が上昇気流となるので，垂直に発達する積乱雲が発生することが多い。なお，寒冷前線が通過すると，寒気に覆われるので気温が下がる。

■■■■ 例題 4 〈日本の天気〉 ■■■■

次の図は，日本付近の天気図を示したものである。

A   B

(1) Aの天気図に見られる高気圧や低気圧は，ほぼどの方向へ移動すると考えられるか。

(2) Aの高気圧や低気圧が（1）の方向に移動する原動力となる風を何というか。

(3) Bの気圧配置が現れる季節はおもにいつか。

(4) Bの天気図の気圧配置を何というか。

| 解 答 | (1) 東（北東）　　(2) 偏西風　　(3) 冬　　(4) 西高東低 |

解 説 　(1)，(2) 日本列島が移動性高気圧にほぼ覆われている。このとき，日本の各地はよい天気となるが，偏西風の影響で高気圧や低気圧が東〜北東へ移動するため，低気圧が接近する西から天気が悪くなる。　(3)，(4) 大陸に強い高気圧があり，オホーツク海に発達した低気圧がある。つまり，西高東低の気圧配置で，北西の強い風が吹いている。これは冬の典型的な気圧配置で，日本海側では雪，太平洋側では乾燥した晴天になる。

理科 　地学【地球と宇宙】

ポイント

1. **太陽の動き**

(1) 太陽の日周運動

① 太陽の日周運動

地球の自転によって，東からのぼり，南の空を通って西へ沈み，1日に1回，地球の周りを回っているように見える。

② **南中高度**

太陽が南中（真南を通過）したときの地平線からの角度。太陽の高度が1日のうちで最も高い。

(2) 太陽の年周運動

地球は，地軸が公転面に垂直な方向に対して約23.4°傾いた状態で公転しているため，季節によって太陽の南中高度は変化する。

① 季節による太陽の道すじの変化（天球のモデル）

春分・秋分	真東からのぼり，真西に沈む。 昼と夜の長さは同じ。
夏至	真東・真西より北寄りに出没。 昼の時間が最も長く，南中高度も高い。
冬至	真東・真西より南寄りに出没。 昼の時間が最も短く，南中高度も低い。

209

② 季節による**南中高度**

> **春分・秋分の南中高度＝90°－緯度**
> **夏至の南中高度＝90°－緯度＋23.4°**
> **冬至の南中高度＝90°－緯度－23.4°**

(3) 1年における太陽がつくる棒の影の変化

2 月の動き

(1) 月の動き

　太陽と同じように**東から西へ**動き，1日に1回転する。これは，**地球
の自転**による見かけの動きである。

■**地球・太陽・月の位置関係**

(2) 月の形の変化

　月は太陽の光を反射させながら，地球のまわりを公転しているため，太陽と地球，月の位置関係で月の形が変化して見える。

新月→三日月→上弦の月→満月→下弦の月→新月を約29.5日で繰り返す。

(3) 月の形と動き

①　三日月

　夕方，西の空の低いところに見えはじめ，太陽を追うようにして沈んでいく。

②　上弦の月

　夕方，南の空の高いところに見え，夜中に西の空に沈む。三日月が見えた日から約4日後に見える。

③　満月

　満月は，地球をはさんで太陽の反対側に位置しているため，**日の入りと同時に東の空**にのぼり始め，真夜中に南中して，日の出の頃に西の空に沈む。上弦の月が見えた日から約1週間後に見える。

④ **下弦の月**

真夜中に東の空にのぼり始め，日の出の頃に南中する。正午頃，西の空に沈むが，太陽がのぼってからは見えなくなる。満月が見えた日から約1週間後に見える。

3 **星の動きと星座**

(1) 星の動き

① 星の日周運動

地球の自転によって，**1時間に15°ずつ東から西へ**動いて見える。

■東・西・南・北の空の星の動き（北半球）

② 星の年周運動

地球の公転によって，星は**1ヵ月に30°ずつ東から西へ**動くように

見え，1年で1回転する。同じ星が同じ位置に見える時刻は，1日に約4分ずつ，**1ヵ月に2時間ずつ早くなる。**

(2) 季節の星座

　地球の公転によって，真夜中の南の空に見える星座は季節により異なる。地球から見て，太陽と反対方向にある星座はよく見え，太陽と同じ方向にある星座は見ることができない。

　太陽が通る天球上の経路を黄道といい，黄道上に位置する星座を黄道12星座という。

	代表的な星座
春	しし座，おとめ座
夏	**さそり座，はくちょう座**
秋	ペガスス座，うお座
冬	**オリオン座**，ふたご座

■冬の大三角形

■夏の大三角形

4 太陽系と宇宙

(1) 金星の見え方

　　金星は，太陽のまわりを公転する惑星の1つで，**内惑星であるため**，**明け方と夕方のみ見え**，真夜中に見ることはできない。

① **明けの明星**

　　日の出前のしばらくの間だけ，**東の空**に見える。

② **宵の明星**

　　夕方（日没直後）からしばらくの間だけ，**西の空**に見える。

⑵ 惑星

　太陽のまわりを公転している天体で8つある。自らは光を出さず，太陽の光を反射して光る。

① 内惑星と外惑星

・内惑星…地球より内側を公転している惑星。**水星と金星**がある。

・外惑星…地球より外側を公転している惑星。

② 地球型惑星と木星型惑星

・地球型惑星…半径・質量は小さく，平均密度は大きい。水星，金星，地球，火星がある。

・木星型惑星…半径・質量は大きく，平均密度は小さい。木星，土星，天王星，海王星がある。

例題 1 〈太陽の動き〉

　次の図は，北緯35°のある地点の夏至，秋分，冬至の太陽の動きを，透明半球上に記録したものである。

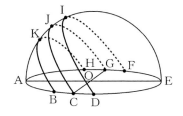

⑴ 透明半球は何のモデルか。

⑵ 夏至の日の南中高度を∠ABCのように表せ。

⑶ ⑵の角度は何度になるか。

(4) この地点の北極星の高度は何度か。

解答 (1) 天球　　(2) ∠AOI（∠IOA）　　(3) 78.4°　　(4) 35°

解説 (1) 透明半球は，太陽の天球上での動きを再現する。　(2) 夏至の日の太陽の動きは，最も北よりのDIFである。南中高度は観測点にあたるO点での角度で，∠AOIである。　(3) 90° − 35° + 23.4° = 78.4°　(4) 北半球では，北極星の高度はその地点の緯度に等しい。

======== 例題 2 〈月の動き〉 ========

次の図のように，南の空に月が見られた。

南

(1) 図のような月を何というか。名称を書け。
(2) 図のような月が見られたのは，何時ごろか。
(3) この日から約1週間後に見える月はどんな月か。名称を書け。

解答 (1) 上弦の月　　(2) 午後6時ごろ（18時ごろ）　　(3) 満月

解説 (1) 図のような半月は，西の空にあるときに弦が上になる。西の空にあるときに弦が上にあるのが上弦の月，下にあるのが下弦の月である。　(2) 図のような月が見られるとき，太陽は西の地平線付近にある。夕方6時ごろである。　(3) 月は右から欠けて右から満ちてくる。図の月はこれから満ちていき，約1週間後には満月になる。

===== 例題 3 〈星の動き〉 =====

　次の図は，カメラを東西南北のどちらかに向け，シャッターを2時間開放にしたときの星の軌跡を図に表したものである。

A

B

(1) Aの図のPの付近にある星を何というか。

(2) Aの図のaの角度は何度か。

(3) Bの図は，東西南北のどちらの空を表しているか。

(4) Bの図で，星はア，イのどちらの向きに動いたか。

解答　(1) 北極星　　(2) 30°　　(3) 西　　(4) イ

解説　(1) Aは北の空の図である。北の空の星は，P（天の北極）を中心に反時計回りに回転して見える。天の北極付近にある星は北極星である。　　(2) シャッターを開放した時間は2時間であるから，15°×2＝30°移動して見える。　　(3),　(4) Bは西の空の図である。星は西の地平線に沈んでいくのでイの方向に動いて見える。

例題 4 〈季節の星座〉

　図は，太陽の周りを公転する地球と，星座の位置関係を模式的に表したものである。

(1) 地球の公転の向きはア，イのどちらか。

(2) Xは，太陽の天球上における見かけの運動経路を示したものである。この経路を何というか。

(3) Pの星座は何か。名称を書け。

(4) 北半球が夏の位置にあるとき，日没のころに南の空に見られる星座は何か。

(5) 北半球が冬の位置にあるとき，太陽はa〜dのどの位置にあるか。

解答 (1) ア　　(2) 黄道　　(3) さそり座　　(4) しし座　　(5) b

解説 (1) 星座の位置から判断する。　(3) 夏の代表的な星座である。
(4) 公転の向きが「ア」であることから，図は天の北極（北半球）
側から公転軌道を見下ろす図であるとわかる。したがって地球
の自転軸の上側が北極であり，北極周辺に太陽光があたるとこ
ろ（B）が北半球の夏。　(5) (4)と同様に考え，地球の公転軌
道上の冬の位置を決めるとDになる。

━━━━━ 例題 5 〈星座と星〉 ━━━━━

　夏の大三角をつくるデネブ，アルタイル，ベガは，それぞれ何という
星座に含まれるか。

解答　デネブ…はくちょう座　　アルタイル…わし座
　　　　ベガ…こと座

解説　いずれも1等星でよく目立ち，別々の星座に含まれている。

━━━━━ 例題 6 〈金星の動き〉 ━━━━━

　次の図は，太陽，地球，金星の位置関係を表したものである。

(1) 明け方に見られるのは，金星がA～Fのどの位置にあるときか。
　　すべて選び，記号で答えよ。
(2) 肉眼では観測できないのは，金星がA～Fのどの位置にあるとき
　　か。すべて選び，記号で答えよ。
(3) 金星が真夜中に見ることができない理由を簡単に書け。

解答　(1) E，F　　(2) A，D　　(3) 内惑星であるから。

解説　(1) 地球の自転の向きから考える。　(2) 太陽の方向にある金星
　　　　は肉眼では観測できない。　(3) 太陽−地球−金星のように並
　　　　ぶことがないので真夜中に観測することはできない。これは，
　　　　金星が地球の内側を公転する内惑星であるからである。

━━━━━ **例題 7 〈観察の仕方〉** ━━━━━

次の問いに答えよ。

(1) 天体望遠鏡で太陽を観測する場合，太陽を直接見ることは絶対にしてはならない。何を使って観測するか。

(2) 透明半球上に太陽の位置をペンで印す場合，ペン先の影をどこに合わせるか。

解答 (1) 投影板　　(2) 透明半球の中心

解説 (1) 望遠鏡を使って太陽を観察する場合は，ファインダーにはふたをしておき，のぞけないようにしておく。投影板を使って太陽の像を映す。　(2) 透明半球の中心は観測者の位置を表す。したがって，透明半球上に太陽の位置をペンで印す場合，ペン先の影が透明半球の中心と一致する位置に印をつける。

理科　学習指導要領

ポイント

━━━ 平成29年改訂の要点 ━━━

① 目標の改善について

(1) 教科の目標

　理科において育成を目指す資質・能力については，中央教育審議会答申（平成28年12月21日）にて「知識・技能」，「思考力・判断力・表現力等」，「学びに向かう力・人間性等」の3つの柱に沿った整理が行われた。これを受け，教科の目標は次のように示された。

　自然に親しみ，理科の見方・考え方を働かせ，見通しをもって観察，実験を行うことなどを通して，自然の事物・現象についての問題を科学的に解決するために必要な資質・能力を次のとおり育成することを目指す。
(1) 自然の事物・現象についての理解を図り，観察，実験などに関する基本的な技能を身に付けるようにする。
(2) 観察，実験などを行い，問題解決の力を養う。
(3) 自然を愛する心情や主体的に問題解決しようとする態度を養う。

　従前より示し方が変更され，先述の3つの柱に対応して (1) ～ (3) の目標が示された。それぞれ (1) が「知識・技能」，(2) が「思考力・判断力・表現力等」，(3) が「学びに向かう力・人間性等」による。

　また，「理科の見方・考え方」とは，中央教育審議会答申では「自然の事物・現象を，質的・量的な関係や時間的・空間的な関係などの科学的な視点で捉え，比較したり，関係付けたりするなどの科学的に探究する方法を用いて考えること」として示している。

(2) 各学年の目標

〔第3学年〕

(1) 物質・エネルギー

① 物の性質，風とゴムの力の働き，光と音の性質，磁石の性質及び電気の回路についての理解を図り，観察，実験などに関する基本的な技能を身に付けるようにする。

② 物の性質，風とゴムの力の働き，光と音の性質，磁石の性質及び電気の回路について追究する中で，主に差異点や共通点を基に，問題を見いだす力を養う。

③ 物の性質，風とゴムの力の働き，光と音の性質，磁石の性質及び電気の回路について追究する中で，主体的に問題解決しようとする態度を養う。

(2) 生命・地球

① 身の回りの生物，太陽と地面の様子についての理解を図り，観察，実験などに関する基本的な技能を身に付けるようにする。

② 身の回りの生物，太陽と地面の様子について追究する中で，主に差異点や共通点を基に，問題を見いだす力を養う。

③ 身の回りの生物，太陽と地面の様子について追究する中で，生物を愛護する態度や主体的に問題解決しようとする態度を養う。

〔第4学年〕

(1) 物質・エネルギー

① 空気，水及び金属の性質，電流の働きについての理解を図り，観察，実験などに関する基本的な技能を身に付けるようにする。

② 空気，水及び金属の性質，電流の働きについて追究する中で，主に既習の内容や生活経験を基に，根拠のある予想や仮説を発想する力を養う。

③ 空気，水及び金属の性質，電流の働きについて追究する中で，主体的に問題解決しようとする態度を養う。

(2) 生命・地球

① 人の体のつくりと運動，動物の活動や植物の成長と環境との関

わり，雨水の行方と地面の様子，気象現象，月や星についての理解を図り，観察，実験などに関する基本的な技能を身に付けるようにする。

② 人の体のつくりと運動，動物の活動や植物の成長と環境との関わり，雨水の行方と地面の様子，気象現象，月や星について追究する中で，主に既習の内容や生活経験を基に，根拠のある予想や仮説を発想する力を養う。

③ 人の体のつくりと運動，動物の活動や植物の成長と環境との関わり，雨水の行方と地面の様子，気象現象，月や星について追究する中で，生物を愛護する態度や主体的に問題解決しようとする態度を養う。

〔第5学年〕

(1) 物質・エネルギー

① 物の溶け方，振り子の運動，電流がつくる磁力についての理解を図り，観察，実験などに関する基本的な技能を身に付けるようにする。

② 物の溶け方，振り子の運動，電流がつくる磁力について追究する中で，主に予想や仮説を基に，解決の方法を発想する力を養う。

③ 物の溶け方，振り子の運動，電流がつくる磁力について追究する中で，主体的に問題解決しようとする態度を養う。

(2) 生命・地球

① 生命の連続性，流れる水の働き，気象現象の規則性についての理解を図り，観察，実験などに関する基本的な技能を身に付けるようにする。

② 生命の連続性，流れる水の働き，気象現象の規則性について追究する中で，主に予想や仮説を基に，解決の方法を発想する力を養う。

③ 生命の連続性，流れる水の働き，気象現象の規則性について追究する中で，生命を尊重する態度や主体的に問題解決しようとする態度を養う。

〔第6学年〕

(1) 物質・エネルギー

① 燃焼の仕組み，水溶液の性質，てこの規則性及び電気の性質や働きについての理解を図り，観察，実験などに関する基本的な技能を身に付けるようにする。

② 燃焼の仕組み，水溶液の性質，てこの規則性及び電気の性質や働きについて追究する中で，主にそれらの仕組みや性質，規則性及び働きについて，より妥当な考えをつくりだす力を養う。

③ 燃焼の仕組み，水溶液の性質，てこの規則性及び電気の性質や働きについて追究する中で，主体的に問題解決しようとする態度を養う。

(2) 生命・地球

① 生物の体のつくりと働き，生物と環境との関わり，土地のつくりと変化，月の形の見え方と太陽との位置関係についての理解を図り，観察，実験などに関する基本的な技能を身に付けるようにする。

② 生物の体のつくりと働き，生物と環境との関わり，土地のつくりと変化，月の形の見え方と太陽との位置関係について追究する中で，主にそれらの働きや関わり，変化及び関係について，より妥当な考えをつくりだす力を養う。

③ 生物の体のつくりと働き，生物と環境との関わり，土地のつくりと変化，月の形の見え方と太陽との位置関係について追究する中で，生命を尊重する態度や主体的に問題解決しようとする態度を養う。

全学年「(1) 物質・エネルギー」，「(2) 生命・地球」の領域ごとに，3項目の目標が設定された。各学年各領域の①は答申で示された「知識・技能」の内容を，②は「思考力・判断力・表現力等」を，③は「学びに向かう力・人間性等」を反映している。

2 **内容の改善について**

内容について，従前のもの同様「A 物質・エネルギー」，「B 生命・地球」に大別されているが，それぞれの領域の中で新たに〔知識及び技能〕〔思考力・判断力・表現力等〕を反映した指導事項が設定されている。

例題 1 〈学習指導要領〉

小学校学習指導要領（平成29年3月告示）の「理科」について，次の各問いに答えよ。

(1) 小学校学習指導要領理科は，2つの領域で構成されている。この領域として正しいものを次の①〜⑥から2つ選べ。

① 「A 粒子・エネルギー」　　② 「A 物質・エネルギー」

③ 「A 物質・粒子」　　　　　④ 「B 地球・宇宙」

⑤ 「B 生命・宇宙」　　　　　⑥ 「B 生命・地球」

(2) 次の文は，第5学年の目標の一部である。（ ア ）にあてはまる最も適当な言葉を，下の①〜④から1つ選べ。

生命の連続性，流れる水の働き，気象現象の規則性について追究する中で，主に予想や仮説を基に，（ ア ）力を養う。

① 問題を見いだす　　② 妥当な考えをつくりだす

③ 問題を解決する　　④ 解決の方法を発想する

解答 (1) ②・⑥　　(2) ④

解説 (1) 改訂前のものと変わらず，「物質・エネルギー」「生命・地球」で構成されている。　(2) ①は第3学年の，②は第6学年の目標の中で用いられる文言である。

例題 2 〈学習指導要領〉

次の文は，小学校学習指導要領（平成29年3月告示）「理科」に示されている第3学年と第4学年の目標の一部である。あとの各問いに答えよ。

第3学年

②　物の性質，風とゴムの力の働き，光と音の性質，磁石の性質
　及び_a電気の回路について追究する中で，主に（　A　）や
　（　B　）を基に，問題を見いだす力を養う。

第4学年

②　空気，水及び金属の性質，電流の働きについて追究する中で，
　主に（　C　）や（　D　）を基に，根拠のある予想や仮説を
　発想する力を養う。

(1)（　A　）〜（　D　）に当てはまる語句をそれぞれ書け。

(2) 下線部aについて，第6学年で学習する内容は次のどれか，すべて
　選んで記号を書け。

ア．電気を通す物と通さない物があること。

イ．電気は，つくりだしたり蓄えたりすることができること。

ウ．電磁石の強さは，電流の大きさや導線の巻数によって変わること。

エ．乾電池の数やつなぎ方を変えると，電流の大きさや向きが変わること。

オ．電気を通すつなぎ方と通さないつなぎ方があること。

カ．電気は，光，音，熱，運動などに変換することができること。

解答　(1) A　差異点　　B　共通点　　C　既習の内容　　D　生活経験　　(2) イ，カ

解説　(1) 双方とも「物質・エネルギー」に関する目標であり，学年で学習目標がどのように変わるかを学習することは重要である。第3学年では「学習の過程において，自然の事物・現象の差異点や共通点を基に，問題を見いだすといった問題解決の力を育成すること」，第4学年では「学習の過程において，自然の事物・現象から見いだした問題について，既習の内容や生活経験を基に，根拠のある予想や仮説を発想するといった問題解決の力を育成すること」に重点がおかれている。　(2) アは第3学年，ウは第5学年，エは第4学年，オは第3学年で学習する。

226

━━━━ 例題 3 〈学習指導要領〉 ━━━━

　次の文は，小学校学習指導要領（平成29年3月告示）「理科」の「第3
指導計画の作成と内容の取扱い」の一部である。（　①　）～（　⑤　）
にあてはまる語句を下のア～コから1つずつ選び，記号で答えよ。

・理科の学習過程の特質を踏まえ，理科の見方・考え方を働かせ，
　（　①　）をもって観察，実験を行うことなどの，問題を（　②　）
　に解決しようとする学習活動の充実を図ること。
・生物，天気，川，土地などの指導に当たっては，野外に出掛け地域
　の自然に親しむ活動や（　③　）な活動を多く取り入れるとともに，
　生命を尊重し，自然環境の（　④　）に寄与する態度を養うように
　すること。
・観察，実験などの指導に当たっては，事故防止に十分留意すること。
　また，環境整備に十分配慮するとともに，（　⑤　）についても適切
　な措置をとるよう配慮すること。
　ア．保全　　　　イ．自主的　　　ウ．見通し　　　エ．使用薬品
　オ．目的意識　　カ．体験的　　　キ．実験器具　　ク．保護
　ケ．整備　　　　コ．科学的

|解答| ①　ウ　　②　コ　　③　カ　　④　ア　　⑤　エ
|解説| 空欄を補充する問題は頻出である。本問のように語群が設けら
　　　れていても，文脈のみでは解答を絞りきれない場合が多いので，
　　　熟読し理解を深めておきたい。

━━━━ 例題 4 〈学習指導要領〉 ━━━━

　次の（1）～（4）は，小学校学習指導要領（平成29年3月告示）解説
理科編において，理科の観察，実験の指導等について留意すべき点を述
べたものである。下線部が正しければ○を，誤っていれば正しい語句を
答えよ。
　（1）磁石の性質の学習において扱う対象としては，児童が扱いやすい

棒磁石やU字型磁石などが考えられる。

(2) 人の体のつくりと運動の学習において扱う対象としては，骨や臓器の存在を調べる際には，自分の体を中心に扱うようにし，他の動物としては，骨や臓器の働きが調べられる身近で安全な哺乳類，例えば，学校飼育動物の観察などが考えられる。

(3) 空気と水の性質の学習において扱う対象としては，閉じ込めた空気と水を使用する。その際，空気を閉じ込めても圧し縮めることが容易にできる物や，温度の変化を容易に捉えることができる物を使用することが考えられる。

(4) 天気の変化の学習において，雲を野外で観察する際には，気象情報に注意するとともに，太陽を直接見ないように指導し，事故防止に配慮するように指導する。

解答 (1) ○　　(2) 筋肉　　(3) 体積　　(4) ○

解説 (2) 第4学年の「B　生命・地球　(1) 人の体のつくりと運動」では，児童が，骨や筋肉のつくりと働きに着目し，それらを関係付けて，人や他の動物の体のつくりと運動との関わりを調べる活動を通して，それらについての理解を図り，観察，実験などに関する技能を身に付け，既習の内容や生活経験を基に，根拠のある予想や仮説を発想する力や主体的に問題解決しようとする態度などを育成することがねらいである。　(3) 第4学年の「A　物質・エネルギー　(1) 空気と水の性質」では，空気を閉じ込めても圧し縮めることが容易にできる物として，日常生活との関連でボールやタイヤなど空気の性質を利用した物を使うことなども示されている。

 ●小学校学習指導要領 (平成 29 年 3 月告示)

第 5 章

音楽科

音楽科　音符と休符

ポイント

　学習指導要領では，音符，休符，記号や用語の取扱いについて示している。指導に当たっては，単にその名称やその意味を知ることだけではなく，表現及び鑑賞の様々な学習活動の中で，音楽における働きと関わらせて，実感を伴ってその意味を理解できるようにするとともに，表現及び鑑賞の各活動の中で，活用できるように配慮することが大切である。

　これらについては，特に配当学年は示されていないが，取り扱う教材，内容との関連で必要と考えられる時点で，その都度繰り返し指導していくようにし，6年間を見通した指導計画に沿って学習を進める中で，音楽活動を通して徐々に実感を伴って理解し，活用できる知識として身に付けていくようにすることが大切である。

例題 1 〈音符と休符〉

　次の音符，休符の名称を記せ。

(1) ♩　(2) ♪　(3) ♩.　(4) 𝅝　(5) 𝄿　(6) ▬

(7) ▬　(8) 𝄾

解答　(1) 4分音符　(2) 8分音符　(3) 付点4分音符
(4) 全音符　(5) 16分休符　(6) 2分休符　(7) 全休符
(8) 4分休符

解説　これは音符，休符の基本である。名称とともに，各々の長さの比較も把握しておきたい。なお，▬と▬はまちがえやすいので注意すること。▬は2分休符で2拍休みだが，▬は全休符であり，1小節全部（3拍子ならば3拍，4拍子ならば4拍）休みということである。

例題 2 〈音符と休符〉

次の（1）（2）の意味を記せ。

（1） 　　　（2）　♩= 96

解答 （1）♩を3等分したもの。　（2）♩を1分間に96回打つ速さで演奏すること。

解説 （1）は3連符である。音楽に変化をもたせるために，本来ならば2等分しなければならない音を3等分した音符。　（2）はAllegro（速く）やAdagio（ゆるやかに）などの記号と同じで，♩=96はModeratoと同じ位の速さである。

例題 3 〈音符と休符〉

次の音符は，$\frac{4}{4}$ のとき，$\frac{6}{8}$ のとき，それぞれ何拍子か。

♩　♩.　♩.　♪

解答 $\frac{4}{4}$…♩(1拍), ♩.(3拍), ♩.(1拍半), ♪(半拍)

$\frac{6}{8}$…♩(2拍), ♩.(6拍), ♩.(3拍), ♪(1拍)

解説 $\frac{4}{4}$ のときには♩がそれぞれの音符の中に何拍入っているか，$\frac{6}{8}$ のときには♪が何拍入っているのかを考えればよい。

例題 4 〈音符と休符〉

♩=60と同じ速さの速度記号はどれか。適切な記号を選び番号で答えよ。

　①　♪=30　　②　♩.=90　　③　♪=120　　④　♩=120

解答 ③

解説 1分間に「4分音符60拍」分の速さは，「8分音符120拍」分の速さに等しい。

音楽科 リズム

ポイント

　低学年の児童は，教師や友達の演奏を聴いてまねるなど模奏を楽しむ傾向が見られる。一方，リズムが不確かだったり，一定の速度が保てなかったりする傾向も見られる。このような児童の実態を踏まえ，様々な音楽活動の基盤となる聴奏の技能を十分に育てる必要がある。また，視奏の基礎となる力を養うために，リズム譜を見ながら，リズム唱をしたり体や楽器によるリズム打ちをしたりするなどして，リズムに対する感覚を十分に身に付けるようにすることが重要である。

例題 1 〈リズム〉

　次の2つの身体表現のリズムについて適当なものを下から選べ。
　(1) かけ足　　(2) スキップ

解 答　(1) (b)　　(2) (c)

解 説　リズム，メロディー，ハーモニーを音楽の3要素という。リズムを指導する。(a) と (c) は音符の長短を理解していないとまちがえやすいので注意する。

例題 2 〈リズム〉

　次のリズムの基本形を書け。
　(1) $\frac{2}{4}$　　(2) $\frac{3}{4}$　　(3) $\frac{4}{4}$　　(4) $\frac{6}{8}$　　(5) $\frac{2}{2}$

解 説　1小節の中の8分音符，4分音符，2分音符の数を考えればよい。

例題 3 〈リズム〉

次の楽譜を見て問いに答えよ。

① 曲名は次のどれか。
　（イ）春の小川　　（ロ）めだかの学校　　（ハ）かっこうワルツ
　（ニ）七つの子　　（ホ）赤とんぼ
② 何拍子か。
③ 弱起か強起か。
④ 伴奏は次のどのリズムが合うか。

解 答　① （ハ）　　② $\frac{3}{4}$拍子　　③ 弱起　　④ （1）

解 説　簡単な曲は読譜できるようにしておきたい。また，小節の第1拍
　　　　から始まらない弱起の曲は，拍子や伴奏に気をつけること。

例題 4 〈リズム〉

　4分の4拍子のリズムを4小節創作せよ。ただし，1小節内に2種類以上の
音符または休符を用い，いずれの小節も異なるリズムにすること。

解 答　（例）

解 説　4分の4拍子と指定されているので，1小節に4分音符4個分のリズ
　　　　ムを入れること。一通り音符を書き込んでから，それぞれの小
　　　　節ごとに，音符の長さを確認すること。全音符，4分音符，8分
　　　　音符の他，付点がついた音符も使うとよい。

233

音楽科 記号

ポイント

　記号であるが，毎年相当多くの出題がある。多くはごく一般的な記号である。ただ，記号には発想標語のほかに強弱，速度を示すもの，あるいはそれらが総合されたもの，すなわちアーティキュレーション（発音法ともいう），デュナーミク（強弱法），アゴーギク（速度法）など，多様な記号があり，省略記号および略記号についてもしっかり整理しておくべきであろう。なお，それらの標語や記号の読み方と意味は記述できるようにしておく必要がある。

―――――― 例題 1 〈記号〉 ――――――

　次に示す速度記号のグループで，左から遅い順に並んでいるものはどれか。ア～オから1つ選べ。

　ア．Allegro　　　Andante　　　Andantino　　Adagio　　　Moderato
　イ．Andante　　　Andantino　　Adagio　　　Moderato　　Allegro
　ウ．Adagio　　　Andante　　　Moderato　　Allegretto　　Allegro
　エ．Andantino　　Moderato　　Adagio　　　Allegro　　　Andante
　オ．Allegretto　　Allegro　　　Adagio　　　Moderato　　Andante

解答　ウ

―――――― 例題 2 〈記号〉 ――――――

　次の文の（　　）に適することばや記号を記せ。
　(1) 「ごく弱く」という記号は（　　）である。
　(2) Fineはフィーネと読み，（　　）を示す記号である。
　(3) 各声部を一人ずつで歌いあわせる演奏の形態を（　　）という。
　(4) ♯と♭によって変化した音をもとの音にもどすには，（　　）の記

号を使う。

解答　(1) **pp**　　(2) 終わり　　(3) 重唱　　(4) ♮

━━━━━━━━━━ 例題 3 〈記号〉 ━━━━━━━━━━

次の（ア）〜（エ）はそれぞれどちらの速度が速いか。

（ア）$\begin{cases} ♩=128 \\ ♩=168 \end{cases}$　　（イ）$\begin{cases} \text{Moderato} \\ \text{Allegro} \end{cases}$　　（ウ）$\begin{cases} \text{Allegretto} \\ \text{Adagio} \end{cases}$

（エ）$\begin{cases} \text{Andante} \\ \text{Largo} \end{cases}$

解答　（ア）♩=168　　（イ）Allegro　　（ウ）Allegretto
　　　（エ）Andante

━━━━━━━━━━ 例題 4 〈記号〉 ━━━━━━━━━━

次の (1) 〜 (3) の文中の（　①　）〜（　⑤　）にあてはまる語句を，下のア〜シから1つずつ選び，記号で答えよ。
(1) アレグロは，レントより（　①　）速度記号である。
(2) レガートの意味は（　②　），マルカートの意味は（　③　）である。
(3) 音の強さを示す用語のうち，cresc.の意味は（　④　），decresc.の意味は（　⑤　）である。

ア．少し弱く　　イ．弱く　　　　ウ．非常に強く
エ．強く　　　　オ．だんだん強く　カ．音を短く切って
キ．なめらかに　ク．一つ一つの音をはっきりと
ケ．おそい　　　コ．優しく　　　　サ．はやい
シ．だんだん弱く

解答　①　サ　　②　キ　　③　ク　　④　オ　　⑤　シ

音楽科　音階

ポイント

　調号は♯の場合，調号がないとハ長調，♯1つだとト長調，2つだとニ長調と，♯が1つ増えるごとに，完全5度上（完全4度下）の調となる。♭の場合は調号が1つだと，ハ長調の完全5度下のヘ長調，2つだと変ロ長調と，♭が1つ増えるごとに完全5度下（完全4度上）の調となる。長調・短調は，それぞれの和音の第3音に「長3度」をもつか，「短3度」をもつかによって決定する。また，短調の場合は，その主音の短3度上の長調と同じ記号である。（平行調）

○日本陽旋法……日本の民謡の中でも，古くから素朴な農民たちに歌いつがれてきたものに多い。

（例）ひらいたひらいた　子もり歌　木曽節等

○日本陰旋法……江戸時代の三味線や箏の曲に，多く用いられている。

（例）うさぎ　さくらさくら　通りゃんせ等

例題1〈音階〉

次の音階は何調か。

| 解答 | （1）ト長調　　（2）変ロ長調 |

━━━━━━━━ 例題2 〈音階〉 ━━━━━━━━

次の音階を全音符で記せ。
イ. ヘ長調　　ロ. ニ短調

| 解答 |

━━━━━━━━ 例題3 〈音階〉 ━━━━━━━━

次の①～③の曲は下のア～エのどれか。
①　きらきら星　　②　さくらさくら　　③　春の小川
　ア. 長調　　イ. 短調　　ウ. 日本旋法（陽）　　エ. 日本旋法（陰）

| 解答 |　①　ア　　②　エ　　③　ア

━━━━━━━━ 例題4 〈音階〉 ━━━━━━━━

次の楽譜の下の（　　）に移動ド唱法による階名を書け。

（　）（　）（　）　（　）（　）（　）（　）　（　）（　）（　）（　）　（　）（　）（　）

| 解答 |

（ソ）（ド）（レ）（ミ）　（ミ）（ミ）（ミ）（ミ）　（ソ）（ソ）（ソ）（ミ）　（レ）（ド）（レ）

| 解説 |　♯が1個の長調は，ト長調。主音であるトを「ド」と読む。

237

音楽科　移調

ポイント

　移調とは，曲の各音の相対的な音程関係は変えずに，別の調に移すことである。目的としては，各人の声域にあわせるためである。方法としては，まず，♯，♭などの記号に関係なく移動させる。次に元の曲の調号や臨時記号と移動させる調の記号をてらしあわせ，半音上げる，下げる，もどすを♯，♭，♮を使って調節する。

───────────── 例題 1 〈移調〉 ─────────────

次の楽譜をヘ長調に移調せよ。

解答

───────────── 例題 2 〈移調〉 ─────────────

次の音程はア〜エのどれか。

ア．長2度　　イ．短2度　　ウ．増4度　　エ．完全4度

解答　(1) ア　　(2) イ　　(3) エ　　(4) ウ

解説　音程を計る単位を度といい，それに冠せられる完全，増，長，短などのことばによってあらわされる。

　　1. 完全1度・5度・8度……協和がよすぎて各声部の独立性がうすくなってしまうので使われることが少ない。

2. 完全4度……不協和音程として取り扱われるのであまり使われない。

3. 3度・6度……長・短ともに充実した響きをもっていて，声部の動きが明確になるために，よく使用される。

4. 2度・7度及びすべての増・減……不協和なので独立しては使用されない。

例題 3 〈移調〉

次の楽譜は，第6学年の共通教材である「われは海の子」の楽譜である。この楽譜の1・2小節の階名を，移動ドによって書け。

解答 ドーソソ｜ドシドレ｜

解説 この楽譜はニ長調であり，「移動ド」では音名のニをドと呼ぶ。ハ長調に移調すると次の楽譜になる。

239

音楽科　楽器

ポイント

　表現の中の楽器の領域に関する出題量は，歌唱・創作・鑑賞と比べると少ない。出題の傾向としては，楽器の音域や最低音のこと，弦楽器の調弦のこと，楽器の奏法や編曲に関して等があげられる。また吹奏楽器の記譜の問題やギターのコードの問題も出題される。対策として，リコーダーの場合は，ソプラノ，アルト，テナー，バスの記譜と実音の関係をつかんでおくこと。リコーダーの奏法について基礎的な事項をまとめておくことや，教科書の中でどのような扱い方をしているかをみておくとよい。また教科書の中で扱う他の教育楽器についても解説等を読んで，奏法の基礎は知っておかなければならない。

　さらに，楽器の特性や楽器固有の音の特徴などを，和楽器やラテン楽器，民族楽器，電子楽器などにも広げて知っておきたい。このことは，楽器指導が豊かに展開できることにつながるのである。小学校の楽器教材には歌唱教材が多いが，学年の学習内容に応じて，歌唱教材を楽器教材に編曲したり，楽器選択の活動の折に，表現したいイメージに合う音楽的な助言を与えることができるようにしたい。

例題 1 〈楽器〉

　次に示す楽器のグループ分けのうち，正しくないものが含まれているものはどれか。ア～オから1つ選び，記号で答えよ。

　ア．金管楽器　[トランペット，ホルン，トロンボーン，チューバ]

　イ．木管楽器　[クラリネット，フルート，ピッコロ，オーボエ]

　ウ．打楽器　　[マリンバ，ティンパニ，カスタネット，コンガ]

　エ．弦楽器　　[ヴィオラ，マンドリン，コントラバス，チェロ]

　オ．金管楽器　[コルネット，サクソフォーン，ユーフォニアム，トランペット]

解答 オ

解説 サクソフォーンは，木管楽器。見た目が金管楽器のような色をしているが，リードを使って演奏することから木管楽器に分類される。

例題2〈楽器〉

次の(1)〜(3)の楽器名を下のア〜カからそれぞれ1つ選び，記号で答えよ。

(1)　　　　　(2)　　　　　(3)

ア．締太鼓　イ．鉦鼓　ウ．篳篥　エ．篠笛
オ．大太鼓　カ．鉦

解答 (1) エ　(2) ア　(3) カ

解説 (1)〜(3)ともに民俗芸能の獅子舞や里神楽あるいは歌舞伎囃子などに用いられる楽器である。

例題3〈楽器〉

楽器指導において，オルガンの重視されている理由を答えよ。

解答 オルガンは旋律楽器として，また，音楽学習の基礎となる教具的性格をもった楽器として有効であるから。

解説 音楽の3要素としての旋律，リズム，和音を理解しやすく，変化させやすいものとして，鍵盤楽器があげられる。鍵盤楽器の中でも，オルガンが一番操作しやすいだろう。

音楽科 リコーダーとオルガン

ポイント

リコーダーは第3学年から指導することになっている。3年の児童に指導上注意したいことは運指と吹奏法であり，これに関する出題が多い。

オルガンでは の3つが同じであるということを理解していればよい。

――― 例題1 〈リコーダーとオルガン〉 ―――

次の（1）〜（3）の音は，リコーダーのどこを押さえればよいか，押さえる箇所の番号を記せ。

解答 （1）1・2・4・5　　（2）1・2・3・5・6・7　　（3）3

――― 例題2 〈リコーダーとオルガン〉 ―――

次の曲をオルガン，ピアノで演奏する場合ア〜エは下記の鍵盤のどの記号にあたるか。

解答 ア ①　　イ ㉜　　ウ ⑧　　エ ㉕

━━━━━ 例題 3 〈リコーダーとオルガン〉 ━━━━━

リコーダーの指導で正しいものを3つ選べ。
ア．歌口は上唇がふれる程度に軽く口にあてる。
イ．歌口は歯でかむようにしておちないように口にあてる。
ウ．トゥトゥと発音するような感じで息を吹き込む。
エ．息は力強くふき込む。
オ．穴は指のはらでぴったりふさぐ。

| 解 答 | ア・ウ・オ |

━━━━━ 例題 4 〈リコーダーとオルガン〉 ━━━━━

　次の楽譜は共通教材「ふじ山」の一部である。これをト長調に移調して，ソプラノリコーダーで演奏したとき，左手の運指だけで演奏できる小節数は何小節あるか。下のア～オから1つ選べ。

※黒くぬりつぶした4つの穴のみを使う

ア．全くない　　イ．1小節　　ウ．2小節　　エ．3小節
オ．4小節

| 解 答 | エ |
| 解 説 | ト長調に移調するので，すべての音が完全5度高くなる。1小節目は，高いミを演奏する際指定された穴以外もふさぐ。|

音楽科 作曲者

ポイント

　作曲者を問う出題は，小学校の共通教材だけでなく，広く一般的な曲まで問われることがあるので，有名な曲は作曲者名と作曲者の生国を知っておきたい。また，出題形式として，譜面から作曲者名を問うものもある。共通教材の譜面のテーマや旋律の流れなどは見てわかるようにしておくこと。

━━━━━━━━━━ 例題 1 〈作曲者〉 ━━━━━━━━━━

　次の (1) ～ (5) の作曲家の作品を下のア～オからそれぞれ1つずつ選び，記号で記入せよ。
　(1) 滝廉太郎　　(2) 山田耕筰　　(3) ベートーヴェン
　(4) ラヴェル　　(5) ビゼー
　　ア．エリーゼのために　　イ．赤とんぼ　　ウ．アルルの女
　　エ．荒城の月　　　　　　オ．ボレロ

解答 (1) エ　　(2) イ　　(3) ア　　(4) オ　　(5) ウ

━━━━━━━━━━ 例題 2 〈作曲者〉 ━━━━━━━━━━

　次のア～オの作曲家について，下の問いに答えよ。
　ア．シューベルト　　イ．バッハ　　ウ．ベートーヴェン
　エ．ドボルザーク　　オ．ホルスト
　(1) 音楽史上，年代の古い順に，記号で並び替えよ。
　(2) 「歌曲の王」と呼ばれるのは誰か，記号で答えよ。
　(3) 次のA・Bは誰の作品か，記号で答えよ。
　　A　交響曲第9番「新世界より」　　B　組曲「惑星」

解答 (1) イ・ウ・ア・エ・オ　　(2) ア　　(3) A エ　　B オ

音楽科 音楽史

ポイント

　音楽史の学習においては，幅広く音楽作品を聴き，我が国及び諸外国の音楽にも触れる必要がある。教科書などを利用して，作品やその指導のねらいにも目を通すことが必要である。

　鑑賞活動はすべての音楽活動の底流としてある。鑑賞することで表現の楽しさが生まれ，表現したいことを鑑賞することで，表現のイメージは豊かに膨らむ。いわば鑑賞と表現は表裏一体のものである。時代や地域を幅広く取り扱って鑑賞することで，美しさや音楽表現の多様さを理解でき，我が国の伝統的な音楽にも興味が湧き，豊かな感性を培うことができるのである。

　音楽の流れを知るには，実際に音楽の時代的な流れに沿って，音楽作品を聴くことである。聴き方には，行進曲，舞曲，劇音楽，管弦楽，室内楽，歌曲などの演奏形態から，作曲家の作品や表現媒体から，時代を代表する音楽作品の流れからなど，さまざま考えられる。音楽の歴史を知ることは，広くは人間と音楽の関わりを知ることである。知識だけに終わらず音楽がわれわれに与える楽しさ・美しさの多様性を心から感じ取れるように学習を進めたい。

例題 1 〈音楽史〉

　次の作曲者を古い順にならべよ。
　(1) ① ショパン　　② バッハ　　③ ベートーヴェン
　(2) ① サン＝サーンス　　② モーツァルト　　③ シューベルト

| 解答 | (1) ②，③，①　　(2) ②，③，① |
| 解説 | ○バロック音楽…バッハ，ヘンデル
○古典派…ベートーヴェン，ハイドン，モーツァルト
○前期ロマン派…シューベルト，メンデルスゾーン，ショパン |

○標題楽派（新ロマン派）…ベルリオーズ，リスト，ワーグナー
○後期ロマン派…サン＝サーンス，ブルックナー，R. シュトラ
　　　　　　　ウス，ブラームス，チャイコフスキー
○国民楽派…ムソルグスキー，ドボルザーク
○近代…ドビュッシー，ストラビンスキー，シェーンベルク

例題 2 〈音楽史〉

次の楽器の中で雅楽に用いるものはどれか。記号で答えよ。
（ア）三味線　　（イ）ひちりき　　（ウ）尺八　　（エ）びわ
（オ）琴　　　　（カ）箏（そう）　（キ）笙（しょう）　（ク）鼓（つづみ）

解答　（イ），（エ），（カ），（キ）

解説　雅楽は日本に中世より伝わる音楽の一つで，平安時代に宮中な
どで身分の高い人たちがおこなった音楽である。これは左方（さほう）と
いわれる唐楽（中国・インドから入ったもの）と右方（うほう）といわれ
る高麗楽（こまがく）（朝鮮・満州方面から入ったもの）とが，平安時代に
日本的なものに完成し，その中のあるものが今も伝えられてい
るのである。

例題 3 〈音楽史〉

次の語句の説明で正しいものに○，間違っているものに×をつけよ。
(1) ガボット ………フランスに生じた $\frac{3}{2}$ 拍子の曲。
(2) ワルツ …………オーストリアの貴族から生まれた $\frac{3}{4}$ 拍子の曲。
(3) メヌエット ……3拍子のフランスの舞曲。
(4) ギャロップ ……2拍子または4拍子の軽快な曲でフランスに発生。
(5) ポルカ …………2拍子の軽快な曲で，ボヘミアに発生した。

解答　(1) ×（2拍子または4拍子の曲）　　(2) ×（ドイツの農民）
(3) ○　　(4) ○　　(5) ○

例題 4 〈音楽史〉

次の曲の作曲者を，下のa～iから1つずつ選び，記号で答えよ。

ア．六段の調　　イ．赤とんぼ　　ウ．荒城の月

エ．浜辺の歌　　オ．夏の思い出

 a.　山田耕筰　　b.　吉沢検校　　c.　中田喜直　　d.　滝廉太郎

 e.　岡野貞一　　f.　團伊玖磨　　g.　八橋検校　　h.　宮城道雄

 i.　成田為三

解答　ア　g　イ　a　ウ　d　エ　i　オ　c

解説　八橋検校は箏の基礎を作り上げた人物。「六段の調」も段物と呼ばれる箏曲である。中田喜直は作曲家。代表曲として「ちいさい秋みつけた」「めだかの学校」「夏の思い出」がある。

例題 5 〈音楽史〉

伝統音楽の改良や新しい楽器の発明に力を入れ，十七弦などを製作するとともに，「春の海」や「水の変態」等を作曲した，日本の箏曲家名を答えよ。

解答　宮城道雄

音楽科 学習指導要領

ポイント

━━━ 平成29年改訂の要点 ━━━

① 目標の改善について

(1) 教科の目標

　音楽科において育成を目指す資質・能力については，中央教育審議会答申（平成28年12月21日）にて「知識・技能」，「思考力・判断力・表現力等」，「学びに向かう力・人間性等」の3つの柱に沿った整理が行われた。これを受け，教科の目標は次のように示された。

> 　表現及び鑑賞の活動を通して，音楽的な見方・考え方を働かせ，生活や社会の中の音や音楽と豊かに関わる資質・能力を次のとおり育成することを目指す。
> (1) 曲想と音楽の構造などとの関わりについて理解するとともに，表したい音楽表現をするために必要な技能を身に付けるようにする。
> (2) 音楽表現を工夫することや，音楽を味わって聴くことができるようにする。
> (3) 音楽活動の楽しさを体験することを通して，音楽を愛好する心情と音楽に対する感性を育むとともに，音楽に親しむ態度を養い，豊かな情操を培う。

　従前より示し方が変更され，先述の3つの柱に対応して(1)〜(3)の目標が示された。それぞれ(1)が「知識・技能」，(2)が「思考力・判断力・表現力等」，(3)が「学びに向かう力・人間性等」による。

　また，「音楽的な見方・考え方」とは，同答申では「音楽に対する感性を働かせ，音や音楽を，音楽を形づくっている要素とその働きの視点で捉え，自己のイメージや感情，生活や文化などと関連付けること。」として示している。

(2) 各学年の目標

〔第1学年及び第2学年〕

(1) 曲想と音楽の構造などとの関わりについて気付くとともに，音楽表現を楽しむために必要な歌唱，器楽，音楽づくりの技能を身に付けるようにする。

(2) 音楽表現を考えて表現に対する思いをもつことや，曲や演奏の楽しさを見いだしながら音楽を味わって聴くことができるようにする。

(3) 楽しく音楽に関わり，協働して音楽活動をする楽しさを感じながら，身の回りの様々な音楽に親しむとともに，音楽経験を生かして生活を明るく潤いのあるものにしようとする態度を養う。

〔第3学年及び第4学年〕

(1) 曲想と音楽の構造などとの関わりについて気付くとともに，表したい音楽表現をするために必要な歌唱，器楽，音楽づくりの技能を身に付けるようにする。

(2) 音楽表現を考えて表現に対する思いや意図をもつことや，曲や演奏のよさなどを見いだしながら音楽を味わって聴くことができるようにする。

(3) 進んで音楽に関わり，協働して音楽活動をする楽しさを感じながら，様々な音楽に親しむとともに，音楽経験を生かして生活を明るく潤いのあるものにしようとする態度を養う。

〔第5学年及び第6学年〕

(1) 曲想と音楽の構造などとの関わりについて理解するとともに，表したい音楽表現をするために必要な歌唱，器楽，音楽づくりの技能を身に付けるようにする。

(2) 音楽表現を考えて表現に対する思いや意図をもつことや，曲や演奏のよさなどを見いだしながら音楽を味わって聴くことができるようにする。

(3) 主体的に音楽に関わり，協働して音楽活動をする楽しさを味わいながら，様々な音楽に親しむとともに，音楽経験を生かして生活を明るく潤いのあるものにしようとする態度を養う。

(1) は全学年共通で，答申で示された「知識・技能」の内容を反映している。同様に，各学年の (2) は「思考力・判断力・表現力等」の，(3) は「学びに向かう力・人間性等」の内容を反映している。

② 内容の改善について
　内容の構成については，従前のものと同様「A　表現」(1) 歌唱 (2) 器楽 (3) 音楽づくり，「B　鑑賞」(1) 鑑賞の活動の2領域4項目及び〔共通事項〕が設けられている。詳細な指導事項については，答申で示された「知識・技能」「思考力・判断力・表現力等」「学びに向かう力・人間性等」の柱に沿って整理されているので確認すること。なお，歌唱共通教材については，従前のものと曲目・指導する学年ともに変更はない。

例題 1 〈学習指導要領〉

小学校学習指導要領 (平成29年3月告示)「音楽」について，次の (1) ～ (3) に答えよ。
(1) 次の文は「2　内容」の「B　鑑賞」における〔共通事項〕の一部である。(ア)，(イ) に当てはまる言葉を書け。
　・(ア) を聴き取り，それらの (イ) が生み出すよさや面白さ，美しさを感じ取りながら，聴き取ったことと感じ取ったこととの関わりについて考えること。
(2) 表現領域において指導する分野は3分野ある。歌唱以外の2分野を記せ。
(3) 歌唱共通教材について，第1学年から第4学年においては，各学年で示された4曲をすべて扱う。第1学年の歌唱共通教材から1曲を選んで，曲名で記せ。

解答 (1) ア　音楽を形づくっている要素　　イ　働き　　(2) 器楽，音楽づくり　　(3)「うみ」「かたつむり」「日のまる」「ひらいたひらいた」から1つ

解説 (1)「音楽を形づくっている要素」については，児童の発達の段

階や指導のねらいに応じて，音色やリズムなどの音楽を特徴づけている要素，反復や変化など音楽の仕組みに関する要素から適切に選択し関連づけて指導することが，「第3　指導計画の作成と内容の取扱い」に示されている。　(2)「A　表現」は「(1)歌唱の活動を通して，次の事項を指導する。」「(2)器楽の活動を通して，次の事項を指導する。」「(3)音楽づくりの活動を通して，次の事項を指導する。」からなっている。　(3)共通教材6学年分24曲は，曲名といっしょに作曲者，作詞者，歌詞，楽譜を覚える。歌詞・人名は漢字についても正確に把握されたい。「うみ」は，林柳波作詞　井上武士作曲,「日のまる」は高野辰之作詞　岡野貞一作曲である。

例題2〈学習指導要領〉

　次の文は，小学校学習指導要領（平成29年3月告示）「音楽」の「第3指導計画の作成と内容の取扱い」について述べたものである。文中の（　①　）～（　⑤　）にあてはまる語句を下のア～シから1つずつ選び，記号で答えよ。
・第5学年及び第6学年で取り上げる（　①　）は，既習の楽器を含めて，電子楽器,（　②　），諸外国に伝わる楽器などの中から児童や学校の実態を考慮して選択すること。
・表現したり鑑賞したりする多くの曲について，それらを創作した（　③　）がいることに気付き，学習した曲や自分たちのつくった曲を大切にする態度を養うようにするとともに，それらの（　③　）の（　④　）を尊重する意識をもてるようにすること。また，このことが,（　⑤　）の継承，発展，創造を支えていることについて理解する素地となるよう配慮すること。

　ア．音楽文化　　　イ．鍵盤楽器　　　ウ．著作者
　エ．和楽器　　　　オ．旋律楽器　　　カ．作曲者
　キ．楽曲　　　　　ク．著作権　　　　ケ．独創性
　コ．創造性　　　　サ．リコーダー　　シ．知的財産権

解答 ① オ ② エ ③ ウ ④ コ ⑤ ア

解説 ①の旋律楽器は，第1学年及び第2学年ではオルガンや鍵盤ハーモニカ，第3学年及び第4学年では既習の楽器を含めたリコーダーや鍵盤楽器を取り上げることとしている。③〜⑤は中学校以降で指導する，知的財産権に関する内容の下地になる内容である。

例題 3 〈学習指導要領〉

　次の文は，小学校学習指導要領（平成29年3月告示）における「音楽」の「各学年の目標及び内容」のうち，「表現」に関して身に付けさせる指導事項の一部である。①〜⑤にあてはまる語句を下のa〜jから1つずつ選び，記号で答えよ。

〔第1学年及び第2学年〕
　・（　①　）を通して，音楽づくりの発想を得ること。
　・どのように音を音楽にしていくかについて（　②　）をもつこと。

〔第3学年及び第4学年〕
　・範唱を聴いたり，（　③　）の楽譜を見たりして歌う技能を身に付けること。
　・呼吸及び発音の仕方に気を付けて，自然で（　④　）歌い方で歌う技能を身に付けること。

〔第5学年及び第6学年〕
　・各声部の楽器の音や（　⑤　），伴奏を聴いて，音を合わせて演奏する技能を身に付けること。

　a　リズム遊び　　　b　音遊び　　　c　ハ長調
　d　副次的な旋律　　e　全体の響き　f　イ短調
　g　思い　　　　　　h　無理のない　i　考え
　j　曲に合った

解答 ① b ② g ③ c ④ h ⑤ e

解説 音楽の学習内容は「表現」「鑑賞」の2つに分かれており，学年の目標や内容については3つ（低学年，中学年，高学年）に分か

れている。発達段階ごとの文言を整理し，文言が共通している箇所・異なる箇所について正確に把握したい。

===== 例題 4 〈学習指導要領〉 =====

　次の文は，小学校新学習指導要領「音楽」に示された「第1学年及び第2学年」の内容の一部である。文中の各空欄に適する語句を答えよ。

A　表現

(1)　歌唱の活動を通して，次の事項を身に付けることができるよう指導する。

　ア　歌唱表現についての知識や技能を得たり生かしたりしながら，（　①　）を感じ取って表現を工夫し，どのように歌うかについて思いをもつこと。

　イ　（　①　）と音楽の構造との関わり，（　①　）と歌詞の表す情景や（　②　）との関わりについて気付くこと。

　ウ　（　③　）に合った表現をするために必要な次の（ｱ）から（ｳ）までの技能を身に付けること。

　　(ｱ)（　④　）を聴いて歌ったり，（　⑤　）で模唱したり暗唱したりする技能

　　(ｲ)　自分の歌声及び（　⑥　）に気を付けて歌う技能

　　(ｳ)　互いの歌声や伴奏を聴いて，声を合わせて歌う技能

解答　①　曲想　　②　気持ち　　③　思い　　④　範唱　　⑤　階名　　⑥　発音

解説　歌唱の活動の中で，歌う喜びを味わい，歌うことを通して音楽の楽しさに触れるとともに，遊びながら歌う活動や自然な体の動きを伴った活動などを効果的に取り入れるなどして，歌うことが更に好きになるように指導することが大切である。

●小学校学習指導要領 (平成 29 年 3 月告示)

第 6 章

図画工作科

図画工作科 色彩

ポイント

　彩度・明度・色相をまとめて**色の三要素**と言い，これは明度を中心に縦に，色相をそのまわりに環状に，彩度段階を中心軸より放射状に配列した色立体を構成している。また前にあげた色相で，12の代表的色相は平面に独自に環状に配列され，これを12色 環図と呼ぶ。（右図参照）これは，配色のとき必ず用いるものだから，赤から順に時計の針の方向に暗記しておくこと。色相の遠い，近い，あるいは色相が似ている，似ていないなどという場合は，この色環図をもとにして言っているのである。

　なお以上の色の三要素を簡単に図で表わすと，以下のようになる。理解の参考までにのせておく。

　純色とはその色相中において最も彩度の高い純粋の色をさす。（純色に水を入れたり，白または黒をまぜると，彩度は低くなる）

　清色には純色に白をまぜた明清色と純色に黒をまぜた**暗清色**とがある。清色は清く澄んで，さわやかな感じの色である。

　濁色とは濁った感じの色をいう。純色に灰色をまぜた色，清色に灰色をまぜた色がそれである。

　さて，以上色彩について説明したわけだが，人の見分けることができる色数は800万といわれ，無数にあるといってよい。これは大別すると**無彩色**と**有彩色**に分かれ，それぞれの色は色立体の中に分類されている。12色環中の色をまぜてできる色で，反対側にある色相どうしをまぜたものは，無彩色になる。この色相距離（差）の最も遠いところの色どうしを**補色**という。

━━━━━━━━━━ 例題 1 〈色彩〉 ━━━━━━━━━━

　次の文中の［　　］の中から，それぞれ適当なものを選び記号で答えよ。

　　絵の具をまぜる時，たくさんの色をまぜるほど，(1) 彩度は［(イ) 低く　(ロ) 高く］なり，(2) 明度は［(イ) 低く　(ロ) 高く］なり，(3) 色相は［(イ) はっきりと　(ロ) あいまいに］なる。

解答　(1)（イ）　　(2)（イ）　　(3)（ロ）

━━━━━━━━━━ 例題 2 〈色彩〉 ━━━━━━━━━━

　次の空欄（　ア　）〜（　エ　）にあてはまる適切な語句を①〜⑦から選び，番号で答えよ。
(1) 色のあざやかさの度合いを彩度という。同じ色相の色では，色みの強さの度合いという見方でとらえられる。各色相の中でもっとも彩度の高い色を（　ア　）という。
(2) 色相環で向かい合った位置にある正反対な色相を互いに（　イ　）という。
(3) 色の寒暖の感じは，色相と関係が深い。寒い暖かいの感じでそれぞれ寒色，暖色といい，どちらの感じとも言えない緑や紫などは（　ウ　）という。
(4) 混色して他の色が作り出せるもとの3色を三原色という。三原色は絵の具や印刷インクなどの色料と色光の場合とで異なるが，どちらも三つの色を混ぜると（　エ　）に近い色になる。
　①　純色　　　②　補色　　　③　彩色　　　④　有彩色
　⑤　中性色　　⑥　無彩色　　⑦　配色

解答　ア　①　　イ　②　　ウ　⑤　　エ　⑥
解説　色の三要素（明度・彩度・色相）や色相環などは，よく出題されるので，中学校教科書や資料集程度の理解は必要である。

257

図画工作科 描画

ポイント

　描写は図画工作の基礎技能である。描写はこれから描こうとする対象の質感・量感・ムーブマン・デフォルメをとらえながら，作者の印象を作品にいかすよう心がけるべきである。ここでいう質感とは見た感じとしての物の表面の手ざわりや材質の感じでつるつるした感じ，ざらざらした感じ，かたい感じ，やわらかい感じ，透明な感じなど，主に写実的表現で素材となった対象のそなえる感覚的・視覚的な質の感じおよびその表現のことである。また，量感とは容積・重量感をいう。実在の山と舞台のかきわりの絵の山とは容積において異なる。この相違は私たちの感覚的な経験により明確にわかるものである。その物自体が持っている容積や重量が与える感じが，彫刻や絵画に表現されると，その作品が力強いものとなってくる。ムーブマンとは動勢または動きのことで，彫刻・絵画その他に用いられる。美術作品などにおいて，物理的には何の運動もおきていないのに，それらの作品には，感動的に動勢を感じさせるものがある。それをムーブマンと呼ぶ。そして，デフォルメとは変形・歪曲のことである。作者の主観あるいは意図するところを強調して対象を表現すれば何らかの意味で歪んだ形にならざるをえない。絵画や彫刻はどんなに写実的であっても作者の自然に対する解釈が含まれているから，程度の差はあってもすべて歪曲されている。近代美術では特に主観を大事にするので必然的にデフォルマシオンが前面に強く打ち出される。

　学習指導要領に「つくりだす喜びを味わう」ということがあるわけだが，私達も経験があるように，自分の感じとったもの，美しいもの，楽しかった思い出，すばらしい出来事，感激・感動した事がら等を自分自身でかたちとして残していくことは大きな喜びである。これがつくりだす喜びである。そしてこの表現が絵として，工作として，彫塑として形づくられた時の喜びはまたひとしおのものである。こういったことが豊かな情操を養うことにもつながるのである。しかしこの作品制作の喜びには，まず自分の描きたいと思うもの，造りあげたいと思うものの全体

をしっかりつかみ，自分なりに表す技術が必要である。ここに児童の発達段階に即した正しい描写指導の必要性があるわけである。一般に児童が鉛筆を使ってデッサンをする場合，普段の学習で使用するHBなりFなりのかための鉛筆を使うことが多い。このためついつい手に力が入りすぎて画用紙にでこぼこができてしまったり，消しゴムで紙面がいたんでしまうことが多い。全体をとらえる技能面での指導とともに，道具（素描材料）の指導も行いたい。例題にもあるが，鉛筆のかたさに対する正しい理解，コンテ・木炭・毛筆などの素描材料への関心は児童の発達段階との関連も含めてきちんと整理しておきたい。

例題 1 〈描画〉

次の文の（　　）に適する語句を答えよ。
　素描材料として（　①　）はHB〜6Bぐらいのものを主として用いる。Bの数の多いものほど（　②　），（　③　）かける。
　（　④　）には黒や褐色などの色があり，えんぴつよりいっそう（　⑤　）書くことができ，（　⑥　）でこするとやわらかい（　⑦　）ができる。
　（　⑧　）は修正がたやすく，消すには食パンを指先でかるくねったものを使うとよい。

解答　①　えんぴつ　　②　やわらかく　　③　こく　　④　コンテ
　　　⑤　こく　　⑥　指　　⑦　濃淡　　⑧　木炭

例題 2 〈描画〉

次の（1）〜（3）のような条件や指導の目標がある中で，児童に描画をさせたい。それぞれの場合について，最も適当な描画材をあとのア〜クから1つずつ選び，記号で答えよ。
（1）低学年の児童を対象として，様々な色を楽しませながら，最終的にはスクラッチ表現をさせたい。

(2) 低学年の児童を対象として，広いコンクリートの床面に自由で広がりのある絵を描かせ，完成した作品を楽しく鑑賞させた後，床面をもとどおりの状態に戻したい。

(3) 線の太さや長さ，点，面などの変化，にじみやぼかしの味わいなどを，楽しみながら描画させたい。

ア．チョーク	イ．水性マーカー	ウ．筆と水彩絵の具
エ．色鉛筆	オ．クレヨン	カ．油性マーカー
キ．墨汁とはしペン	ク．ボールペン	

解答 (1) オ　　(2) ア　　(3) ウ

解説 それぞれの描画材料の特徴をつかんでおくこと。また，描画材料と技法との関係もおさえておきたい。

―――――――― 例題 3〈描画〉 ――――――――

子どもの描画における発達の一般的な特徴を説明した次のア～エの文を，発達の段階順に並べかえよ。

ア　写実的な表現を好むようになり始める時期で，空間における重なりや大小関係に配慮するようになる。

イ　なぐりがきなどの描く行為に興味と心地よさを感じるようになる。

ウ　空間意識が生まれてくる。それによって画面に基底線が現れるようになる。

エ　点，線，円を用いて，頭足人を描くようになる。

解答 イ→エ→ウ→ア

解説 頭足人とは，閉じた円が描けるようになったあとに生じる，頭（顔）から足が生えた幼児の絵の特徴の1つで，3～4歳ごろの描写に見られる。基底線は地面や水平線を表すための，画面の端から端まで引かれた1本の線のことで，5～6歳ごろに見られる。

図画工作科 デザイン

ポイント

「デザイン」においては，基礎理解と創造的な感覚がのぞまれている。

構成美の要素としては**シンメトリー（対称）**〔左右対称・放射対称に分けられる。2つ折りにして，ちょうど重なり合うような形〕，**バランス（均衡）**〔つり合いがとれているということ。⇔アンバランス〕，**プロポーション（比例・比率・割合）**〔ひとつのものの部分と全体の関係〕，**アクセント（強調）**〔単調さを破り，ある部分で全体をひきしめようとしたもの〕，**コントラスト（対立・対照・対比）**〔対立関係をいう〕，**リズム（律動）**〔形のつながりや連続したものの関係〕，**リピテイション（くり返しのリズム）**〔連続模様などで，最も単調なリズム感を生む。〕，**グラデーション（漸層・漸増・従属）**〔段階的に形や色が増減していく構成。リズム感を生む。くもの巣がこれ〕，**ムーブマン（動勢）**〔ある方向への動きや，次の動きを予想させるような構成〕，などがある。

また技法としては**モダンテクニック**がある。モダンテクニックの名称とその内容，あるいは実例図との対応関係を問う出題は，毎年の教員採用試験での恒例と言っていいほど多い。モダンテクニックは手描き（手と筆の意識的操作）では得られない，素材の偶然的効果を特徴とする。もともとは**立体主義（キュービズム）**や**超現実主義（シュールレアリスム）**の画家たちが，意識を超えた表現効果を得るために採用した技法であった。しかし，現在の美術教育では特殊な効果をもたらすデザイン技法として扱われることが多い。つまり，これらに加筆したり，全体の一部に組み入れてデザイン作品を作るのに利用される。モダンテクニックには以下のようなものがある。

▼コラージュ（はり絵）

絵の具のかわりに紙や布を張りつける。色紙や印刷された紙，布，ひもなど，実際のものを画面に張りつけて表現する技法。

▼フロッタージュ（こすりだし）

紙を布・葉・板などの凹凸のある表面の地肌に当て，上から鉛筆などをこすりつけてその模様を写し取る技法。

▼デカルコマニー（転写）

紙を2つに折り，間に絵の具をつけて押しつけたりこすったりした後で開くと，絵の具が広がり混ざり合って生じた意図しない色調を利用する技法。

▼マーブリング（墨流し）

水面に浮かせた絵の具を吸水性の紙で写し取る技法。墨やインクなどでも可能。

▼ドリッピング（吹流し）

水分の多い絵の具やインクを紙の上にたらし，口やストローで強く吹いたり紙を傾けたりして偶然できる形を利用する技法。

▼スクラッチ（ひっかき絵）

クレヨンなどで色を重ねて塗り，クギなどでひっかき下の色を出して，違った色の線を描く。この方法で作品を作る。

▼バチック（はじき絵）

ろうやクレヨンなどでかいた下絵の上に水彩絵の具を塗り，はじく性質を利用する。

例題 1 〈デザイン〉

指示に従って○を各1つずつ黒くぬりつぶせ。

(1) つりあいのとれた感じ　　(2) 安定感のある感じ

解 答　(1) 　　(2)

例題 2 〈デザイン〉

下の問いに答えよ。

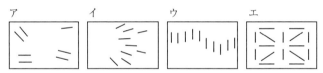

(1) シンメトリーなのはどれか。
(2) 方向性が感じられるのはどれか。
(3) リズムが感じられるのはどれか。

解 答　(1)　エ　　(2)　イ　　(3)　ウ

例題 3 〈デザイン〉

次の (1) 〜 (4) のような表し方や表現方法は何といいますか。あてはまる名称をあとの語群からそれぞれ選び，記号で答えよ。

(1) 水を張ったバットに絵の具や墨をたらして水面に紙をのせる。その紙の表面に絵の具や墨を吸い取らせて模様をつくる方法。

(2) 二つ折りにして開いた画用紙に絵の具を垂らし，再び二つ折りにして絵の具が広がるように外から押さえる。これを静かに開き左右対称の形をつくる方法。

(3) 写真や印刷物などを切り抜いたものを貼ったり，色紙や和紙などを画面に貼り合わせたりして表現する方法。

(4) 野菜の切り口や木の葉，段ボールの断面など身のまわりにある材料に絵の具をつけ，画面に型押しをして表現する方法。

A. スタンピング　　　B. コラージュ　　　　C. ドリッピング

D. デカルコマニー　　E. マーブリング　　　F. スパッタリング

G. スクラッチ　　　　H. グラデーション　　I. リピテーション

解答　(1) E　　(2) D　　(3) B　　(4) A

解説　モダンテクニックに関する出題である。造形遊びや絵などで多用されてきており，出題の頻度が高い。名前だけでなく，方法についても熟知してほしい。

━━━━━━ 例題 4 〈デザイン〉 ━━━━━━

（ア）〜（ウ）の図にふさわしい美の秩序（構成美の要素）を，下の①〜⑤から選べ。

（ア）　（イ）　（ウ）

①　リズム　　　　　②　シンメトリー　　　③　グラデーション

④　アクセント　　　⑤　バランス

解答　（ア）④　　（イ）①　　（ウ）③

解説　デザイン分野におけるかたちの構成要素を問う内容である。基本的な用語については，理解しておきたい。

図画工作科 美術史

ポイント

　西洋美術史は，ほとんどがルネサンス期及び近代の主要美術家の名前，あるいは主要作品の題名を問うものである。作品写真が問題に出る場合も近年では見られるので，単なる丸暗記ではなく，図版などの視覚的イメージとともにおぼえたい。

〈ルネサンス期〉

ボッティチェリ「春」「ヴィーナスの誕生」，レオナルド＝ダ＝ヴィンチ「モナリザ」，ミケランジェロ「ダビデ像」「最後の審判」，ラファエロ「聖母子」

〈近代〉

○**新古典主義**：ダヴィッド「ホラティウス兄弟の誓い」，アングル「グランド・オダリスク」

○**ロマン主義**：ジェリコー「メデューズ号の筏」，ドラクロワ「キオス島の虐殺」「民衆を率いる自由の女神」

○**自然主義**：コロー「真珠の女」，ミレー「晩鐘」「落ち穂拾い」

○**写実主義**：クールベ「オルナンの埋葬」

○**印象派**：マネ「草上の昼食」，モネ「睡蓮」，ルノワール「ムーラン・ド・ラ・ギャレット」

○**新印象派**：スーラ「グランド・ジャット島の日曜日の午後」

○**後期〔反〕印象派**：セザンヌ「サント・ヴィクトワール山」，ゴッホ「ひまわり」，ゴーギャン「かぐわしき大地」

○**立体派（キュービズム）**：ピカソ「ゲルニカ」，ブラック「ギターを持つ男」

○**野獣派（フォービスム）**：マティス「ジャズ・サーカス」

○**超現実主義（シュールレアリスム）**：ダリ「記憶の固執」，マグリット「大家族」「偽りの鏡」

○**近現代彫刻**：ロダン「考える人」，マイヨール「地中海」，カルダー「フラミンゴ」，ジャコメッティ「歩く男」

━━━━━━━━━━ **例題 1 〈美術史〉** ━━━━━━━━━━

次の作品の作者を下のイ〜ヘから選べ。
(1) 紅白梅図屛風　　(2) はね橋　　(3) 釈迦十大弟子
(4) 赤富士　　　　　(5) 考える人　(6) 秋冬山水図
イ．ゴッホ　　　ロ．ロダン　　　ハ．雪舟
ニ．尾形光琳　　ホ．棟方志功　　ヘ．葛飾北斎

解答 (1) ニ　　(2) イ　　(3) ホ　　(4) ヘ　　(5) ロ　　(6) ハ

━━━━━━━━━━ **例題 2 〈美術史〉** ━━━━━━━━━━

次の文の（　　）にあてはまる人名を書け。
　ルネサンスの三大画家とは,「最後の晩餐」の（　①　）,「ダビデ像」
の（　②　）, 多くの聖母子像をのこした（　③　）である。

解答 ①　レオナルド＝ダ＝ビンチ　　②　ミケランジェロ
③　ラファエロ

━━━━━━━━━━ **例題 3 〈美術史〉** ━━━━━━━━━━

「喜多川歌麿」に関する記述として適切なものを, 次の1〜4から1つ
選べ。
1　画風は宋元画家に学んで幅が広く, 水墨画に激しい筆致と構築性を
　盛り込み, 豊かな空間表現と強い自己主張において室町水墨画中抜
　群のものがある。
2　浮世絵の元祖といわれ, 寛永期以来の上方肉筆風俗画の伝統に立脚
　して独自の美人風俗画様式を作りあげ, 木版摺の量産性を生かして
　普及させた。
3　鎌倉新様式を完成した仏師であり, 興福寺北円堂の弥勒仏像や無
　著・世親像など, その作品には力強い量感ゆたかな表現と高い精神

性がみられる。

4　寛政年間の初め頃に発表した美人大首絵は，浮世絵芸術の頂点をなすものであり，美人画家として一世を風靡^{ふうび}したが，文化元年には幕府の風俗取締りを受けた。

解答　4

解説　喜多川歌麿（1753年〜1806年）は，江戸中・後期の浮世絵師，美人画の分野で大首絵の様式を創案，浮世絵の黄金期をつくった。1は雪舟，2は菱川師宣，3は運慶の説明である。

―――――――――― **例題 4 〈美術史〉** ――――――――――

次のA〜Cの作者名を下の①〜⑩から選び，記号で記せ。

　　　A　　　　　　　　　B　　　　　　　　　C

①　マグリット　　　②　黒田清輝　　　③　モディリアーニ
④　ルソー　　　　　⑤　ダリ　　　　　⑥　安井曾太郎
⑦　エッシャー　　　⑧　ボナール　　　⑨　デュシャン
⑩　岸田劉生

解答　A　⑩　　B　③　　C　⑦

解説　Aは日本の岸田劉生（1891年〜1929年）の「麗子微笑（青果持テル）」である。Bはエコール・ド・パリ（パリ派）の一人であるモディリアーニ（1884年〜1920年）の「ジプシー女と赤ん坊」である。Cはオランダの版画家エッシャー（1898年〜1972年）の「滝」である。

図画工作科 学習指導要領

ポイント

―――――――― 平成29年改訂の要点 ――――――――

① 目標の改善について

(1) 教科の目標

　図画工作科において育成を目指す資質・能力については，中央教育審議会答申（平成28年12月21日）にて「知識・技能」，「思考力・判断力・表現力等」，「学びに向かう力・人間性等」の3つの柱に沿った整理が行われた。これを受け，教科の目標は次のように示された。

> 　表現及び鑑賞の活動を通して，造形的な見方・考え方を働かせ，生活や社会の中の形や色などと豊かに関わる資質・能力を次のとおり育成することを目指す。
> (1) 対象や事象を捉える造形的な視点について自分の感覚や行為を通して理解するとともに，材料や用具を使い，表し方などを工夫して，創造的につくったり表したりすることができるようにする。
> (2) 造形的なよさや美しさ，表したいこと，表し方などについて考え，創造的に発想や構想をしたり，作品などに対する自分の見方や感じ方を深めたりすることができるようにする。
> (3) つくりだす喜びを味わうとともに，感性を育み，楽しく豊かな生活を創造しようとする態度を養い，豊かな情操を培う。

　従前より示し方が変更され，先述の3つの柱に対応して (1) ～ (3) の目標が示された。それぞれ (1) が「知識・技能」，(2) が「思考力・判断力・表現力等」，(3) が「学びに向かう力・人間性等」による。

　また，図画工作科における「見方・考え方」とは，同答申では「感性や想像力を働かせ，対象や事象を，形や色などの造形的な視点で捉え，自分のイメージを持ちながら意味や価値をつくりだすこと。」として示している。

(2) 各学年の目標

〔第1学年及び第2学年〕

(1) 対象や事象を捉える造形的な視点について自分の感覚や行為を通して気付くとともに，手や体全体の感覚などを働かせ材料や用具を使い，表し方などを工夫して，創造的につくったり表したりすることができるようにする。

(2) 造形的な面白さや楽しさ，表したいこと，表し方などについて考え，楽しく発想や構想をしたり，身の回りの作品などから自分の見方や感じ方を広げたりすることができるようにする。

(3) 楽しく表現したり鑑賞したりする活動に取り組み，つくりだす喜びを味わうとともに，形や色などに関わり楽しい生活を創造しようとする態度を養う。

〔第3学年及び第4学年〕

(1) 対象や事象を捉える造形的な視点について自分の感覚や行為を通して分かるとともに，手や体全体を十分に働かせ材料や用具を使い，表し方などを工夫して，創造的につくったり表したりすることができるようにする。

(2) 造形的なよさや面白さ，表したいこと，表し方などについて考え，豊かに発想や構想をしたり，身近にある作品などから自分の見方や感じ方を広げたりすることができるようにする。

(3) 進んで表現したり鑑賞したりする活動に取り組み，つくりだす喜びを味わうとともに，形や色などに関わり楽しく豊かな生活を創造しようとする態度を養う。

〔第5学年及び第6学年〕

(1) 対象や事象を捉える造形的な視点について自分の感覚や行為を通して理解するとともに，材料や用具を活用し，表し方などを工夫して，創造的につくったり表したりすることができるようにする。

(2) 造形的なよさや美しさ，表したいこと，表し方などについて考え，創造的に発想や構想をしたり，親しみのある作品などから自分の見方や感じ方を深めたりすることができるようにする。

(3) 主体的に表現したり鑑賞したりする活動に取り組み，つくりだす喜びを味わうとともに，形や色などに関わり楽しく豊かな生活を創造しようとする態度を養う。

　各学年の (1) は答申で示された「知識・技能」の内容を，(2) は「思考力・判断力・表現力等」の内容を，(3) は「学びに向かう力・人間性等」の内容を反映している。

(2) 内容の改善について

　内容の構成については，従前のものと同様「A　表現」(1) 造形遊びをする活動 (2) 絵や立体，工作に表す活動，「B　鑑賞」(1) 鑑賞の活動の2領域3項目及び〔共通事項〕が設けられている。詳細な指導事項については，答申で示された「知識・技能」「思考力・判断力・表現力等」「学びに向かう力・人間性等」の柱に沿って整理されているので，確認されたい。

例題 1 〈学習指導要領〉

　次の文は，小学校学習指導要領（平成29年3月告示）「図画工作」に示されている教科の目標の一部である。文中の各空欄に適する語句を答えよ。

　　対象や事象を捉える（　①　）な視点について自分の感覚や行為を通して理解するとともに，材料や用具を使い，（　②　）などを工夫して，（　③　）につくったり表したりすることができるようにする。

解答　①　造形的　　②　表し方　　③　創造的

解説　学習指導要領でもっとも出題率の高い教科の目標である。出題は教科の目標 (1) による。これは，「知識・技能」に関する内容を反映させた目標である。

例題 2 〈学習指導要領〉

次のア～カは小学校学習指導要領（平成29年3月告示）「図画工作」における指導事項を示したものである。このうち第3学年及び第4学年で指導する事項にあたるものを2つ選び，記号で答えよ。

ア　絵や立体，工作に表す活動を通して，感じたこと，想像したこと，見たことから，表したいことを見付けることや，表したいことや用途などを考え，形や色，材料などを生かしながら，どのように表すかについて考えること。

イ　絵や立体，工作に表す活動を通して，感じたこと，想像したことから，表したいことを見付けることや，好きな形や色を選んだり，いろいろな形や色を考えたりしながら，どのように表すかについて考えること。

ウ　造形遊びをする活動を通して，身近で扱いやすい材料や用具に十分に慣れるとともに，並べたり，つないだり，積んだりするなど手や体全体の感覚などを働かせ，活動を工夫してつくること。

エ　造形遊びをする活動を通して，活動に応じて材料や用具を活用するとともに，前学年までの材料や用具についての経験や技能を総合的に生かしたり，方法などを組み合わせたりするなどして，活動を工夫してつくること。

オ　身近にある作品などを鑑賞する活動を通して，自分たちの作品や身近な美術作品，製作の過程などの造形的なよさや面白さ，表したいこと，いろいろな表し方などについて，感じ取ったり考えたりし，自分の見方や感じ方を広げること。

カ　親しみのある作品などを鑑賞する活動を通して，自分たちの作品，我が国や諸外国の親しみのある美術作品，生活の中の造形などの造形的なよさや美しさ，表現の意図や特徴，表し方の変化などについて，感じ取ったり考えたりし，自分の見方や感じ方を深めること。

解答　ア，オ

解説　イとウは第1学年及び第2学年の，エとカは第5学年及び第6学年の

271

指導事項である。

━━ 例題 3〈学習指導要領〉 ━━

　小学校学習指導要領「図画工作」（平成29年3月告示）の「第3　指導計画と作成内容の取扱い」に示されている低学年，中学年，高学年の材料や用具をそれぞれ，次のア〜ケから2つずつ選んで記号で答えよ。
　ア．土　　　　イ．のみ　　　ウ．針金
　エ．ニス　　　オ．金づち　　　カ．糸のこぎり
　キ．木切れ　　ク．はさみ　　　ケ．フェルトペン

|解答| 低学年：ア，ク　　中学年：オ，キ　　高学年：ウ，カ

|解説| 学習指導要領の「第3　指導計画の作成と内容の取扱い」2（6）には各学年で取り扱う材料や道具が示されている。第1学年及び第2学年では「土，粘土，木，紙，クレヨン，パス，はさみ，のり，簡単な小刀類」，第3学年及び第4学年では「木切れ，板材，釘，水彩絵の具，小刀，使いやすいのこぎり，金づち」，第5学年及び第6学年では「針金，糸のこぎりなど」が示されている。

●小学校学習指導要領(平成 29 年 3 月告示)

第 7 章

家庭科

家庭科　被服【繊維】

ポイント

　繊維は大別すると，**天然繊維**と**化学繊維**に分けられる。そのうち，天然繊維は更に，植物性繊維，動物性繊維，鉱物性繊維に分類できる。最初の植物性繊維には，綿，亜麻，大麻その他がある。第2の動物性繊維では，羊毛その他の獣毛や，絹その他があげられる。また第3の鉱物性繊維としては石綿があげられる。

　化学繊維は今日きわめて種類が多い。ガラス繊維などの無機繊維は別としても，再生繊維，半合成繊維，合成繊維と分類できる。再生繊維としては，レーヨン，キュプラ，再生絹糸，天然ゴムなどがあげられる。半合成繊維としては，アセテート，トリアセテート，塩化ゴムなどがある。一番種類の多いのが合成繊維で，ナイロン，ビニロン，ポリエステル，ポリエチレン，ポリプロピレン，ポリウレタン，塩化ビニリデン，ポリ塩化ビニル，アクリルなどがある。

　これらのそれぞれの繊維のうち，天然繊維では綿，羊毛，麻，絹など，化学繊維ではレーヨン，キュプラ，アセテート，ナイロン，ビニロン，ポリエステル，アクリル，ポリプロピレンなどの用途，性質，見分け方についての理解が求められている。それぞれの繊維の性質として問われるのは，吸湿性，保温性，伸縮性，熱伝導性，耐酸・耐アルカリ性，耐久性，通気性，更には洗濯によく耐えるか，などである。また順序は前後するが，用途ではどの繊維が上着，中着，下着に向くか，普段着，外出着，作業着に適するかを掴んでおくとよい。

　見分け方では，天然繊維と合成繊維をそれぞれ燃やしてみる方法があるので，それについても灰の形，においなどの点からまとめておくこと。

例題 1 〈被服（繊維）〉

　次の文は，繊維の性質について述べたものである。その内容の正しくないものを選べ。

(1) 木綿は，じょうぶで吸湿性もよく，洗濯にも耐え，高温でアイロンできるので，下着・上着としてよく用いられる。

(2) 麻は吸湿性はよくないが，熱伝導が高く汗を発散させるので，夏の衣服によく使われる。

(3) 絹は保温性や吸湿性はあるが，弱いので普段着や下着には適さない。

(4) ウールは保温性は高く，伸縮性もあるが，酸に強くアルカリに弱いので洗剤を選ばなければならない。

(5) レーヨン，スフは洗濯には耐えられないが，安価なのでよく使われる繊維である。

解答 (2)

解説 麻は吸湿性もよい。

例題 2 〈被服（繊維）〉

次の①，②の文は，ア～ケのどの繊維の特徴について述べたものか。それぞれ記号で答えよ。

① 引っ張りや摩擦に最も強い繊維であるが酸には弱い。日光では黄変し，強さも低下する。

② 吸湿性があり，水をはじく。弾力性にすぐれ，しわになりにくい。

ア．綿　　　　　イ．ポリエステル　　ウ．毛
エ．絹　　　　　オ．レーヨン　　　　カ．キュプラ
キ．ナイロン　　ク．麻　　　　　　　ケ．アクリル

解答 ① キ　② ウ

解説 ①のナイロンは，弾力性があり，しわになりにくい。また，摩擦や折り曲げに対しても丈夫で耐久性に富むが，吸湿性が少なく，かわきが早い。日光の紫外線により白地は黄変する。②は，含気量に富み，保温性が大きく，弾力性に富み，軽くて厚い布地を作り，しわになりにくい，「毛」の特徴に合致する。但し，ここには記載されていないが，アルカリに弱い。

━━━━━━━ **例題 3 〈被服（繊維）〉** ━━━━━━━

　次のア～オは，主な繊維の性能について説明したものである。内容と
して正しいものを3つ選べ。
　ア　綿は植物繊維の一種であり，吸湿性が高く，アルカリに強く洗濯
　　に耐え，肌ざわりがよいことから肌着やシャツなどに適する。
　イ　絹は動物性繊維の一種であり，虫害を受けやすく，アルカリに弱
　　くフェルト化しやすい。保温性が高く，コートやセーターなどに適
　　する。
　ウ　ポリエステルは化学繊維の一種であり，引っ張り，摩擦に強い。
　　熱可塑性があることから，プリーツ加工が容易であり，ワイシャツ
　　やブラウスなどに適する。
　エ　毛は動物性繊維の一種であり，吸湿性が低く，光沢がある。やわ
　　らかくしなやかな繊維であり，和服やドレス，ネクタイなどに適する。
　オ　麻は植物繊維の一種であり，耐熱性が高く，防しわ性が低い。冷
　　感があることから，夏用和洋服に適する。

| 解答 | ア，ウ，オ |

| 解説 | イの絹とエの毛の説明が入れ替わっている。絹は，そのしなや
　　かさや光沢から，着物やネクタイに用いられ，毛は保温性に富み，
　　コートなどの冬用衣料に適している。 |

家庭科 被服【洗濯】

ポイント

　着用目的に合った被服材料ないし，既製の被服を選ぶためには，使われている繊維を知ることが大切である。適正な選択の目安となるよう使用繊維の品質を表示して一般消費者の保護をはかったのが「家庭用品品質表示法」であり，その繊維の正しい取扱いのために制定されたのが「繊維製品の取扱いに関する表示記号及びその表示方法」（JIS規格）である。

　洗濯においては，洗剤の種類（石けん，合成洗剤－中性およびアルカリ性）や，洗濯物と水の量，温度との関係などとともに，繊維と洗剤の種類分量などについて知っておかなければならない。綿，レーヨン，ポリエステル，綿とポリエステルの混紡などは，弱アルカリ性合成洗剤か，石けんを使用するとよい。他方毛や毛と化学繊維の混紡では，中性合成洗剤を使用するとよい。アルカリ性に弱い繊維には適した洗剤だからである。ポリエステルなどの合成繊維の布地は，再汚染が著しいので，同じ洗濯液での繰返し洗濯や，下洗いはさけた方がよい。

　アイロンで仕上げる場合，繊維に応じたアイロンの温度は大体次のとおりである。

化学繊維……110℃	絹……130℃	毛……150℃
綿……180℃	麻……190℃	

例題 1 〈被服（洗濯）〉

　次の文は洗濯物の干し方について述べたものである。（　①　），（　②　）に最も適する語句を答えよ。

　　洗濯物を干すとき，竿やロープをふき，（　①　）表示に合った干し方をする。洗濯物の（　②　）をよくのばし，形を整えて干す。

解答　①　取り扱い　　②　しわ

例題 2 〈被服 (洗濯)〉

織物のセーターを買ったら，次のような表示があった。

A.

┌─────────────┐
│　毛100%　　　　│
└─────────────┘

B.

　①　　　　②　　　　③　　　　④　　　　⑤　　　　⑥

(1) A，Bはそれぞれ何を表わす表示か。

(2) それは何のためにつけられているか。

(3) Bについて，洗い方について表示しているものを全て選べ。

(4) Bに従いアイロンをあてる時，底面温度の限度として適当なものを選べ。

　(a) 200℃　　　(b) 180℃　　　(c) 150℃

(5) Bの②および⑥は何をそれぞれ表わすものか答えよ。

解答 (1) A　繊維の品質表示　　B　取扱い表示　　(2) 使用繊維の品質を表示し，それに合った取扱い方を示すため

(3) ①，③　　(4) (c)　　(5) ②　漂白処理はできない。

⑥　脱水後，日陰でのつり干し乾燥がよい。

解説 洗濯表示は，平成28年12月1日より現行の表示に改められた。新旧の対応をよく確認することが望ましい。以下は本出題で挙げられたもの以外の主な表示である。

記号	意味
30	液温は30℃を限度とし，弱い洗濯処理ができる。
✕	洗濯処理はできない。
✕	アイロンかけはできない。
✕	ドライクリーニングはできない。

家庭科 被服【ミシン】

ポイント

　学習指導要領（平成29年3月告示）では，「手縫いやミシン縫いによる目的に応じた縫い方及び用具の安全な取扱いについて理解し，適切にできること。」と示されている。ミシンの構造と運動，取扱い方，布や縫う場所に合った針と糸の選び方，および，具合の悪い場合の原因の見つけ方，処置の仕方などがこの領域ではしっかりと理解されていなければならない。

　ミシン縫いは，①針棒の上下運動　②送り歯の往復運動　③中がまの回転運動　④てんびんの運動によって行われる。ミシンの故障の原因の主なものを列挙すると次のようになる。

- （1）上糸が切れる　　（イ）上糸のかけ方がまちがっている。
- 　　　　　　　　　　（ロ）上糸の調子がつよすぎる。
- 　　　　　　　　　　（ハ）布地と針や糸が適していない。
- （2）下糸が切れる　　（イ）ボビンに正しく巻かれていない。
- （3）重い　　　　　　（イ）油切れ。
- （4）針が折れる　　　（イ）針がまがっている。
- 　　　　　　　　　　（ロ）布地と針や糸が適していない。
- （5）縫い目がとぶ　　（イ）針先がまがっている。
- 　　　　　　　　　　（ロ）布地と針や糸とのつり合いがわるい。

━━━━ **例題 1 〈被服（ミシン）〉** ━━━━

　次の文は，ミシンの針のつけかえについて説明したものである。（　　）の①②に当てはまる語句を答えよ。
・（　①　）を手前に回し，（　②　）を上げる。
・針どめねじをゆるめ，針をぬき取る。
・針の平らな面を（　②　）のみぞにさしこみ，針どめねじをしめる。

解答　①　はずみ車　　②　針棒
解説　ミシンの針はさしこむ向きが違うと折れる原因になる。

━━━━ **例題 2 〈被服（ミシン）〉** ━━━━

　次の問いに答えよ。
(1) a～dの名称をイ～ホの中から選び記号で答えよ。

　　イ．すべり板　　　　ロ．てんびん　　　ハ．上糸調整装置
　　ニ．押え調節ネジ　　ホ．針
(2) 上糸の正しいかけ方を次から選び記号で答えよ。
　①　糸立て棒→糸かけ→糸調子ざら→糸案内→糸とりばね→天びん
　　→糸かけ→はり棒糸かけ→針穴
　②　糸立て棒→糸かけ→天びん→糸調子ざら→糸案内→糸とりばね
　　→糸かけ→はり棒糸かけ→針穴
　③　糸立て棒→糸かけ→糸調子ざら→天びん→糸案内→糸とりばね
　　→糸かけ→はり棒糸かけ→針穴

解答　(1) a－ロ　b－ハ　c－ホ　d－イ　　(2) ①

家庭科 食物【栄養】

ポイント

　食品と**栄養素（炭水化物，脂肪，たん白質，無機質，ビタミン）**や，そのはたらきについてまとめてみると次のようになる。

　炭水化物は穀物，いも類，砂糖類に多く含まれ，そのはたらきとしては，熱や力のもとになること，余分な分については肝臓や筋肉に蓄積されることがあげられる。

　脂肪はバター，ラード，ごま油，大豆油などに多く含まれ，少しの量で体温を支え，力をつけ，体内に皮下脂肪として蓄えられる。

　たん白質は魚肉，卵，牛乳，チーズなどに含まれているもので，活動力のもととなり，筋肉，内臓，血液などの組織をつくるはたらきをする。

　無機質は骨や歯をつくり，血液中の赤い色素をつくるはたらきをするもので牛乳，小魚，レバー，海藻類に含まれている。またビタミン類のうち，ビタミンAはやつめうなぎ，にんじん，レバーに多く含まれ，体の発育を助けるものである。ビタミンB_1は疲れをとるのに効果があり，豚肉，米のはい芽，大豆などに含まれている。皮膚病を防ぐのに効果のあるビタミンB_2は脱脂粉乳，サバ，レバーなどに含まれている。ビタミンCは病気に対する抵抗力をつけるもので，甘柿，レモン，いちご及び青菜などに多く含まれている。ビタミンDは肝油やレバーに多く含まれており，骨や歯をつくるはたらきをする。

　栄養的分類から食品を6つの**基礎食品群**に分けることができる。**炭水化物性食品，脂肪性食品，たん白質性食品，無機質性食品，緑黄色野菜，淡色野菜**がこれである。このうち，血や肉をつくるものは，たん白質性食品，無機質性食品であり，熱や力のもとになるのは，炭水化物性食品および脂肪性食品がある。淡色野菜や緑黄色野菜はそれぞれビタミンCやカロチンを多く含むもので，体の調子を整えるのに役立つ。

　このような栄養素と食品の関わりは，小学校学習指導要領（平成29年3月告示）「家庭」の第2の1B（3）ア（ア）「体に必要な栄養素の種類と主な働きについて理解すること。」とつながっている。

　実際には，学校給食を共通のテーマとすることが考えられるし，また，ひとつの食品にはひとつの栄養素だけではなく，いくつかの栄養素が併せて含まれていることにも気付かせる必要がある。

　ビタミンは体のバランスを保つために重要であり，欠乏すると様々な障害をおこすことになる。前記のビタミン類の説明を補うためにビタミンごとに表にしてみると，次の表のようになる。

ビタミンA	・夜盲症やその他，目や皮膚の障害・貧血。 ・病菌に対する抵抗力が弱まり，風邪などをひきやすくなる。
ビタミンB$_1$ ビタミンB$_2$ ナイアシン	・疲れやすくなり，かっけや心臓の衰弱をおこす。 ・口角，舌，鼻の炎症をおこし，目が疲れる。 ・ペラグラや下痢症状をおこし，貧血があらわれる。
ビタミンC	・壊血病・皮下出血 ・疲労しやすく，ストレスに弱い。
ビタミンD	・骨が軟化し，乳幼児期に欠乏するとクル病になる。

例題 1 〈食物（栄養）〉

　ビタミンの働きについて説明した文として最も適切なものを次のア～エから1つ選び，記号で答えよ。
　　ア　ビタミンAは，腸の働きを助け，皮膚や粘膜を健全に保つ。
　　イ　ビタミンB$_1$は，たん白質の代謝を助け，神経の働きを調節する。
　　ウ　ビタミンCは，血管を丈夫にし，傷の回復を早める。
　　エ　ビタミンDは，骨や歯を丈夫にし，脂質の吸収を促進する。

解答　ウ

解説　ア　説明はビタミンB$_2$についてのもの。ビタミンAは，眼球の網膜でたん白質と結合し，光の明るさを感じる視紅となる。
　　イ　説明はビタミンB$_6$についてのもの。ビタミンB$_1$は，炭水化物の代謝を助ける酵素の補酵素の構成成分として欠かせない。エ「脂質」ではなく「カルシウム」の吸収を促進する。

━━━━━ 例題 2〈食物（栄養)〉━━━━━

次の（1）～（3）は栄養素の働きである。①～⑥の中で，それらの働きをする最もふさわしい食品の組合せはどれか。

(1) 主に熱や力のもとになる

(2) 主に体をつくる

(3) 主に体の調子を整える

① フレンチドレッシング，もち，はちみつ，マヨネーズ

② あさり，納豆，ほしえび，わかめ

③ いちご，トマト，さつまいも，かぼちゃ

④ 砂糖，せんべい，油揚げ，のり

⑤ キウイ，レモン，ピーマン，チンゲンツァイ

⑥ いか，チーズ，バター，ひじき

|解答| (1) ①　　(2) ②　　(3) ⑤

|解説| (1) 主に熱や力のもとになるものは，①と④があるが，④には，無機質を多く含む「のり」が入っているので不可。　(2) 主に体をつくるものは，②と⑥があるが，⑥には，脂肪を多く含む「バター」が入っているので不可。　(3) 主に体の調子を整えるものは，③と⑤があるが，③には，炭水化物を多く含む「さつまいも」が入っているので不可。

━━━━━ 例題 3〈食物（栄養)〉━━━━━

次の文中の（　①　）～（　③　）に当てはまる言葉を，下のア～コから1つずつ選び，記号で答えよ。

米は，（　①　）の流出を防ぐために，ゴミを流す程度にさっと洗う。炊飯の水の量は，米の体積の（　②　）倍である。浸水時間は30分以上とする。火にかけて沸騰するまで（　③　）にする。その後，火加減を調節しながら炊く。消火後10分くらい蒸らす。

ア．ビタミンA　　イ．ビタミンB₁　　ウ．ビタミンB₂

エ．ビタミンC　　　オ．1.2　　　　　カ．1.5

キ．2　　　　　　　　ク．強火　　　　　ケ．中火　　　　コ．弱火

|解答| ①　イ　　　②　オ　　　③　ク

━━━━━━━━━ **例題 4 〈食物（栄養）〉** ━━━━━━━━━

栄養を考えた食事について学習を進めている。

(1) この学習で，児童が1食分の献立を考える。栄養のバランスや色どりなどを考えるほかに，献立作りを行う際に，どのようなことを考えるとよいか。3つ答えよ。

(2) 次の文は何を説明したものか答えよ。

　(ア) 国民の健康の保持・増進を図る上で摂取することが望ましいエネルギー及び栄養素の量の基準を示したもの

　(イ) 食品の可食部100gあたりの主な栄養素の成分値を示したもの

|解答| (1) 味のバランス，食べる人の好み，季節（旬のものを入れる），カロリー，食事の量，費用，時間，調理方法，食事の目的などから3つ　　(2)（ア）（日本人の）食事摂取基準　　（イ）食品成分表

|解説| (1) ここでは「家族・家庭生活」「消費生活・環境」との関連を図ることも考えられ，家族の好みや楽しく食事をするための工夫，地域の特産，季節，環境に配慮した食事作りなど，さまざまな視点から献立作成をすることができるよう指導していく必要がある。　　(2)（ア）この食事摂取基準を満たすために，毎日の食事でどのような食品を食べればよいかを示したものが「食品群別摂取量のめやす」である。　　（イ）食品の可食部とは，食品の皮や骨など食べられない部分を除いた，食品の食べられる部分を指す。食品成分表を使うと，食品に含まれる栄養素の種類や量を調べることができる。

家庭科 食物【性質】

　調理上，献立上あるいは栄養のバランスを考える面からも，個々の食品の性質，特徴をきちんと理解しておくことは大切である。例えば，緑黄色野菜をいためることの栄養的効果といえば次のようになる。

(1) 短時間加熱により，ビタミンCやカロチンの減少が少ない。

(2) カロチンの吸収率がよくなる（油にとけるから）。

(3) 味付けが豊富でおいしくなる。

(4) 生と違って，衛生的になる。

(5) 保存がきくようになる。

よく問題にされるビタミンの性質をまとめると，次のようになる。

ビタミン	熱	水	脂肪	そ の 他
A	空気にふれると失われやすいが，熱に対しては変わらない。	とけない	とける	カロチンは油で調理すると吸収がよい。
B₁	熱に弱い。乾燥の場合は強いが，湿っていると壊れやすい。	とける	とけない	
B₂	酸にも熱にも強い。	とける	とけない	光線に弱い。
C	熱，アルカリに弱い。	とける	とけない	紫外線によっても壊れる。
D	強い。	とけない	とける	

例題 1 〈食物（性質）〉

　次のそれぞれの文のうち，内容の正しいものをすべて選び，記号で答えよ。

(1) 緑黄色野菜の青菜を油いためすると，ビタミンCやカロチンの減少が少ない。

(2) マヨネーズは卵黄に含まれるビテリンの乳化性を利用してつくられる。

(3) 鶏卵の調理上の性質には，熱による凝固性，卵白の起泡性，卵黄の乳化性があげられる。

285

(4) ビタミンCは熱に強く，脂肪によく溶ける。

(5) 強化米とは，米にビタミンB₁を補った食品である。

| 解 答 | (1)・(3)・(5)

例題 2 〈食物 (性質)〉

食品をいためて作る調理実習として，キャベツ，にんじん，ピーマンの三色野菜の油いためを取り上げた。次の (1) ～ (3) の各問いに答えよ。

(1) それぞれの切り方はどのようなものがよいか答えよ。

(2) 野菜を切る理由を3つ答えよ。

(3) 強火でいためる場合，どの順番で野菜を入れるとよいか答えよ。

| 解 答 | (1) キャベツ…たんざく切り　　にんじん…せん切り　　ピーマン…せん切り　　(2) 例　①　熱の通りをよくする　②　味をしみこみやすくする　　③　食べやすくする　(3) にんじん→ピーマン→キャベツ

| 解 説 | (1) にんじんは2mm，ピーマンは5mm，キャベツは1cmくらい。(2) 切る理由として，「熱の通りをよくする・味をしみこみやすくする・食べやすくする・見た目をよくする」があるので，いずれか。　(3) 火の通りにくいものから順に。

例題 3 〈食物 (性質)〉

次の文中の（　①　），（　②　）に最も適切な語句を答えよ。

ゆで卵や炒り卵は，卵に含まれるたん白質が（　①　）により（　②　）性質を利用したものである。

| 解 答 | ①　熱　　②　凝固する

| 解 説 | 卵の調理特性としては，熱凝固性のほかに，起泡性（かく拌によって泡立つ性質）や乳化性（油を乳化させる性質）などがある。

家庭科 食物【献立】

ポイント

　小学校学習指導要領（平成29年3月告示）「家庭」にある通り，「献立を構成する要素が分かり，1食分の献立作成の方法について理解すること」について指導する。

　この献立づくりでは，栄養のバランス，費用，家族の好み，季節の食品の利用などに留意していかなくてはならない。これによって健康で，よりよく成長していくためのバランスのとれた食事を計画的にとることの必要性を理解していくことになるからである。

例題 1 〈食物（献立）〉

次の献立を見て，下の問いに答えよ。

献　　立	材　　料
トースト	パン，バター
目玉焼き	卵・油・塩・こしょう
キャベツの油いため	キャベツ・油・塩
牛乳	牛乳

(1) 不足していると思われる栄養素は何か。次の中から選び記号で答えよ。

　ア．たん白質　　イ．無機質　　ウ．ビタミンA　　エ．ビタミンC
　オ．脂肪　　　　カ．炭水化物

(2) それを補うためにはどんな食品をとればよいか，次の中から2つ選び記号で答えよ。

　ア．白菜　　イ．もち　　ウ．にんじん　　エ．魚貝
　オ．ねぎ　　カ．ほうれん草

|解答| (1) ウ　　(2) ウ，カ

══ **例題 2〈食物（献立）〉** ══

　次の表は，ある児童が考えた調理計画である。下の（1）～（3）の問いに答えよ。

料理名（三色野菜いため）

材料：ピーマン，にんじん，キャベツ，塩，こしょう，バター

作り方：① 野菜を洗う。

　　　　② 野菜を切る。

　　　　　 にんじん，ピーマン……せん切り

　　　　　 キャベツ………………たんざく切り

　　　　③ フライパンを火にかける。

　　　　④ バターを入れる。

　　　　⑤ <u>野菜を一度に入れ，こげないように弱火でていねいに</u>

　　　　　 <u>いためる。</u>

　　　　⑥ 塩，こしょうで味付けをする。

用　具：ほうちょう，まな板，さいばし

　　　　フライパン（鉄製），ボール，ざる

（1）食品は，その栄養的な特徴によって6つの基礎食品群に分けられる。にんじん，バターが属する食品群をそれぞれ書け。

（2）五大栄養素のうち，キャベツに含まれる主な栄養素と，その栄養素の体内での主な働きを書け。

（3）表中⑤のいため方について，この児童に指導すべきことを2つ書け。

解答　（1）にんじん：3群（緑黄色野菜）　　バター：6群（油脂）

　　　　（2）栄養素：ビタミン　　主な働き：体の調子を整える

　　　　（3）・一度に入れず火が通りにくい硬い素材から入れる　・強火で短時間にいためると水分が出ずべたつかずにいためられる

家庭科 食物【調理】

ポイント

　小学校学習指導要領（平成29年3月告示）では次のような知識及び技能を身に付けることとしている。

（ア）調理に必要な材料の分量や手順が分かり，調理計画について理解すること。

（イ）調理に必要な用具や食器の安全で衛生的な取扱い及び加熱用調理器具の安全な取扱いについて理解し，適切に使用できること。

（ウ）材料に応じた洗い方，調理に適した切り方，味の付け方，盛り付け，配膳及び後片付けを理解し，適切にできること。

（エ）材料に適したゆで方，いため方を理解し，適切にできること。

（オ）伝統的な日常食である米飯及びみそ汁の調理の仕方を理解し，適切にできること。

例題1〈食物（調理）〉

　調理実習の（ア）ゆで卵・目玉焼き，（イ）みそ汁，じゃがいも料理，などについて問いに答えよ。

（1）それぞれの指導学年を書け。

（2）かたゆで卵になるには，沸騰してからのゆで時間はどれくらいか，記号で答えよ。

　　ア．6～8分　　イ．10～12分　　ウ．14～16分

　　エ．18～20分

（3）卵黄の主成分は次のうちどれか，記号で答えよ。

　　ア．炭水化物　　イ．無機質　　ウ．脂肪　　エ．たん白質

（4）卵に含まれないビタミン類を次の中から選び，記号で答えよ。

　　ア．ビタミンA　　イ．ビタミンB₂　　ウ．ビタミンC

　　エ．ビタミンD

（5）緑黄色野菜をゆでた場合と油いためした場合とでの栄養的な相違

点を2つあげよ。

(6) 換気は十分なのにガスの炎が大きくて赤いときはどうすればよいか。

(7) こふきいもを作るとき，じゃがいも500gに対して，塩はどれだけ必要か。次の中から選び，記号で答えよ。

ア．小さじ $\frac{1}{4}$　　イ．小さじ $\frac{1}{2}$　　ウ．小さじ1

エ．小さじ $\frac{3}{2}$　　オ．小さじ2

(8) 調理に使用した木綿のエプロンの洗濯について，問いに答えよ。

ア．どんな洗剤を使用したらよいか。

イ．どのように干すか。

ウ．アイロンの温度は何度ぐらいが適当か，下より選べ。

　a．80〜120℃　　b．140〜160℃　　c．180〜200℃

解答　(1)（ア）6年　（イ）5年　(2)イ　(3)ウ　(4)ウ
(5)①　油いためはビタミンCの損失が少ない。　②　油いためはカロチンの吸収がよくなる。　(6) ガスコンロの空気口を大きく調節して，完全燃焼させる。　(7)ウ　(8)ア　石けん　イ　しわがつかないよう軽くしぼり，日当りと風通しのよいところに干す。　ウ　c

解説　鶏卵はたん白質に富んだ食品で，脂肪，無機質，ビタミンなども含んでいる。加熱されると60℃前後で卵白は凝固し，卵黄は70℃までは流動状態で90℃以上で凝固する。かたゆでとする場合には，水から入れて10〜15分間ぐらい沸騰させ，最後に冷水に入れるとよい。新鮮な卵は表面がざらざらしていて光沢がなく，振ってみても動く感じのしないものである。

━━━━ 例題 2 〈食物 (調理)〉 ━━━━

　調理実習でみそ汁をつくるとき，指導上の留意点として適切なものは，次の1 ～ 4のうちのどれか。
　1　みそは香りを大切にするために，具を入れてからすぐにみそを入れて煮込むようにする。
　2　みそ汁の具にほうれん草を用いる場合は，色よく仕上げるために，ほうれん草を入れてからやわらかくなるまでよく煮る。
　3　にぼしでだしを取る場合は，味をよくするために，常温の水で旨味成分を浸出させてから沸騰させる。
　4　みその食塩含量は20％であり，加えるみその量は食塩含量に応じて汁の塩分が約5％になるようにする。

|解 答|　3
|解 説|　1　みそ汁の「みそ」は香りがとばないように，最後に入れる。
　2　ほうれん草は，しゅう酸というあくが出るので，みそ汁などの汁物に用いるときは，一回ゆでて，みそを入れて味を整えてから最後に入れる。　3　にぼしでだしを取る場合は，30分くらい水につけ，火にかけ沸騰したら2 ～ 3分煮るので正しい。
　4　みその食塩含量は，6 ～ 13％で，加えるみその量は食塩含量に応じて汁の塩分が約0.8 ～ 1％になるようにする。

家庭科　家庭生活・消費生活

ポイント

　消費生活は，小学校家庭科の計画的な物の使い方や購入に対応した内容である。目的にあったものを適切に購入できるようにするための知識として，表示やマークがある。期限表示のなかで，消費期限は腐敗や変質などのおそれのない期限，賞味期限は品質が保持されおいしく食べられる期限である。JASマーク，有機農産物マーク，環境に関するマークなど，マークについて一通りチェックしておくこと。買い方の学習の中で支払方法の一つとして，プリペイドカード，キャッシュカード，クレジットカードなどについても知っておく必要がある。購入の際，問題になる悪質商法とクーリング・オフについての出題も多い。クーリング・オフとは，「頭を冷やす」の意味。訪問販売などで無理に契約や購入をさせられたときに，定められた日数以内なら解約できる制度のことである。

例題1〈家庭生活・消費生活〉

次の空欄に適当な文字を入れよ。
　エンゲル係数では高所得の家庭ほど，家計消費支出に占める食費の割合は（　①　）くなり，教育・教養・保健衛生・娯楽費などの割合は（　②　）くなる。なお，住居費・被服費の割合は，低所得・高所得ともにほぼ（　③　）であると言われている。

解答　①　低　②　高　③　一定
解説　エンゲル係数とは，ドイツの統計学者エンゲル（1821～1896）が明らかにしたもので，家計総支出額に占める食費の支出割合を指している。所得の高い家庭ほどこの係数は小さいので，これを利用して生活水準を推定する尺度として使われるようになった。ところで，家庭生活のもつ機能については，多くの面から考えられるがまず家庭の成員に精神的・物質的生活の安定

を与えることがあげられる。次に，世代の継続や，子どもの保護，老人の保護などが考えられるし，社会の一単位として，社会生活の基礎経験を与えることも無視できない。

例題 2 〈家庭生活・消費生活〉

家庭の収入と支出について，次の (1) 〜 (3) の各問いに答えよ。

(1) 次の文中の（ ① ）〜（ ④ ）に当てはまる語句を，下のア〜コから1つずつ選び，記号で答えよ。ただし，同じ番号には，同じ語句が入る。

　家計収入の実収入には，定期的に受け取る（ ① ）収入と，臨時に受け取る（ ② ）収入とがある。（ ① ）収入には，勤め先から受け取る給与や，土地や建物を貸している場合の賃貸料などがある。（ ② ）収入には，入学祝いのような受贈金などが該当する。

　消費支出は，一般に，高齢者世帯では，（ ③ ）費と交際費の割合が高くなる傾向が見られる。

　また，借家世帯では，相対的に（ ④ ）費の割合が高くなる。

　ア．特別　　イ．基本　　ウ．経常　　　　エ．社会

　オ．教育　　カ．食物　　キ．保健医療　　ク．光熱

　ケ．住居　　コ．交通・通信

(2) 社会保険料は，どの支出に当てはまるか。次のア〜ウから1つ選び，記号で答えよ。

　ア．消費支出　　イ．非消費支出　　　ウ．実収入以外の支出

(3) 収入から非消費支出を引いたもので，実際に家計で自由に使えるお金のことを何と言うか。次のア〜エから1つ選び，記号で答えよ。

　ア．勤労所得　　イ．特別収入　　ウ．可処分所得

　エ．生活所得

解答 (1) ① ウ　　② ア　　③ キ　　④ ケ　　(2) イ
(3) ウ

家庭科 住生活

ポイント

①身の回りを快適に整える

快適さとは，気持ちよく居心地のよい状態であり，室内の環境が衛生的に清潔であったり，室温や明るさなどが適度で健康によく，過ごしやすい状態をいう。小学校家庭科では室内を快適に整える手立てを調べ，工夫して気持ちのよい住まい方ができるようにする。

②室内の暖かさ

日照（日当たり）をよくして暖かく住まう工夫の他，暖房器具やカーテンなどの効果的な使い方を調べる。

③風通し

夏に涼しく住まうために，風通しをよくする工夫のしかたや，室内の湿度を低くするための工夫を調べる。

④明るさ

室内を適度に明るくするために，日光を取り入れる工夫や，照明器具の用い方を調べる。

━━━━━━━━━ 例題 1 〈住居〉 ━━━━━━━━━

次のそれぞれの問いに答えよ。

(1) 室内を暖かく保つためには，暖房器具を使用する他にどんな点に留意すべきか，2点あげよ。

(2) 夏に住居の風通しをよくするためには，どのような工夫が望ましいか，2点あげよ。

解答 (1) ・日光が室内に差し込むようにする　・暖まった空気がすき間から逃げないようにする　(2) ・戸や窓を開けて室内に風の入る所と出る所をつくる。　・ふすまやしょうじをはずしたり，家具の置き場所をかえたりして風をさえぎらないようにする。

解説 適当な部屋の温度および湿度は，一般にそれぞれ，夏25℃〜28℃・55％〜65％，冬18℃〜22℃・45％〜60％である。冬期において寒さを防ぐには，南向きの窓を設けて日射を十分にとり入れるようにしたり，建物の断熱性を高め，すきま風を防ぐ工夫をしたりすることなどが考えられる。暖房器具の効率的利用も大切である。とくにこの際には換気に十分注意しなければならない。燃焼暖房器具が不完全燃焼していたり，換気が不十分だったりすると，一酸化炭素中毒の危険性が高い。大体空気中に0.02％程度の一酸化炭素濃度が見られると，頭痛症状がおきてくるといわれる。反対に防暑のためには，家具の配置をかえて通風をよくしたり，極力直射日光の影響を避ける日よけだな，ブラインド，カーテン，すだれなどを活用するとよい。

例題 2 〈住居〉

住まいについて，次の各文の（　　）内に当てはまる適切な語句を答えよ。

(1) 近年，入居したばかりの新築住宅で，頭痛や息苦しさなどの症状があらわれる（　ア　）症候群が問題になっている。気密性や断熱性の高い建物では，ダニなどの害虫や結露も生じやすい。

(2) 日当たりがよく，通風のよいことは住宅にとって大切な要素である。日本では，夏は日があまり差し込まず，冬は差し込む（　イ　）向きの家がよい。

(3) 太陽熱を利用して，暖房や給湯，場合によっては冷房を行う住宅もある。これを（　ウ　）ハウスとよぶ。低価格化とさらなる改良で普及することが期待されている。

解答 ア　シックハウス　　イ　南　　ウ　ソーラー
解説 シックハウス症候群は，住宅の高気密化による空気汚染，湿度による細菌，カビ，ダニが繁殖，ストーブから放出される一酸化炭素などの汚染物質などが原因で起こる。

家庭科 学習指導要領

ポイント

━━━━ 平成29年改訂の要点 ━━━━

① 目標の改善について

(1) 教科の目標

　家庭科において育成を目指す資質・能力については，中央教育審議会答申（平成28年12月21日）にて実践的・体験的な学習活動を通して，家族・家庭，衣食住，消費や環境等についての科学的な理解を図り，それらに係る技能を身に付けるとともに，生活の中から問題を見いだして課題を設定しそれを解決する力や，よりよい生活の実現に向けて，生活を工夫し創造しようとする態度等を育成することを基本的な考え方とし，整理が行われた。これを受け，教科の目標は次のように示された。

　生活の営みに係る見方・考え方を働かせ，衣食住などに関する実践的・体験的な活動を通して，生活をよりよくしようと工夫する資質・能力を次のとおり育成することを目指す。
(1) 家族や家庭，衣食住，消費や環境などについて，日常生活に必要な基礎的な理解を図るとともに，それらに係る技能を身に付けるようにする。
(2) 日常生活の中から問題を見いだして課題を設定し，様々な解決方法を考え，実践を評価・改善し，考えたことを表現するなど，課題を解決する力を養う。
(3) 家庭生活を大切にする心情を育み，家族や地域の人々との関わりを考え，家族の一員として，生活をよりよくしようと工夫する実践的な態度を養う。

　また，「生活の営みに係る見方・考え方」とは，中央教育審議会答申では「家族や家庭，衣食住，消費や環境などに係る生活事象を，協力・協働，健康・快適・安全，生活文化の継承・創造，持続可能な社会の構築

等の視点で捉え，よりよい生活を営むために工夫すること」として示している。

② 内容の改善について

　内容については，「A　家族・家庭生活」「B　衣食住の生活」「C　消費生活・環境」の3領域で構成されている。従来の内容「B　日常の食事と調理の基礎」「C　快適な衣服と住まい」は，「B　衣食住の生活」に統一された。それぞれの領域の中で〔知識及び技能〕〔計画し工夫すること〕を反映した指導事項が設定されている。

--- 例題 1 〈学習指導要領〉 ---

　次の文は，小学校学習指導要領（平成29年3月告示）「家庭」に示されている教科の目標である。文中の空欄に当てはまる語句を答えよ。
(1) 家族や家庭，衣食住，消費や環境などについて，（　①　）に必要な基礎的な理解を図るとともに，それらに係る技能を身に付けるようにする。
(2) （　①　）の中から問題を見いだして課題を設定し，様々な解決方法を考え，実践を（　②　）し，考えたことを表現するなど，課題を解決する力を養う。
(3) （　③　）を大切にする心情を育み，家族や地域の人々との関わりを考え，家族の一員として，生活をよりよくしようと（　④　）する実践的な態度を養う。

解答　①　日常生活　　②　評価・改善　　③　家庭生活
　　　　④　工夫

--- 例題 2 〈学習指導要領〉 ---

　次の文は，小学校学習指導要領（平成29年3月告示）「家庭」に示されている第5学年及び第6学年の内容の一部である。文中の（　ア　）～

（　エ　）に当てはまる語句を下のA ～ Hから1つずつ選び，記号で答えよ。
　○衣服の着用と手入れ
　　・　衣服の主な（　ア　）が分かり，季節や状況に応じた日常着の
　　　快適な着方について理解すること。
　　・　日常着の手入れが必要であることや，ボタンの付け方及び
　　　（　イ　）の仕方を理解し，適切にできること。
　○快適な住まい方について，次の事項を指導する。
　　・　住まいの主な働きが分かり，（　ウ　）の変化に合わせた生活の
　　　大切さや住まい方について理解すること。
　　・　住まいの整理・整頓や（　エ　）の仕方を理解し，適切にでき
　　　ること。
　　A　清掃　　　B　修繕　　　C　役割　　　D　アイロンかけ
　　E　洗濯　　　F　温度　　　G　季節　　　H　働き

解答　ア　H　　イ　E　　ウ　G　　エ　A

── 例題 3 〈学習指導要領〉 ──

　次の文は，小学校学習指導要領（平成29年3月告示）「家庭」の「内容」
における「衣食住の生活」の一部である。各空欄に適する語句を答えよ。
（2）調理の基礎
　ア　次のような知識及び技能を身に付けること。
　　（ア）調理に必要な材料の分量や（　①　）が分かり，調理計画に
　　　ついて理解すること。
　　（イ）調理に必要な用具や食器の安全で衛生的な取扱い及び
　　　（　②　）の安全な取扱いについて理解し，適切に使用できるこ
　　　と。
　　（ウ）材料に応じた洗い方，調理に適した切り方，（　③　），盛り
　　　付け，配膳及び後片付けを理解し，適切にできること。
　　（エ）材料に適したゆで方，（　④　）を理解し，適切にできること。
　　（オ）伝統的な日常食である（　⑤　）及びみそ汁の調理の仕方を

理解し，適切にできること。
イ　おいしく食べるために調理計画を考え，調理の仕方を工夫すること。

解答　①　手順　　②　加熱用調理器具　　③　味の付け方
④　いため方　　⑤　米飯

解説　家庭科の調理に関してのこれらの事項のうち，「材料に応じた」「調理に適した」などの文言は学習内容がより実践的なものとなるよう今回の学習指導要領改訂で書き加えられたものである。

例題 4 〈学習指導要領〉

次の文は，小学校学習指導要領（平成29年3月告示）「家庭」における，「第3　指導計画の作成と内容の取扱い」の一部である。①〜⑤に当てはまる言葉を書け。
・　指導に当たっては，コンピュータや（　①　）を積極的に活用して，実習等における情報の（　②　）や，実践結果の発表などを行うことができるように工夫すること。
・　生活の（　③　）の基礎を培う基礎的・基本的な知識及び技能を習得するために，調理や製作等の手順の（　④　）について考えたり，実践する喜びを味わったりするなどの（　⑤　）な活動を充実すること。

解答　①　情報通信ネットワーク　　②　収集・整理　　③　自立
④　根拠　　⑤　実践的・体験的

解説　上の文章は「第3　指導計画の作成と内容の取扱い」2の（2），下の文章は（3）による。

●小学校学習指導要領（平成29年3月告示）

第 8 章

体育科

体育科 体育理論

ポイント

　中学校及び高等学校の学習指導要領では、「体育理論」で学ぶべき内容が示されている。そのねらいは、ともに運動領域と関連を図りながら、合理的な運動実践の方法と、現代社会におけるスポーツの意識や必要性について知的側面から理解を深め、体育科の目標達成に寄与することである。小学校学習指導要領においては、「体育理論」に関する内容が示されていない。しかしながら、小学校でも運動・スポーツに内包されている楽しさや喜びの特性を正しく理解させること、及び「保健」の学習などを通じて、（生涯にわたって）継続的に運動するために必要な基礎的・基本的な事項等の習得を図る必要がある。

　体育科の目標の1つに「健康の保持増進と体力の向上」があげられている。従って体力についての考え方を充分理解しておかなければ、その目標達成が効果的にできない。

━━━━━━━ **例題 1 〈体育理論〉** ━━━━━━━

体力について次の図表を完成せよ。

解答　① 行動力　② 瞬発力　③ 全身持久力　④ 調整
　　　⑤ 敏しょう性

解説 体力とは人間の諸活動の基礎となる身体能力である。この能力は暑さや寒さ，病気などに耐えて，生命を維持していく抵抗力と，自分から進んで興していく行動力とに分けられる。前者を防衛体力，後者を行動体力と言うこともできる。体育科では種々の運動をとおして学習がすすめられる。換言すれば種々の運動をすることにより，体力の向上を図ることが体育科の学習である。従って体力を運動をするという積極的な活動との結びつきで，つまり行動体力の側面から捉えておかなければならない。行動体力を運動との関連で考えてみると運動を発現するものとしての筋持久力，運動を維持するものとしての全身持久力・筋持久力運動を調整するものとして調整力と柔軟性が考えられる。調整力は細かに見てみると，平衡性，巧性，敏しょう性とに分けて捉えることができる。また，行動体力を「からだの動き」との関連で捉えると，筋力を「力強い動き」と言い表わすこともできる。雲梯の懸垂移行・人運びなどがその動きにあたる運動の例である。持久力は「長く続ける運動」でマラソンなどがその例である。巧ち性は「バランスのとれた動き，リズミカルな動き，タイミングのよい動き，正確な動き」で平均台・スキップ・なわとびなどが挙げられる。敏しょう性は「すばやい動き」で，馬とび，くぐりぬけなどである，柔軟性は「柔らかい動き」で，マット運動などがその例である。体力の向上ということを発達段階に即して捉えると，脳の発達の著しい10歳頃までは，調整力も伸びることが明らかにされている。従って敏しょう性・巧ち性・平衡性など神経系の動きを包含した調整力の養成がこの時期の体力向上の主眼となる。筋力は小学生では目立った伸びは示さないが高学年から中学生にかけては発達が見られる。運動を長く維持させる力である持久力は，呼吸器，循環器とのかかわりもあり，むりせずに子どもの実態に即した指導が大切である。小学生時代は，神経系のはたらきが完成の域にまで近づくと言われている。この期を失うと，運動神経の発達を大きくそこなうことになる。調整力の養成は小学校体育の要である。

▰▰▰ 例題 2 〈体育理論〉 ▰▰▰

体ほぐしの運動のねらい及びその運動の仕方の記述として適切なものは，次の1～4のうちのどれか。

1 体ほぐしの運動のねらいは，児童の体力の向上を直接のねらいとしてつくられた運動であり，自己の体力や生活の状況に応じて各種の運動が実践できるようにする。

2 体ほぐしの運動は，小学校の低・中学年で実施する「基本の運動」とは趣旨が異なるため，別途指導計画に位置付けて実施するようにする。

3 体ほぐしの運動の指導は，学習指導要領に示されている技能の内容の習得状況に応じて，児童に数多くの課題を設定させ，多様な学習方法を用いて進めるようにする。

4 体ほぐしの運動は，運動そのものの楽しさや心地よさを味わうとともに，精神的なストレス等の解消に役立てるなど，心と体の問題に対処するために用いるようにする。

解答 4

解説 体ほぐしの運動を取り上げた背景としては，日常生活において，運動遊びなどの体を動かす体験の減少，精神的なストレスの増大等，児童の成育環境が変化することによって，体力・運動能力の低下傾向や活発に運動をする者とそうでない者に二極化している状況をあげることができる。このような状況を踏まえると，生涯にわたり積極的に運動に親しんでいく一つの基盤として，すべての児童が体を動かす楽しさや心地よさを体験する機会をもつことが大切になる。そのためにも体と心をほぐし，リラックスできるような運動を体験する必要がある。このような考え方から，体ほぐしの運動は，運動そのものの楽しさや心地よさを味わうとともに，精神的なストレス等の解消に役立てるなど，心と体の問題に対処するために用いるようにする。

体育科　新体力テスト

ポイント

　「新体力テスト」を構成するテスト項目は，運動能力を構成する基本的な体力要素であるスピード，全身持久力，筋パワー（瞬発力），巧ち性，筋力，筋持久力，柔軟性および敏しょう性に対応しており，そのうち，心肺持久力，筋力・筋持久力および柔軟性は健康に関連した体力となる。また，走，跳，投能力は，基礎的運動能力と考えられる。「新体力テスト」で測定評価される体力要素をまとめると，次のようになる。

基礎運動能力評価	テスト項目	体力評価	健康評価
走	50m走	スピード	
	20mシャトルラン	全身持久力	心肺持久力
跳	立ち幅とび	筋パワー	
	ボール投げ	巧ち性・筋パワー	
投	握力	筋力	筋力
	上体起こし	筋力・筋持久力	筋持久力
	長座体前屈	柔軟性	柔軟性
	反復横とび	敏しょう性	

例題 1 〈新体力テスト〉

　次の体力測定種目はそれぞれ何の力を測定するものか。
(1) 反復横とび　　(2) 立ち幅とび　　(3) 握力
(4) 長座体前屈　　(5) 20mシャトルラン

|解 答|　(1) 敏しょう性　　(2) 筋パワー　　(3) 筋力　　(4) 柔軟性
(5) 全身持久力

|解 説|　平成11年度の体力，運動能力調査から導入した「新体力テスト」を用いて，体力・運動能力の調査が実施されている。文部科学省から「新体力テスト―有意義な活用のために―」が刊行されているので，測定の準備，方法，記録，実施上の注意，実施上の一般的な注意，新体力テストのねらいと特徴などについて学習しておく必要がある。

体育科　各種の運動

ポイント

体育科の内容構成は次表のとおりである。

学年	1・2	3・4	5・6
領域	体つくりの運動遊び	体つくり運動	
	器械・器具を使っての運動遊び	器械運動	
	走・跳の運動遊び	走・跳の運動	陸上運動
	水遊び	水泳運動	
	ゲーム		ボール運動
	表現リズム遊び	表現運動	
		保健	

──── 例題 1 〈各種の運動〉 ────

次のそれぞれの（　　）内にふさわしい語を下から選び，記号で答えよ。
　各種の運動のねらいの中心は（　①　）を身につけ，各種の運動の基礎となる（　②　）ができるようにし，力一杯（　③　）喜びを体得させるとともに（　④　）ことにある。このことから一般にいわれている基本運動とも異なり（　⑤　），スポーツ，ダンスなどとも異なった特性を持っているといえる。

（ア）よりよい動き　　（イ）体の基本的な動き
（ウ）体力を高める　　（エ）活動する
（オ）体操

解答　①（イ）　　②（ア）　　③（エ）　　④（ウ）　　⑤（オ）

例題 2 〈各種の運動〉

　小学校学習指導要領（平成29年3月告示）の「体育」に関する次の各問いに答えよ。

(1) 第3学年及び第4学年における「2　内容」の「E　ゲーム」では，3つの型のゲームが示されている。このうち2つの型のゲームは次のとおりであるが，残り1つの型のゲームは何か。（　　）に当てはまる語句を書け。

　　　　ゴール型ゲーム　　　ネット型ゲーム　　　（　　）型ゲーム

(2) 次の文は，第5学年及び第6学年における「2　内容」の「A　体つくり運動」の一部である。（　　）に当てはまる語句を書け。

　　　（　　）の運動では，手軽な運動を行い，心と体との関係に気付いたり，仲間と関わり合ったりすること

|解答| (1) ベースボール　　(2) 体ほぐし

|解説| (1) ボール運動は，攻守の特徴や共通する動き・技能を系統的に身に付けるという視点から，第3学年及び第4学年では，ゴール型ゲーム，ネット型ゲーム，ベースボール型ゲームと分類された。　(2) 第5学年及び第6学年の体つくり運動は，体ほぐしの運動と体の動きを高める運動で構成されている。

体育科 語句

ポイント

　語句は，単にことばの意味を知るだけでなく，運動の内容との関連で理解されなければならない。

　陸上運動では，**テイクオーバーゾーン，コーナートップ，スタンディングスタート，インターバル，ストライド**などが重要な語句である。

　ボール運動では，**トリッピング，ドリブル，ダブルドリブル，ハンドリング，ホールディング，トラベリング**などが重要な語句である。

　その他体育の学習理論や，方法論にかかわる語句もある。「より強き機能的活動は器官の質的変化を生じ能力を上昇せしめ，また形態的にも変化を生じ活動を容易ならしめる」というルーの法則や，内臓の発育を**リンパ型，神経型，一般型，生殖型**の4つに分けた「**スキャモンの発育曲線**」などがそれに当たる。また，特殊な問題としては，リーグ戦やトーナメント方式での試合数の計算などもある。公式を覚えておいた方がよい。

例題 1 〈語句〉

　次のことばを説明せよ。
　(1) 防衛体力　　(2) 行動体力

解答　(1) 抵抗力とも言い，暑さ寒さなどの様々な環境に適応していく力。　(2) 行動力とも言い，積極的に活動していく力。体育科では主として，この行動体力の側面から体力を問題とする。

解説　体力づくりは体育学習の重点目標である。従って，上記のような体力をどう理解するかということとかかわる語句は，最も重要なことばの1つであろう。

例題 2 〈語句〉

次の文中の（　　）内に当てはまる適切な語句を答えよ。

(1) 健康とは，単に病気や虚弱でない状態をいうのではなく，身体的にも，精神的にも，そして，（　ア　）にも完全に良好な状態のことである。

(2) 第二次性徴の発現には，下垂体前葉から分泌される（　イ　）ホルモンが関与する。

(3) 反動やはずみを利用せずに，ゆっくりと決められた一定の方向で，いろいろな部位の筋肉を伸ばす体操を（　ウ　）という。

(4) 体力テストの中で，スタート音で走り出し，次の音がなるまでに20m先のラインをこえるか，踏むことを繰り返す種目を（　エ　）という。

(5) 走り幅跳びの跳んだ距離は，ふみ切り線に対して（　オ　）に測る。

(6) バレーボールで，サーブ権にかかわらず得点が入るルールを（　カ　）制という。

(7) （　キ　）システムとは，水泳指導のときにとられる安全管理の方法であり，二人組または三人組をつくらせ，互いに相手の安全を確認しながら練習する方法である。

(8) 器械運動は，ドイツ体操を創案した（　ク　）によってつくられた。

(9) ソフトボールで，サインにより3塁ランナーが投球と同時にスタートし，バッターはどんな投球でもバントするプレイを（　ケ　）という。

(10) 一酸化炭素は，血液中の（　コ　）と親和性が強い。

解答 ア．社会的　　イ．性腺刺激　　ウ．ストレッチ　　エ．20mシャトルラン　　オ．直角　　カ．ラリーポイント　　キ．バディ　ク．ヤーン　　ケ．スクイズ　　コ．ヘモグロビン

体育科　保健理論

ポイント

　保健領域は，第3学年及び第4学年の2学年間で8単位時間，第5学年及び第6学年の2学年間で16単位時間が標準とされている。この時間を効果的に生かすためには，特に能率的で効果的な指導が行われなければならない。保健領域の学習のねらいの1つは，身近な生活における健康に必要な基礎的な知識の習得を図ることである。

　保健領域の内容は，第3学年及び第4学年の「健康な生活」では，1日の生活の仕方について理解できるようにする。「体の発育・発達」では，年齢に伴って体つきが変化し，体の発育・発達には個人差が出ることを理解できるようにする。第5学年及び第6学年の「けがの防止」では，交通事故や学校生活などにおける事故の起こり方や防ぎ方，さらに簡単な手当ての仕方などができるようにさせる。「心の健康」では，心と体は密接に関係し，さまざまな生活経験を通して発達することや，不安や悩みにはいろいろな対処の方法があることを理解させる。「病気の予防」では，病原体や生活習慣病など生活行動が主な原因として起こる病気，喫煙・飲酒・薬物乱用などの行為など健康を損なう原因を理解する。

例題 1 〈保健理論〉

　小学校学習指導要領「体育」に示されている第5学年及び第6学年の内容である「保健」において，4つの要因がかかわりあって病気が起こると書かれてあるが，それらの要因をすべて書け。

解答　病原体，体の抵抗力，生活行動，環境

解説　第5学年・第6学年の内容である「病気の予防」では，「病原体を体の中に入れないことや病原体に対する体の抵抗力を高めること及び望ましい生活習慣を身に付けることが必要である」とされている。

■■■■■■■■ 例題 2 〈保健理論〉 ■■■■■■■■

けが等の手当に関する記述として適切なものを，次の1〜4から1つ選べ。

1　つき指をした場合は，つき指をした関節の上部を引っぱり，関節の状態を修復する。

2　鼻血が出た場合は，顔を上に上げ，すぐに手の側面で首の後ろをたたいて止血する。

3　目にゴミが入った場合は，清潔な水の中に顔をつけてまばたきをしながら洗浄する。

4　ねんざをした場合は，経過観察後，その部位に腫れが現れた時点で冷やすようにする。

| 解答 | 3 |

| 解説 |つき指は“一種のねんざ”で，ときには骨折や脱臼，腱の断裂などを伴うことがあるので軽視してはいけない。まして，つき指をした関節の上部を引っぱってはいけない。処置としては，できるだけ早く患部を冷やす。鼻血が出た場合は，首の後ろ（うなじ）をたたいても止血にはならないし，また，何の効果もない。処置としては，鼻をしっかりつまみ（小鼻といわれる部分），やや顎を引き口で息をする（鼻血は飲み込まないようにする）。椅子に座らせるか壁によりかからせると楽になる。額から鼻のあたりを氷のうなどで冷やす。目にゴミが入った場合は，清潔な水の中に顔をつけてまばたき（目をパチパチする）しながら洗浄する。取れないときは下まぶたを引いたり，上まぶたをひっくり返したりして，ガーゼや綿棒をぬらしてそっとぬぐい取るようにする。ねんざをした場合は，すぐに冷たい水に30分ほどつけて冷やすことが肝要。経過観察などの時間をとる必要はない。

体育科 学習指導要領

ポイント

━━━━━ 平成29年改訂の要点 ━━━━━

① 目標の改善について

(1) 教科の目標

　体育科において育成を目指す資質・能力については，中央教育審議会答申（平成28年12月21日）にて，心と体を一体としてとらえ，生涯にわたって健康を保持増進し，豊かなスポーツライフを実現する資質・能力を育成することを重視する観点から，「知識・技能」，「思考力・判断力・表現力等」，「学びに向かう力・人間性等」の3つの柱に沿って整理した。これを受け，教科の目標は次のように示された。

> 　体育や保健の見方・考え方を働かせ，課題を見付け，その解決に向けた学習過程を通して，心と体を一体として捉え，生涯にわたって心身の健康を保持増進し豊かなスポーツライフを実現するための資質・能力を次のとおり育成することを目指す。
>
> (1) その特性に応じた各種の運動の行い方及び身近な生活における健康・安全について理解するとともに，基本的な動きや技能を身に付けるようにする。
>
> (2) 運動や健康についての自己の課題を見付け，その解決に向けて思考し判断するとともに，他者に伝える力を養う。
>
> (3) 運動に親しむとともに健康の保持増進と体力の向上を目指し，楽しく明るい生活を営む態度を養う。

　従前より示し方が変更され，先述の3つの柱に対応して (1) ～ (3) の目標が示された。それぞれ (1) が「知識・技能」，(2) が「思考力・判断力・表現力等」，(3) が「学びに向かう力・人間性等」による。

　また，「体育や保健の見方・考え方」とは，同答申では「体育の見方・考え方」を「運動やスポーツを，その価値や特性に着目して，楽しさや

喜びとともに体力の向上に果たす役割の視点から捉え，自己の適性等に応じた『する・みる・支える・知る』の多様な関わり方と関連付けること」，「保健の見方・考え方」を「個人及び社会生活における課題や情報を，健康や安全に関する原則や概念に着目して捉え，疾病等のリスクの軽減や生活の質の向上，健康を支える環境づくりと関連付けること」として示している。

(2) 各学年の目標

〔第1学年及び第2学年〕

(1) 各種の運動遊びの楽しさに触れ，その行い方を知るとともに，基本的な動きを身に付けるようにする。

(2) 各種の運動遊びの行い方を工夫するとともに，考えたことを他者に伝える力を養う。

(3) 各種の運動遊びに進んで取り組み，きまりを守り誰とでも仲よく運動をしたり，健康・安全に留意したりし，意欲的に運動をする態度を養う。

〔第3学年及び第4学年〕

(1) 各種の運動の楽しさや喜びに触れ，その行い方及び健康で安全な生活や体の発育・発達について理解するとともに，基本的な動きや技能を身に付けるようにする。

(2) 自己の運動や身近な生活における健康の課題を見付け，その解決のための方法や活動を工夫するとともに，考えたことを他者に伝える力を養う。

(3) 各種の運動に進んで取り組み，きまりを守り誰とでも仲よく運動をしたり，友達の考えを認めたり，場や用具の安全に留意したりし，最後まで努力して運動をする態度を養う。また，健康の大切さに気付き，自己の健康の保持増進に進んで取り組む態度を養う。

〔第5学年及び第6学年〕

(1) 各種の運動の楽しさや喜びを味わい，その行い方及び心の健康やけがの防止，病気の予防について理解するとともに，各種の運動の特性に応じた基本的な技能及び健康で安全な生活を営むための技能

を身に付けるようにする。

(2) 自己やグループの運動の課題や身近な健康に関わる課題を見付け，その解決のための方法や活動を工夫するとともに，自己や仲間の考えたことを他者に伝える力を養う。

(3) 各種の運動に積極的に取り組み，約束を守り助け合って運動をしたり，仲間の考えや取組を認めたり，場や用具の安全に留意したりし，自己の最善を尽くして運動をする態度を養う。また，健康・安全の大切さに気付き，自己の健康の保持増進や回復に進んで取り組む態度を養う。

各学年の (1) は答申で示された「知識・技能」の内容を，(2) は「思考力・判断力・表現力等」の内容を，(3) は「学びに向かう力・人間性等」の内容を反映している。

② 内容の改善について

内容の構成については，以下の通りである。

第1学年及び第2学年は「体つくりの運動遊び」「器械・器具を使っての運動遊び」「走・跳の運動遊び」「水遊び」「ゲーム」「表現リズム遊び」で構成されている。主な変更は領域名が「体つくり運動」→「体つくりの運動遊び」に変更されたことと，「水遊び」の指導事項が「水に慣れる遊び」→「水の中を移動する運動遊び」，「浮く・もぐる遊び」→「もぐる・浮く運動遊び」に変更されたことなどである。

第3学年及び第4学年は，体育分野が「体つくり運動」「器械運動」「走・跳の運動」「水泳運動」「ゲーム」「表現運動」，保健分野が「健康な生活」「体の発育・発達」で構成されている。主な変更は「水遊び」の指導事項が「浮く運動」→「浮いて進む運動」，「泳ぐ運動」→「もぐる・浮く運動」に変更されたことなどである。

第5学年及び第6学年は，体育分野が「体つくり運動」「器械運動」「陸上運動」「水泳運動」「ボール運動」「表現運動」，保健分野が「心の健康」「けがの防止」「病気の予防」で構成されている。主な変更は「体つくり運動」の指導事項が「体力を高める運動」→「体の動きを高める運動」に変

更され,「水泳運動」の指導事項に「安全確保につながる運動」が新たに加わったことなどである。

詳細な指導事項については,答申で示された「知識・技能」「思考力・判断力・表現力等」「学びに向かう力・人間性等」の柱に沿って整理されているので,確認する。

━━━━━━━━━ **例題 1 〈学習指導要領〉** ━━━━━━━━━

次の文は,小学校学習指導要領(平成29年3月告示)「体育」の目標である。文中の(①)～(③)に入るものを下のア～カからそれぞれ1つ選び,記号で答えよ。

体育や保健の見方・考え方を働かせ,課題を見付け,その解決に向けた学習過程を通して,(①)捉え,生涯にわたって(②)し(③)を実現するための資質・能力を次のとおり育成することを目指す。

　ア　体力と運動能力を一体として
　イ　心身の健康を保持増進
　ウ　楽しく明るい生活
　エ　心と体を一体として
　オ　技術と体力を向上
　カ　豊かなスポーツライフ

|解答| ①　エ　　②　イ　　③　カ

|解説| 体育科の目標は,学校教育法第29条「小学校は,心身の発達に応じて,義務教育として行われる普通教育のうち基礎的なものを施すことを目的とする」を踏まえている。

━━━━━━━━━ **例題 2 〈学習指導要領〉** ━━━━━━━━━

小学校学習指導要領(平成29年3月告示)に示された体育科の各運動領域における内容について,次の(1)～(3)に答えよ。

(1) 第1学年及び第2学年で指導する「D　水遊び」の内容として適切なものを①〜⑤から1つ選び，番号で答えよ。
　　① 水に親しむ運動遊び
　　② 水に慣れる運動遊び
　　③ 水の中を移動する運動遊び
　　④ 水の中を歩く運動遊び
　　⑤ 浮いて進む運動遊び

(2) 第3学年及び第4学年で指導する「E　ゲーム」にて扱うゲームの型は全部で3種類ある。全て答えよ。

(3) 第5学年及び第6学年で指導する「C　陸上運動」では，（　　　）・リレー，ハードル走，走り幅跳び，走り高跳びの4項目を扱う。空欄に当てはまるものを①〜⑤から1つ選び，番号で答えよ。
　　① 50m走　　② 短距離走　　③ 中距離走　　④ 持久走
　　⑤ ジョギング

解答　(1) ③　　(2) ゴール型ゲーム，ネット型ゲーム，ベースボール型ゲーム　　(3) ②

解説　小学校学習指導要領に示された体育科の目標，各学年の目標及び内容，指導計画の作成と内容の取扱いからの出題頻度がかなり高いので，正しく答えられるように熟読しておくことが大切である。

例題 3 〈学習指導要領〉

　次の文は，小学校学習指導要領（平成29年3月告示）「体育」の「第3　指導計画の作成と内容の取扱い」の一部である。（　①　）〜（　③　）に当てはまる語句を答えよ。

・学校や地域の実態を考慮するとともに，個々の児童の（　①　）や技能の程度などに応じた指導や児童自らが運動の課題の解決を目指す活動を行えるよう工夫すること。特に，運動を苦手と感じている児童や，運動に意欲的に取り組まない児童への指導を工夫するとと

もに，（　②　）児童などへの指導の際には，周りの児童が様々な特性を尊重するよう指導すること。

・筋道を立てて練習や作戦について話し合うことや，（　③　）について話し合うことなど，コミュニケーション能力や論理的な思考力の育成を促すための言語活動を積極的に行うことに留意すること。

解答　①　運動経験　　②　障害のある　　③　身近な健康の保持増進

解説　①，②　運動を苦手と感じている児童，運動に意欲的に取り組まない児童，障害のある児童への指導については現行の学習指導要領から追加された項目である。　③　言語活動に関する留意事項は，体育科の他にも音楽科など一部の教科に関して学習指導要領に示されている

●小学校学習指導要領（平成 29 年 3 月告示）

体育科 学習指導法

ポイント

　今回の学習指導要領改訂における趣旨の一つに，「主体的な学び」「対話的な学び」「深い学び」の視点から学習過程の改善を図ることがある。中央教育審議会答申（平成28年12月21日）によると，それぞれの学びを実現するための視点として，次のようなことが挙げられている。

「主体的な学び」

・運動の楽しさや健康の意義等を発見し，運動や健康についての興味や関心を高め，課題の解決に向けて粘り強く自ら取り組み，それを考察する学びの過程

・学習を振り返り，課題を修正したり新たな課題を設定したりする学びの過程　など

「対話的な学び」

・運動や健康についての課題の解決に向けて，児童生徒が他者（書物等を含む）との対話を通して，自己の思考を広げ深めていく学びの過程

「深い学び」

・自他の運動や健康についての課題を発見し，解決に向けて試行錯誤を重ねながら，思考を深め，よりよく解決する学びの過程　など

　指導計画の作成や指導法に関する設問では，これらの視点が相互に関連し合うことや，学習の目標との結びつきについてを念頭に解答を作成したい。

　以上のほかに，運動領域では「技」の体系，運動発達，運動習熟などを考慮した解答が望まれる。また保健領域では，健康に関する原理や法則を系統的に学習させ，科学認識に基づいた生活実践力の形成を目指す授業（指導）像などが期待される。

▬▬▬ 例題 1 〈学習指導法〉 ▬▬▬

　体育の授業において，事故防止のために教師はどのような点に留意すればよいか，5つ簡単に記せ。

解答　・児童の発達段階に応じた教材を選ぶ。　・児童を教師の視野の中におく。　・児童の健康観察を十分にする。　・準備運動をしっかりする。　・使用する教具の安全点検をする。

解説　学校でのけがの多くは行動と環境が要因になって起こっている。行動に原因がある場合は，きまりを守らない・不注意・いたずら・学校の指示を守らないなどが指摘されている。環境に原因がある場合は，設備の破損，施設設備の不完全，障害物などが指摘されている。また，名札のピン，ポケット内の危険物など服装が原因になっている場合もある。けがの防止には，危険を予測する力と適確な判断力を高めることが大切である。また，学校環境の安全点検をすることも必要である。

▬▬▬ 例題 2 〈学習指導法〉 ▬▬▬

　逆上がりができない児童に対して，技能面についての指導のポイントを3つ答えよ。

解答　・曲げた腕を伸ばさないように，腹部を鉄棒に引き付ける。・足で地面をけり，膝を前上方に振り上げる。　・後方回転する手前で手首を返す。

解説　逆上がりは，代表的な学校体育の教材である。ポイントは，上体の鉄棒への引き付け，足の振り上げである。できない場合，跳び箱やロイター板などの補助具や友達同士での補助を利用する。

319

例題 3 〈学習指導法〉

　水泳の授業を行う際，安全面の留意事項を2つ書け。

解答　・児童の健康状態の確認。　　・プールに入る児童数の把握。
　　　　・水に入るとき，すぐに飛びこまないで徐々に入らせる。
　　　　・長時間水に入らせない。　　から2つ

例題4 〈学習指導法〉

　第5学年の器械運動の「マット運動」の学習において，側方倒立回転を行うこととする。この技を安定して行うことができるようにするためには，どのようなことに留意するよう指導するか。簡潔に2つ書け。

解答　・腰の位置を高く保ちながら踏み出した足と同じ側の手をマットに着くこと。　　　・踏み切りを強くして，踏み出した足とは逆の足を勢いよく振り上げること。　　　・後から着いた手でマットを突き放し，片足ずつ着地させること。　　　・手足を一直線上に着くこと。

解説　「小学校体育（運動領域）まるわかりハンドブック・高学年」（文部科学省）に，側方倒立回転の動きのポイントとして，「腰を高く保ちながら踏み出した足と同じ側の手を着く。」「逆の足を勢いよく振り上げる。」「後から着いた手で突き放し，片足ずつ着地する。」と記されている。その他，「着手方向に体を向ける…手の着く方向に体を向け，足先もまっすぐにして手を着くようにする。」「両手にしっかりとのる…両手に体重をしっかりとのせてバランスをよくとれるようにし，着地の際もマットに着いた手を見ながら着地すると安定する。」などがある。

●小学校学習指導要領（平成 29 年告示）解説「体育編」（平成 29 年 7 月）

第 9 章

生活科

生活科　教科に関する内容

ポイント

〔　　〕の中は，小学校学習指導要領（平成29年3月告示）「第5節　生活」における関連する記述について示している。

●**学校生活〔内容（1）〕**

　ねらい：新しい友達と仲良く遊んだりして，楽しく安心して生活することができる。

　指導の工夫：①教科書の言葉などに注目させて，自己紹介していることに気付かせる。　②表現に工夫して，教師から自己紹介する。

●**公共施設の利用〔内容（4），取扱い2（1）〕**

　ねらい：乗り物に乗る計画を立て，安全に気を付けて利用できる。

　指導の工夫：①「乗り物ごっこ」を想起させ，乗車方法や施設，働いている人の様子などで，調べてみたいことを話し合わせる。　②児童の思いを大切にし，活動の意欲と目当てを持たせる。

●**動物の飼育〔内容（7），取扱い1（3）〕**

　ねらい：生き物の育て方を調べ，それぞれに合ったすみかを作ったり，大切に育てたりする。

　指導の工夫：①生き物は，教室の水そうや虫かごで飼うだけでなく，校内の様々な場所で育てるようにする。　②グループの力を生かして活動させる。　③動物に対するアレルギーや感染症などに対応する。

●**野菜の栽培〔内容（7），取扱い1（3）〕**

　単元の目標：①野菜の成長について振り返り，記録を整理することができる。　②自分たちで育ててきた野菜の収穫を喜び，簡単な調理を工夫して楽しむことができる。

　指導の工夫：①個々の野菜の成長の様子を教師が事前に調べ，適切な時期に実施する。　②採り入れをする前に，採り入れ方法や選別の仕方，後始末の方法などを確認させてから行う。　③活動後に「新聞作り」を呼びかけ，記事の内容を考えさせたり，インタビューな

どを行わせる。 ④野菜の調理方法については児童の願いを大切にし，いろいろな方法を考えさせる。

● **公園での遊び〔内容 (6)〕**

ねらい：①公園で遊んだり，いろいろなものを見付けたりできる。②公園の施設を使って，遊びを楽しむことができる。 ③草花などを使って，遊ぶことができる。

指導の工夫：①公園での遊びの体験を思い出させる〔教科書の絵をきっかけにして，自分たちがよく遊びに行く公園での体験を思い出させる〕。 ②探検活動の延長線上に位置付ける〔学校探検の学習経験を生かして，自分たちの公園での活動について十分話し合わせる。遊び仲間もできたころ，公園に出かける〕。 ③まず，自由に遊ばせる〔子どもの興味のある遊びをさせ，道具以外の自然環境に目がいくときに，遊びをふくらませる手だてを工夫するように誘っていく〕。

● **遊びの工夫〔内容 (6)，取扱い2 (2)〕**

ねらい：①公園や近所で遊んだり，虫や草木の様子などを調べたりして，自然の変化に気付くことができる。 ②草木の葉や実などで遊んだり，葉や実を使っていろいろなおもちゃを作ることができる。③友達と協力して，遊びを工夫することができる。

指導の工夫：①「遊び」から「気付き」へ〔公園で存分に遊んだり，秋の収穫物で表現を堪能した子どもは，すでに直感として秋をとらえているはずである。子どもが実感として把握しはじめた"秋"の視点を共有させる〕。 ②探検気分を盛り上げる〔"秋"を発見に行く探検隊であることを意識付け，遊びの気分で探検できるよう盛り上げる〕。 ③社会環境にも目を向ける〔人の生活上の秋についても視点を向けさせる〕。

● **楽しみ方の工夫〔内容 (6)，取扱い2 (2)〕**

ねらい：①昔のおもちゃに興味を持って遊んだり，自分たちの手で遊ぶものをつくったりして，遊びや生活を楽しむことができる。②自然のおもしろさや不思議さなどに関心を持つことができる。③友達と一緒になって作ったり，遊んだりすることができる。

指導の工夫：①身近な大人たちに，いろいろな伝承玩具について取材

し，可能なら家庭から持ち寄る〔教科書に載っている伝承玩具の遊び方やそれ以外の玩具の名前や遊び方を家族や地域の人及び校内の大人たちに尋ね，それを学級で発表させる〕。　②遊び方のコツや楽しみ方を教えてもらう〔地域の高齢者などに協力してもらい，伝承玩具の扱い方，コツ，楽しみ方などを実演してもらう。教わりながらじっくり練習させる〕。　③伝承玩具をヒントにおもちゃを考えてみる〔どんなおもちゃが作れそうか話し合わせる〕。

● **自らの成長〔内容 (9)〕**

ねらい：①誕生から現在までの自分の成長の様子を振り返り，整理したりして，喜びを味わうことができる。　②自分を支えてくれた家族や周囲の人々に感謝の気持ちを持ち，これからも「がんばろう」とする自信や意欲を持つことができる。

指導の工夫：①成長に興味を持つ〔子どもの日常生活での出来事や身の回りのものから，自分が成長を実感する場面を話し合わせ，自分の成長に興味を持たせる〕。　②具体物を利用する〔自分が小さい頃に使っていたものや作ったものを家庭から持参させたり，友だちと見せ合ったりして，成長している自分に気付かせる〕。　③友だちの成長にも関心を持つ〔友だちが持ち寄ったものや聞いてきたことにも目を向け，自分と似ている点や違う点を探すなどして，友だちの成長にも関心を持たせる〕。　④成長の過程や家族構成は子どもそれぞれによって異なる。その点について十分に配慮し，個々が自信や意欲を持つことができるようにする。

例題 1 〈学科〉

第2学年で「いきものとなかよし」（6月　全12時間）の学習を計画した。次の (1) ～ (4) の問いに答えよ。

(1) この学習の単元目標として適するものを，次のA ～ Dから2つ選べ。

A．生き物を観察したり世話したりすることを通して，生き物への親しみをもつ。

 B. 生き物の体のつくりや雌雄の区別が分かる。

 C. どの児童もいろいろな生き物にさわれるようになる。

 D. 生き物とかかわるなかで生命をもっていることに気付き，大切に
する。

(2) 児童と生き物探しに出かけ，アメリカザリガニを見付けた。アメ
リカザリガニの特性を示したものはどれか，次のA～Dから2つ選
べ。

 A. 脱皮を繰り返しながら，成長する。

 B. 水に流されないように藻に卵を産み付ける。

 C. 驚くと，はねるように後ろに逃げる。

 D. 雌雄同体である。

(3) アメリカザリガニの飼育活動を通して予想される，児童の自分自
身への気付きを2つ簡潔に書け。

(4) アメリカザリガニを含む小動物の飼育に当たって教師として配慮
すべきことを2つ簡潔に書け。

解答 (1) A，D (2) A，C (3) ・はじめは怖くてさわれなかっ
たが，さわってみたらかわいかった。 ・毎日世話をすること
が楽しくなったし，上手になった。 ・家でも生き物を飼って
みようと思う。 などから2つ (4) ・生き物にさわる前，さ
わった後は手を洗うように指導する。 ・管理や繁殖，施設や
環境などについて配慮する。 ・児童のアレルギーや感染症な
どについて，事前に保護者に尋ねるなどして対応を考える。
 ・生き物に対して自分本位なかかわりが続くときは，命につ
いて考え合う場をつくる。 などから2つ

例題 2 〈学科〉

 学校では何種類かの小動物が飼育されているが，動物を飼育する上で，
注意しなければならない事柄として正しくないものの組み合わせを①～
⑤から1つ選べ。

ア．飼育環境は常に乾燥させ，衛生的に保持する。

イ．動物に適したえさを選び，食べるときには十分与える。

ウ．愛情を持って動物に接し，ストレスを与えないように子どもたち
　に指導する。

エ．飼育していたアヒルが突然死んだときは，なるべく早く，校庭等
　の片隅に墓をつくって埋葬しなければならない。

オ．飼育舎を掃除した後や動物や排泄物に触れた後は，必ず，石けん
　で手を洗うように指導する。

カ．適切な環境で飼育できるように，雌雄を別にしたり，去勢手術を
　したりして繁殖を制限する。

キ．飼育舎は，スズメやハト，その他野鳥が安心して飛来できるよう
　工夫した構造にし，食べ残したえさを処理できるようにする。

ク．ウサギの両耳を持って運ぶのはよくない。

① ア，イ，キ　② イ，エ，ク　③ ア，ウ，カ
④ イ，エ，キ　⑤ ウ，エ，キ

解答 ④

解説 学校で飼育される動物は，本来，安全でおとなしい動物で，正
しく優しく飼われている動物は，人間にもよくなつき，人間に
害も与えないはずである。そこで，特に安全で衛生的に飼育す
ることで，えさの適量を心得ることや突然死んだときもその要
因を考えるなど飼育の改善などに役立つことを学ぶことも大切
である。なお，学校で飼育しない方がよい動物として，ハト，
ヤギ，サルなどがあることも承知しておくことである。

生活科　学習指導要領

ポイント

平成29年改訂の要点

①　目標の改善について

(1) 教科の目標

　生活科において育成を目指す資質・能力については，中央教育審議会答申（平成28年12月21日）にて，「知識・技能」，「思考力・判断力・表現力等」，「学びに向かう力・人間性等」の3つの柱に沿った整理が行われた。これを受け，教科の目標は次のように示された。

> 　具体的な活動や体験を通して，身近な生活に関わる見方・考え方を生かし，自立し生活を豊かにしていくための資質・能力を次のとおり育成することを目指す。
> (1) 活動や体験の過程において，自分自身，身近な人々，社会及び自然の特徴やよさ，それらの関わり等に気付くとともに，生活上必要な習慣や技能を身に付けるようにする。
> (2) 身近な人々，社会及び自然を自分との関わりで捉え，自分自身や自分の生活について考え，表現することができるようにする。
> (3) 身近な人々，社会及び自然に自ら働きかけ，意欲や自信をもって学んだり生活を豊かにしたりしようとする態度を養う。

　従前より示し方が変更され，先述の3つの柱に対応して (1) ～ (3) の目標が示された。それぞれ (1) が「知識・技能」，(2) が「思考力・判断力・表現力等」，(3) が「学びに向かう力・人間性等」による。

　また，「身近な生活に関わる見方・考え方」とは，同答申では「身近な人々，社会及び自然を自分との関わりで捉え，比較，分類，関連付け，試行，予測，工夫することなどを通して，自分自身や自分の生活について考えること」として示している。

②各学年の目標

〔第1学年及び第2学年〕
(1) 学校，家庭及び地域の生活に関わることを通して，自分と身近な
　人々，社会及び自然との関わりについて考えることができ，それら
　のよさやすばらしさ，自分との関わりに気付き，地域に愛着をもち
　自然を大切にしたり，集団や社会の一員として安全で適切な行動を
　したりするようにする。
(2) 身近な人々，社会及び自然と触れ合ったり関わったりすることを
　通して，それらを工夫したり楽しんだりすることができ，活動のよ
　さや大切さに気付き，自分たちの遊びや生活をよりよくするようにす
　る。
(3) 自分自身を見つめることを通して，自分の生活や成長，身近な人々
　の支えについて考えることができ，自分のよさや可能性に気付き，
　意欲と自信をもって生活するようにする。

② 内容の改善について

　内容は，〔学校，家庭及び地域の生活に関する内容〕(1) 〜 (3)，〔身
近な人々，社会及び自然と関わる活動に関する内容〕(4) 〜 (8)，〔自分
自身の生活や成長に関する内容〕(9) の3領域9項目で構成される。

例題 1 〈学習指導要領〉

　次の文は，小学校学習指導要領（平成29年3月告示）「生活」の目標の
一部である。（ ア ）〜（ ウ ）に当てはまる語句を答えよ。
・活動や体験の過程において，自分自身，（ ア ），社会及び自然の
　特徴やよさ，それらの関わり等に気付くとともに，生活上必要な習
　慣や技能を身に付けるようにする。
・身近な人々，社会及び自然を（ イ ）で捉え，自分自身や自分の
　生活について考え，表現することができるようにする。
・身近な人々，社会及び自然に自ら働きかけ，（ ウ ）や自信をもっ

て学んだり生活を豊かにしたりしようとする態度を養う。

| 解答 | ア　身近な人々　　イ　自分との関わり　　ウ　意欲 |
| 解説 | 対象を自分との関わりで捉えさせること，人々・社会・自然を一体として捉えさせることは生活科の特徴である。目標は学習指導要領の中でも特に出題頻度が高いので熟読する。 |

例題 2 〈学習指導要領〉

　次の文は，小学校学習指導要領（平成29年3月告示）の「生活」の内容
(1) と (5) について記述したものである。文中の （　①　）～（　⑤　）
にあてはまる語句を，あとのア～ソから1つずつ選び，記号で答えよ。
　内容 (1)
　　学校生活に関わる活動を通して，学校の施設の様子や学校生活を
　支えている人々や友達，（　①　）の様子やその安全を守っている人々
　などについて考えることができ，学校での生活は様々な人や施設と
　関わっていることが分かり，楽しく安心して（　②　）や生活をし
　たり，安全な（　③　）をしたりしようとする。
　内容 (5)
　　身近な自然を観察したり，季節や地域の（　④　）に関わったり
　するなどの活動を通して，それらの違いや特徴を見付けることがで
　き，自然の様子や四季の変化，（　⑤　）によって生活の様子が変わ
　ることに気付くとともに，それらを取り入れ自分の生活を楽しくし
　ようとする。

　ア　季節　　　　イ　人々　　　ウ　気温　　エ　地域
　オ　学校周辺　　カ　登下校　　キ　行事　　ク　学校生活
　ケ　遊び　　　　コ　行動様式　サ　生活　　シ　学習
　ス　通学路　　　セ　理解　　　ソ　文化・芸能

| 解答 | ①　ス　　②　ケ　　③　カ　　④　キ　　⑤　ア |
| 解説 | 生活科の内容は2学年まとめて示され，9項目で構成されている。 |

基本的な活動と，それを通じてなにに気付き，どのように生か
していくかという方針がまとめられている。

例題 3〈学習指導要領〉

　生活科の内容（6）には，自然や物を使った遊びが位置付けられている。
次の文は，小学校学習指導要領解説生活編（平成29年7月）において，「遊
びの面白さ」と「自然の不思議さ」を説明したものである。文中の各空
欄に適する語句を下のア～ケから1つずつ選び，記号で答えよ。

（6）　遊びの面白さとは，例えば，落ち葉を踏みしめたり投げあげたり
　　してその感触を楽しむことなど，遊びに浸り没頭する遊び自体の面
　　白さである。また，「鬼の数を増やしたら楽しくなるかな」と遊びの
　　約束やルールを変えていくなど，遊びを工夫し遊びを（　①　）面
　　白さもある。さらに，「みんなでやると楽しいね」と友達と一緒に遊
　　ぶことの面白さもある。
　　　一方，自然の不思議さとは，例えば，「土台を軽い段ボールに変え
　　たのに，速く進まないよ」など，自分の（　②　）とが異なったと
　　きに生まれる疑問などである。また，「ゴムを強く引っ張ったら高く
　　飛んだよ」と，（　③　）の働きが見えてくることや「アサガオの色
　　水は，アサガオの花の色と同じだね」「風の向きによって，凧の上が
　　り方が違うんだよ」と，自然の中にきまりを見付けることなどである。

ア　思いと考え　　　イ　繰り返す　　　　ウ　創り出す
エ　理解する　　　　オ　目に見えないもの　カ　身近にあるもの
キ　見通しと事実　　ク　目の前にあるもの　ケ　考えと活動

解答　①　ウ　②　キ　③　オ

解説　選択式の問題では，前後の文章とのつながりを意識して，自然
　　　な日本語になるような語句を選ぶことが大切である。

●小学校学習指導要領（平成 29 年 3 月告示）

生活科　学習指導法

ポイント

　生活科における資質・能力を育む学習過程は，やってみたい，してみたいと自分の思いや願いを持ち，具体的な活動や体験を行い，直接対象と関わる中で感じたり考えたりしたことを表現し，行為していくプロセスであると考えられる。今回の学習指導要領改訂における趣旨の一つである「主体的な学び」「対話的な学び」「深い学び」の視点から学習過程の改善を図ることを実現するには，このプロセスを念頭に，表現活動を工夫し，体験活動と表現活動とが豊かに行きつ戻りつする相互作用を意識することが重要である。中央教育審議会答申（平成28年12月21日）によると，それぞれの学びを実現するための視点として，次のようなことが挙げられている。

「主体的な学び」
・生活科では，子供の生活圏である学校，家庭，地域を学習の対象や場とし，対象と直接関わる活動を行うことで，興味や関心を喚起し，自発的な取組を促してきた。こうした点に加えて，表現を行い伝え合う活動の充実を図ることが必要である。
・小学校低学年は，自らの学びを直接的に振り返ることは難しく，相手意識や目的意識に支えられた表現活動を行う中で，自らの学習活動を振り返る。振り返ることで自分自身の成長や変容について考え，自分自身についてのイメージを深め，自分のよさや可能性に気付いていく。自分自身への気付きや，自分自身の成長に気付くことが，自分は更に成長していけるという期待や意欲を高めることにつながる。
・学習活動の成果や過程を表現し，振り返ることで得られた手応えや自信は，自らの学びを新たな活動に生かし挑戦していこうとする子供の姿を生み出す。こうしたサイクルが「学びに向かう力」を育成するものとして期待することができる。

「対話的な学び」

・生活科では，身の回りの様々な人々と関わりながら活動に取り組む
ことや，伝え合ったり交流したりすることが大切である。伝え合い
交流する中で，一人一人の発見が共有され，そのことをきっかけと
して新たな気付きが生まれたり，関係が明らかになったりすること
が考えられる。他者との協働や伝え合い交流する活動は，一人一人
の子供の学びを質的に高めることにもつながる。

・また，双方向性のある活動が行われ，対象と直接関わり，対象との
やり取りをする中で，感じ，考え，気付くなどして「対話的な学び」
が豊かに展開されることが求められる。

「深い学び」

・生活科では，思いや願いを実現していく過程で，一人一人の子供が
自分との関わりで対象を捉えていくことが生活科の特質であると言
える。

・「身近な生活に関わる見方・考え方」を生かした学習活動が充実する
ことで，気付いたことを基に考え，新たな気付きを生み出し，関係
的な気付きを獲得するなどの「深い学び」を実現することが求めら
れる。低学年らしいみずみずしい感性により感じ取られたことを，
自分自身の実感の伴った言葉にして表したり，様々な事象と関連付
けて捉えようとしたりすることを助けるような教員の関わりが求め
られる。

　指導計画の作成や指導法に関する設問では，これらの視点が相互に関
連し合うことや，学習の目標との結びつきについてを念頭に解答を作成
したい。

例題 1 〈学習指導法〉

　小学校学習指導要領（平成29年3月告示）「生活」の「第2　各学年の目
標及び内容」の「2　内容」の (2) は「家庭生活に関わる活動を通して，
家庭における家族のことや自分でできることなどについて考えることが
でき，家庭での生活は互いに支え合っていることが分かり，自分の役割

を積極的に果たしたり，規則正しく健康に気を付けて生活したりしようとする。」である。この内容を指導していく上で，十分に配慮しなければならないことを4つ書け。

解答 ・それぞれの家庭の違いやよさを認めるようにする。　・家庭のプライバシーを尊重する。　・家庭の理解と協力を得る。・家庭との連携を図る。

解説 家庭は児童にとって生活の場であり，児童を支えてくれるところである。このことは，当然のことであるが児童ごとに家族構成や家庭生活の様子は異なるのであるから，指導上の配慮が不可欠である。

例題 2 〈学習指導法〉

　第1学年の「生きものとなかよし」の学習において，児童が春に近所でつかまえてきた虫を教室で飼う活動を行うこととする。この活動の中で，児童にはどのような知的な気付きが生まれるか。大きく3つの視点で分類し，それぞれについて，気付きの具体例を児童の言葉で書け。

解答 ・生き物の食生活に気付く：「バッタが，草をムシャッ，ムシャッと食べてた。」　・生き物の体の特徴に気付く：「カブトムシって，ほんとに強そうだよ。」　・生き物の生命に気付く：「ダンゴムシ，死んでるのかと思った。だけど，動き出したよ。」

解説 表現活動は，環境の様々な要素へのかかわりの活動の後のこととして，極めて重要である。しかも，子どもの能動的なはたらきであり，自らの思いや考えを表現するため，その努力の過程で主体的な力も育つのである。

●小学校学習指導要領 (平成 29 年告示) 解説「生活編」(平成 29 年7月)

第10章

外国語・
外国語活動

外国語・外国語活動 英文法・対話文

ポイント

1 英文法

□ A is to B what C is to D	〈AとBの関係はCとDの関係と同じ〉
□ all but 〜	〈ほとんど〜，ただ〜だけが〜でない〉
□ all the＋比較級（〜）＋for 〜	〈〜のためにかえっていっそう（〜）〉
□ anything but 〜	〈〜のほかなら何でも，決して〜でない〉
□ as 〜 as 〜	〈〜と同じくらい〜〉
□ as 〜 as possible	〈できるだけ〜，できるかぎり〜〉
□ as if 〜＝as though 〜	〈まるで〜であるかのように〉
□ as 〜，so 〜	〈〜のように，そのように〜〉
□ be about to 〜	〈まさに〜しようとしている〉
□ be accustomed to 〜 ing	〈〜することに慣れている〉
□ be going to 〜	〈〜しようとしている〉
□ be on the point of 〜 ing	〈まさに〜しようとしている〉
□ be used to 〜 ing	〈〜することに慣れている〉
□ be worth 〜 ing	〈〜する価値がある〉
□ but for 〜	〈〜がなければ〉
□ cannot help 〜 ing （cannot but 〜）	〈〜しないではいられない，〜せざるをえない〉
□ cannot 〜 too 〜	〈いくら〜しても〜しすぎることはない〉
□ compare A to B	〈AをBにたとえる〉
□ compare A with B	〈AとBを比べる〉
□ consist in 〜	〈〜に存する，〜にある〉
□ consist of 〜	〈〜から成り立つ〉
□ consist with 〜	〈〜と一致する，〜と両立する〉
□ demand that A be 〜	〈Aが〜するように要求する〉
□ deprive A of B	〈AからBを奪う〉
□ enough to 〜	〈〜するほど〜に，あまりに〜なので

（so … as to ～）　　　　　　〈～である〉
□ either A or B　　　　　　　〈AかBかどちらか〉
□ far from ～ ing　　　　　　〈少しも～でない，～どころではない〉
□ feel like ～ ing　　　　　　〈～したいような気がする〉
□ had better ～　　　　　　　〈～したほうがよい〉
□ happen to ～　　　　　　　〈たまたま～する〉
□ hardly ～ when …　　　　　〈～するやいなや～〉
□ it is no use ～ ing　　　　　〈～しても無駄である〉
□ keep A from ～ ing　　　　　〈Aに～させない，～することを妨げる〉
　（prevent A from ～ ing）
□ look to A for B　　　　　　〈AにBを期待する，AにBを当てにする〉
□ make a point of ～ ing　　　〈決まって～をする〉
□ not only A but（also）B　　　〈AばかりでなくBも〉
　（B as well as A）

② 対話文

□　A：You look tired. What's wrong with you?
　　B：I didn't sleep last night.
□　A：Thank you very much.
　　B：It's my pleasure.（どういたしまして）
□　A：Will you be able to come to help us?
　　B：No, I'm afraid not.（すみませんができません）
□　A：Will you pass me the soy sauce?
　　B：Here you are.（どうぞ）
□　A：Will it rain next Sunday?
　　B：I hope not.（そうならないといいね）
□　A：I've had a bad headache.
　　B：That's too bad.（お気の毒に）
□　A：How many chairs do you need?
　　B：Ten will do.（～で充分だ）
□　A：Why don't you ask him to help us?

B：That's a good idea.
　A：Thank you very much for your kindness.
　B：You're welcome. = Don't mention it. = Not at all.
　A：How would you like to come to our party next Friday?
　B：That sounds exciting!
　A：I'd like to talk with Mr. Brown.（電話での会話）
　B：This is Brown speaking.
　B：I'm sorry, but he is out now.
　A：Can I leave a message for him?
　A：Here comes your friend!
　B：I'm coming.（今行くよ）
　A：Will you come with me?
　B：Why not?（もちろん）
　A：Would you mind my smoking?
　B：Go ahead.（どうぞ）
　A：I missed the bus.
　B：You should have left home earlier.（～すべきだった）
　A：Could you pass me the salt, please?
　B：I beg your pardon?（何と言いましたか）
　A：Do you know where Ken is?
　B：I'm not sure. He may be in his room.
　A：I don't like spiders.
　B：Neither（Nor）do I.（= I don't like, either）

例題 1 〈英文法〉

　次の（1）～（4）の英文の（　）内に入れるのに最も適当な語句を，①～⑤から1つずつ選べ。
　(1) The man decided to wait at the station until his wife（　）.
　　① has come　② will come　③ came　④ come
　　⑤ comes

(2) I remember (　　) home on a pickup truck last Sunday.

  ① to have ridden　　② riding　　③ to ride　　④ ride

  ⑤ having ridden

(3) We left at once, (　　) we would have missed him.

  ① if　　② in case　　③ unless　　④ as if

  ⑤ otherwise

(4) They have two daughters. One is still single, and (　　) is married.

  ① the other　　② other　　③ another　　④ the another

  ⑤ either

解答 (1) ③　　(2) ②　　(3) ⑤　　(4) ①

解説 (1) until以下の節の時制を主節と一致させる。動詞decideが過去形なのでcomeも過去形にする。　(2) remember は動名詞, 不定詞どちらも目的語として使えるが意味が異なるため注意する。I remember ridingで「乗ったことを覚えている」。一方, I remember to rideで「忘れずに乗るようにする」。
(3) otherwiseは「さもなければ」。would have 〜を用いて「〜していたことだろう」と続く。　(4) 2つのうちの片方ともう一方という場合は,「もう一方」が特定されているのでtheをつけてone is … the other is …とする。another「別の」「もうひとつの」との混同に注意。

例題 2 〈対話文〉

  次の対話文の (　　) に入る最も適切なものをア〜エから1つずつ選び, 記号で答えよ。

(1) A：May I ask who's speaking?

   B：(　　)

  ア．No, James Robinson.　　イ．This is James Robinson.

  ウ．James Robinson, please.　　エ．You are James Robinson.

(2) A：Do you mind if I open the windows?

B：(　　　)

ア．Sure, never mind.　　　イ．Of course, please open them.

ウ．No, you don't have to.　　エ．Certainly not.

(3) A：I'd like to check out, please.

B：Sure. Here's the bill.

A：(　　　)

ア．How would you like to pay?

イ．Did you use the mini bar in your room?

ウ．Can I use this credit card?

エ．Check out time is 10 a.m.

(4) A：What's the best way to the airport?

B：By subway, if you want to save time.

A：(　　　)

B：That depends on the traffic.

ア．How many stops are there on the way?

イ．How much does it cost?

ウ．How long will it take to go by taxi?

エ．How often do I have to change the lines?

(5) A：I need a tie to go with this suit.

B：How about this? It's handmade.

A：Oh, that's the difference.

B：It looks good on you. (　　　)

ア．How much is it?　　イ．How do you like it?

ウ．I know about it.　　エ．I didn't know that.

解答 (1) イ　(2) エ　(3) ウ　(4) ウ　(5) イ

解説 (1)This is ～.〈こちらは～です。〉　(2)Do you mind if ～?〈～してもよろしいですか。〉　(4) How long ～?〈どのくらい～ですか。〉

340

外国語・外国語活動 学習指導要領

ポイント

平成29年改訂の要点

● 「外国語」について

① **教育課程上の位置付け**

・第5学年及び第6学年において，それぞれ年間70単位時間の授業時数を確保した。

・言語活動は従前の「外国語活動」における「聞くこと」「話すこと」の活動に加え，「読むこと」「書くこと」についても扱う。

・中・高等学校の外国語科と同様に「知識・技能」，「思考・判断・表現」，「主体的に学習に取り組む態度」の3観点により数値による評価を行う。

・英語の履修を原則とする。

② **目標について**

(1) **教科の目標**

「外国語」の目標は以下の通りである。

> 外国語によるコミュニケーションにおける見方・考え方を働かせ，外国語による聞くこと，読むこと，話すこと，書くことの言語活動を通して，コミュニケーションを図る基礎となる資質・能力を次のとおり育成することを目指す。
>
> (1) 外国語の音声や文字，語彙，表現，文構造，言語の働きなどについて，日本語と外国語との違いに気付き，これらの知識を理解するとともに，読むこと，書くことに慣れ親しみ，聞くこと，読むこと，話すこと，書くことによる実際のコミュニケーションにおいて活用できる基礎的な技能を身に付けるようにする。
>
> (2) コミュニケーションを行う目的や場面，状況などに応じて，身近

> で簡単な事柄について，聞いたり話したりするとともに，音声で十分に慣れ親しんだ外国語の語彙や基本的な表現を推測しながら読んだり，語順を意識しながら書いたりして，自分の考えや気持ちなどを伝え合うことができる基礎的な力を養う。
> (3) 外国語の背景にある文化に対する理解を深め，他者に配慮しながら，主体的に外国語を用いてコミュニケーションを図ろうとする態度を養う。

　中央教育審議会答申（平成28年12月21日）にて示された3つの柱に対応して，(1)〜(3)の目標が示された。それぞれ(1)が「知識・技能」，(2)が「思考力・判断力・表現力等」，(3)が「学びに向かう力・人間性等」の観点を反映している。

(2) 各言語の目標
　英語の目標は，英語学習の特質を踏まえ，聞くこと，読むこと，話すこと［やり取り］，話すこと［発表］，書くことの5つの領域別に設定された。

> **(1) 聞くこと**
> ア　ゆっくりはっきりと話されれば，自分のことや身近で簡単な事柄について，簡単な語句や基本的な表現を聞き取ることができるようにする。
> イ　ゆっくりはっきりと話されれば，日常生活に関する身近で簡単な事柄について，具体的な情報を聞き取ることができるようにする。
> ウ　ゆっくりはっきりと話されれば，日常生活に関する身近で簡単な事柄について，短い話の概要を捉えることができるようにする。
> **(2) 読むこと**
> ア　活字体で書かれた文字を識別し，その読み方を発音することができるようにする。
> イ　音声で十分に慣れ親しんだ簡単な語句や基本的な表現の意味が分かるようにする。

(3) 話すこと［やり取り］

ア　基本的な表現を用いて指示，依頼をしたり，それらに応じたりすることができるようにする。

イ　日常生活に関する身近で簡単な事柄について，自分の考えや気持ちなどを，簡単な語句や基本的な表現を用いて伝え合うことができるようにする。

ウ　自分や相手のこと及び身の回りの物に関する事柄について，簡単な語句や基本的な表現を用いてその場で質問をしたり質問に答えたりして，伝え合うことができるようにする。

(4) 話すこと［発表］

ア　日常生活に関する身近で簡単な事柄について，簡単な語句や基本的な表現を用いて話すことができるようにする。

イ　自分のことについて，伝えようとする内容を整理した上で，簡単な語句や基本的な表現を用いて話すことができるようにする。

ウ　身近で簡単な事柄について，伝えようとする内容を整理した上で，自分の考えや気持ちなどを，簡単な語句や基本的な表現を用いて話すことができるようにする。

(5) 書くこと

ア　大文字，小文字を活字体で書くことができるようにする。また，語順を意識しながら音声で十分に慣れ親しんだ簡単な語句や基本的な表現を書き写すことができるようにする。

イ　自分のことや身近で簡単な事柄について，例文を参考に，音声で十分に慣れ親しんだ簡単な語句や基本的な表現を用いて書くことができるようにする。

③　内容について

　〔知識及び技能〕「(1) 英語の特徴や決まり」，〔思考力，判断力，表現力等〕「(2) 情報を整理しながら考えなどを形成し，英語で表現したり，伝え合ったりすること」「(3) 言語活動及び言語の働き」の2領域3事項に大別できる。(1)では音声や文字及び符号などの言語材料について指導す

る。(2)では具体的な課題等を設定し，コミュニケーションを行う目的や場面，状況などに応じて，情報を整理しながら考えなどを形成し，これらを表現することを通して指導する。(3)では「聞くこと」「読むこと」「話すこと（やり取り）」「話すこと（発表）」「書くこと」の言語活動に関する5領域及び言語の働きについて指導する。

● 「外国語活動」について
１ 教育課程上の位置付け
・第3学年及び第4学年において，それぞれ年間35単位時間の授業時数を確保した。
・言語活動については「聞くこと」「話すこと」を扱う。
・数値による評価は行わず，顕著な事項がある場合に，その特徴を記入する等，文章の記述による評価を行う。
・英語の履修を原則とする。

２ 目標について
(1) 教科の目標
「外国語活動」の目標は以下の通りである。

　外国語によるコミュニケーションにおける見方・考え方を働かせ，外国語による聞くこと，話すことの言語活動を通して，コミュニケーションを図る素地となる資質・能力を次のとおり育成することを目指す。
(1) 外国語を通して，言語や文化について体験的に理解を深め，日本語と外国語との音声の違い等に気付くとともに，外国語の音声や基本的な表現に慣れ親しむようにする。
(2) 身近で簡単な事柄について，外国語で聞いたり話したりして自分の考えや気持ちなどを伝え合う力の素地を養う。
(3) 外国語を通して，言語やその背景にある文化に対する理解を深め，相手に配慮しながら，主体的に外国語を用いてコミュニケーションを図ろうとする態度を養う。

中央教育審議会答申（平成28年12月21日）にて示された3つの柱に対応

344

して，(1) ～ (3) の目標が示された。それぞれ (1) が「知識・技能」，(2) が「思考力・判断力・表現力等」，(3) が「学びに向かう力・人間性等」の観点を反映している。

(2) 各言語の目標

　英語の目標は，英語学習の特質を踏まえ，聞くこと，話すこと［やり取り］，話すこと［発表］の3つの領域別に設定された。

(1) 聞くこと
ア　ゆっくりはっきりと話された際に，自分のことや身の回りの物を表す簡単な語句を聞き取るようにする。
イ　ゆっくりはっきりと話された際に，身近で簡単な事柄に関する基本的な表現の意味が分かるようにする。
ウ　文字の読み方が発音されるのを聞いた際に，どの文字であるかが分かるようにする。

(2) 話すこと［やり取り］
ア　基本的な表現を用いて挨拶，感謝，簡単な指示をしたり，それらに応じたりするようにする。
イ　自分のことや身の回りの物について，動作を交えながら，自分の考えや気持ちなどを，簡単な語句や基本的な表現を用いて伝え合うようにする。
ウ　サポートを受けて，自分や相手のこと及び身の回りの物に関する事柄について，簡単な語句や基本的な表現を用いて質問をしたり質問に答えたりするようにする。

(3) 話すこと［発表］
ア　身の回りの物について，人前で実物などを見せながら，簡単な語句や基本的な表現を用いて話すようにする。
イ　自分のことについて，人前で実物などを見せながら，簡単な語句や基本的な表現を用いて話すようにする。
ウ　日常生活に関する身近で簡単な事柄について，人前で実物などを見せながら，自分の考えや気持ちなどを，簡単な語句や基本的な表現を用いて話すようにする。

③　内容について

〔知識及び技能〕「(1) 英語の特徴等」,〔思考力, 判断力, 表現力等〕「(2) 情報を整理しながら考えなどを形成し, 英語で表現したり, 伝え合ったりすること」「(3) 言語活動及び言語の働き」の2領域3事項に大別できる。(1) では言語によるコミュニケーションの楽しさや日本と外国の言語・文化について指導する。(2) では具体的な課題等を設定し, コミュニケーションを行う目的や場面, 状況などに応じて, 情報や考えなどを表現することを通して指導する。(3) では「聞くこと」「話すこと (やり取り)」「話すこと (発表)」の言語活動に関する3領域及び言語の働きについて指導する。

━━━━━　**例題 1 〈学習指導要領〉**　━━━━━

次の文は, 小学校学習指導要領 (平成29年3月告示)「外国語」の「目標」の一部である。文中の (①) 〜 (④) に適する語句を答えよ。

・外国語の音声や文字, 語彙, 表現, (①), 言語の働きなどについて, 日本語と外国語との違いに気付き, これらの知識を理解するとともに, 読むこと, 書くことに慣れ親しみ, 聞くこと, 読むこと, 話すこと, 書くことによる実際の (②) において活用できる基礎的な技能を身に付けるようにする。

・(②) を行う目的や場面, 状況などに応じて, 身近で簡単な事柄について, 聞いたり話したりするとともに, 音声で十分に慣れ親しんだ外国語の語彙や基本的な表現を推測しながら読んだり, (③) を意識しながら書いたりして, 自分の考えや (④) などを伝え合うことができる基礎的な力を養う。

解答　①　文構造　②　コミュニケーション　③　語順
④　気持ち

解説　第3学年及び第4学年にて指導する「外国語活動」が主に「聞くこと」及び「話すこと」といった外国語活動を通じて外国語に慣れ親しむことを特徴としているのに対し, 第5学年及び第6学

年で指導する「外国語」では「読むこと」及び「書くこと」が
加わり，総合的・系統的に扱うことを特徴としている。

━━━━━ 例題 2 〈学習指導要領〉 ━━━━━

　次の文は，小学校学習指導要領（平成29年3月告示）「外国語活動」に
おける「目標」の一部である。文中の（　①　）～（　③　）に適する
語句をア～コから選び記号で答えよ。
・外国語を通して，言語や文化について（　①　）に理解を深め，日
　本語と外国語との違い等に気付くとともに，外国語の音声や基本的
　な表現に慣れ親しむようにする。
・外国語を通して，言語やその背景にある文化に対する理解を深め，
　相手に（　②　）しながら，（　③　）に外国語を用いてコミュニケー
　ションを図ろうとする態度を養う。
　ア．工夫　　　イ．主体的　　　ウ．協力　　　エ．積極的
　オ．体験的　　カ．配慮　　　　キ．対処　　　ク．計画的
　ケ．協調　　　コ．対話的

|解答| ①　オ　　②　カ　　③　イ
|解説| 言語や文化についての理解は，社会や世界，他者との関わりに
　　　着目して捉えさせることが求められる。言語や文化の異なる相
　　　手と接する際にはさまざまな配慮が必要になると思われる。

━━━━━ 例題 3 〈学習指導要領〉 ━━━━━

　次の文は，小学校学習指導要領（平成29年3月告示）「外国語」に示さ
れている「内容」の一部である。（　①　）～（　④　）にあてはまる語
句を，それぞれa～dから1つずつ選び，記号で答えよ。
　ア　聞くこと
　　・自分のことや（　①　）など，身近で簡単な事柄について，簡単
　　　な語句や基本的な表現を聞いて，それらを表すイラストや写真な

どと結び付ける活動。
イ　読むこと
・活字体で書かれた文字を見て，その読み方を適切に（　②　）する活動。
ウ　話すこと［やり取り］
エ　話すこと［発表］
・簡単な語句や基本的な表現を用いて，自分の（　③　）や得意なことなどを含めた自己紹介をする活動。
オ　書くこと
・相手に伝えるなどの目的をもって，語と語の（　④　）に注意して，身近で簡単な事柄について，音声で十分に慣れ親しんだ基本的な表現を書き写す活動。
①　a　日常生活　　b　学校生活　　c　友達のこと
　　d　家族のこと
②　a　表現　　　　b　音読　　　　c　発音
　　d　識別
③　a　趣味　　　　b　名前　　　　c　好み
　　d　年齢
④　a　続き方　　　b　接続　　　　c　連結
　　d　区切り

解答　①　b　②　c　③　a　④　d
解説　「聞くこと」「話すこと」については「外国語活動」においても指導するので，違いについても併せて学習する必要がある。

例題4〈学習指導要領〉

　次の文は，小学校学習指導要領（平成29年3月告示）「外国語活動」に示されている「3　指導計画の作成と内容の取扱い」の一部である。（　①　）〜（　④　）にあてはまる語句を，それぞれア〜エから1つずつ選び，記号で答えよ。

○言語活動で扱う題材は，児童の興味・関心に合ったものとし，国語科や音楽科，図画工作科など，他教科等で児童が学習したことを活用したり，（　①　）で扱う内容と関連付けたりするなどの工夫をすること。

○学級担任の教師又は外国語活動を担当する教師が指導計画を作成し，授業を実施するに当たっては，ネイティブ・スピーカーや英語が堪能な（　②　）などの協力を得る等，指導体制の充実を図るとともに，指導方法の工夫を行うこと。

○言葉によらないコミュニケーションの手段もコミュニケーションを支えるものであることを踏まえ，（　③　）などを取り上げ，その役割を理解させるようにすること。

○各単元や各時間の指導に当たっては，コミュニケーションを行う目的，場面，状況などを明確に設定し，言語活動を通して育成すべき資質・能力を明確に示すことにより，児童が学習の（　④　）を立てたり，振り返ったりすることができるようにすること。

① ア　学校生活　　イ　地域の行事　　ウ　日常生活
　　エ　学校行事
② ア　保護者　　　イ　専門家　　　　ウ　地域人材
　　エ　外部指導者
③ ア　態度　　　　イ　ジェスチャー　ウ　表情
　　エ　ボディランゲージ
④ ア　見通し　　　イ　課題　　　　　ウ　計画
　　エ　筋道

解答　①　エ　　②　ウ　　③　イ　　④　ア
解説　「指導計画の作成と内容の取扱い」の該当箇所参照。

●小学校学習指導要領（平成29年3月告示）

●書籍内容の訂正等について

　弊社では教員採用試験対策シリーズ（参考書，過去問，全国まるごと過去問題集），公務員試験対策シリーズ，公立幼稚園・保育士試験対策シリーズ，会社別就職試験対策シリーズについて，正誤表をホームページ（https://www.kyodo-s.jp）に掲載いたします。内容に訂正等，疑問点がございましたら，まずホームページをご確認ください。もし，正誤表に掲載されていない訂正等，疑問点がございましたら，下記項目をご記入の上，以下の送付先までお送りいただくようお願いいたします。

> ① 　書籍名，都道府県（学校）名，年度
> 　（例：教員採用試験過去問シリーズ　小学校教諭 過去問　2025 年度版）
> ② 　ページ数（書籍に記載されているページ数をご記入ください。）
> ③ 　訂正等，疑問点（内容は具体的にご記入ください。）
> 　（例：問題文では"ア～オの中から選べ"とあるが，選択肢はエまでしかない）

〔ご注意〕

○ 電話での質問や相談等につきましては，受付けておりません。ご注意ください。

○ 正誤表の更新は適宜行います。

○ いただいた疑問点につきましては，当社編集制作部で検討の上，正誤表への反映を決定させていただきます（個別回答は，原則行いませんのであしからずご了承ください）。

●情報提供のお願い

　協同教育研究会では，これから教員採用試験を受験される方々に，より正確な問題を，より多くご提供できるよう情報の収集を行っております。つきましては，教員採用試験に関する次の項目の情報を，以下の送付先までお送りいただけますと幸いでございます。お送りいただきました方には謝礼を差し上げます。

（情報量があまりに少ない場合は，謝礼をご用意できかねる場合があります）。

◆あなたの受験された面接試験，論作文試験の実施方法や質問内容

◆教員採用試験の受験体験記

- -

| 送付先 | ○電子メール：edit@kyodo-s.jp
○FAX：03-3233-1233（協同出版株式会社　編集制作部 行）
○郵送：〒101-0054　東京都千代田区神田錦町2-5
　　　　　　協同出版株式会社　編集制作部 行
○HP：https://kyodo-s.jp/provision（右記のQRコードからもアクセスできます） | |

※謝礼をお送りする関係から，いずれの方法でお送りいただく際にも，「お名前」「ご住所」は，必ず明記いただきますよう，よろしくお願い申し上げます。

教員採用試験「参考書」シリーズ

愛媛県の
小学校教諭 参考書

編　集	©協同教育研究会
発　行	令和5年7月25日
発行者	小貫　輝雄
発行所	協同出版株式会社

〒101-0054
東京都千代田区神田錦町2-5
　電話　03-3295-1341
　振替　東京00190-4-94061

印刷所　協同出版・POD工場

落丁・乱丁はお取り替えいたします